燃气行业管理实务系列丛书

燃气行业供销差管理
实务手册

彭知军　仇　梁　主编
侯凤林　宋广明　主审

中国建筑工业出版社

图书在版编目(CIP)数据

燃气行业供销差管理实务手册/彭知军，仇梁主编. —北京：中国
建筑工业出版社，2019.1（2023.6重印）
（燃气行业管理实务系列丛书）
ISBN 978-7-112-22902-4

Ⅰ.①燃… Ⅱ.①彭… ②仇… Ⅲ.①天然气工业-工业企业-供销
管理-中国-手册 Ⅳ.①F426.22-62

中国版本图书馆 CIP 数据核字（2018）第 246050 号

本书的内容有：城镇燃气系统包括：燃气基础、天然气气源、输配系统。国内外燃气
供销差管理现状和发展包括：燃气供销差的定义、国外燃气供销差现状和发展、国内燃气
供销差现状和发展。燃气计量包括：燃气流量测量方法、常用燃气计量器具、LNG 贸易
计量、CNG 贸易计量。燃气企业供销差成因与治理包括：管道天然气供销差、门站贸易
供销差、LNG 贸易供销差、CNG 场站供销差、运用 DMAIC 方法管理供销差、燃气公司
治理供销差范例等内容。

本书可供燃气企业、政府监管部门、燃气设备厂商、投资机构、大专院校等相关管理
人员、研究人员和技术人员使用。

责任编辑：胡明安
责任设计：李志立
责任校对：姜小莲

燃气行业管理实务系列丛书
燃气行业供销差管理实务手册
彭知军 仇 梁 主编
侯凤林 宋广明 主审

*

中国建筑工业出版社出版、发行(北京海淀三里河路9号)
各地新华书店、建筑书店经销
北京红光制版公司制版
建工社（河北）印刷有限公司印刷

*

开本：787×1092毫米 1/16 印张：12½ 字数：309千字
2019年1月第一版 2023年6月第三次印刷
定价：**56.00**元
ISBN 978-7-112-22902-4
(33002)

本书编写组

主编：

彭知军（华润燃气控股有限公司）

仇　梁（天信仪表集团有限公司）

副主编：

宋广明（铜陵港华燃气有限公司）

赵　飞（深圳市燃气集团股份有限公司）

黄　骞（水发能源集团有限公司）

郑自健（南京金昇能源科技股份有限公司）

编写人员（以拼音为序）：

常　蛟（华润燃气控股有限公司）

陈　琢（华润燃气控股有限公司）

侯凤林（郑州华润燃气股份有限公司）

李振江（南京华润燃气有限公司）

卢　磊（宜宾华润燃气有限公司）

孙　浩（广州燃气集团有限公司）

王伟刚（大同华润燃气有限公司）

王小飞（郑州华润燃气股份有限公司）

伍荣璋（长沙华润燃气有限公司）

邹文龙（深圳市燃气集团股份有限公司）

主审：

侯凤林（郑州华润燃气股份有限公司）

宋广明（铜陵港华燃气有限公司）

前言（代序）

燃气在输配过程中存在损耗，如泄漏、放散；在计量过程中存在偏差，如温度、压力等变化；还有一些人为因素的偏差，如燃气表没有得到有效管理，或者燃气表被故意破坏等。对大多数燃气企业来说都是售出气量小于购进气量，这个差值就是供销差（Unaccounted—for Gas），燃气企业对这个数据非常关心，这直接关系到企业利润的核心问题。陆续有一些行业从业者从管理和技术两方面对供销差进行了深入研究，提出了很多改进和改善的措施。

建设部于1990年6月颁布的《城市煤气企业升级考核标准》中，将燃气供销差率作为燃气企业升级的重要考核标准，给出了相关的定义和范围，在燃气行业改革之前，绝大多数燃气企业都是政府出资的事业单位，对供销差的管理不到位；改革之后，特别是非国有资本对利润的要求较高，对供销差的管理逐渐规范起来。就当前而言，日趋规范和严格的行业监管将促进燃气企业加大力度减少供销差，如《湖北省天然气价格管理办法（试行）》和《湖北省天然气定价成本监审办法》规定：管网输配气损耗率原则上省内短途管道不得高于0.5%、配气管网不得高于3%确定。

国内燃气行业实施特许经营已有15年，政府部门积累了不少行业监管的经验，正逐步规范化和制度化。笔者也多次撰文表达，政府部门势必会加强对燃气行业的监管，其中经济监管是重点之一。燃气公司可获得利润的空间会缩小，必须提升运营能力来扩展利润空间，减少供销差就是途径之一。虽然政府部门规定了收益率，但未来政府部门也可能就一些指标设立标杆值或某一个指导值，作为奖罚的分界线。燃气公司应该对历史数据做全面、深入地分析，相互之间加强沟通和交流，以应对政府部门可能提出的监管要求。

根据笔者的实践，针对燃气公司在供销差治理方面存在一些问题，对供销差管理进行了系统梳理和分析，形成了本书。

由于编者水平有限，书中难免存在不足和错误，敬请读者批评和指正，以便修订完善。

本书适合燃气企业、政府监管部门、燃气设备厂商、投资机构、大专院校等相关管理人员、研究人员和技术人员。

编者
2018年11月

目　　录

第1章 城镇燃气系统

1.1 燃气基础

城镇燃气是以可燃组分为主的混合气体,可燃组分一般含有碳氢化合物(甲烷、乙烷、乙烯、丙烷、丙烯、丁烷、丁烯等烃类化合物)、氢和一氧化碳等。不可燃组分有二氧化碳、氮和氧、水分等。

城镇燃气的种类有很多,可以作为城镇燃气气源供应的主要有四大类:**天然气、液化石油气、人工煤气及生物气**等。

天然气分为纯天然气、石油伴生气、煤层气、凝析气田气。不同的来源气体组分不尽相同,其主要成分是甲烷,含量在80%以上,热值可以达到36MJ/Nm³以上。

液化石油气的主要成分是丙烷和丁烷,含有少量的戊烷存在,热值是所有燃气中最高的,约108MJ/Nm³。

人工煤气是指干馏煤气、汽化煤气、油制气(石油裂解气),干馏煤气、汽化煤气的主要成分是甲烷、氢气和一氧化碳,热值一般在5~18MJ/Nm³。

油制气的主要成分是甲烷、氢气和重烃,热值一般在17~42MJ/Nm³。

生物气的代表气种是沼气,主要成分是甲烷和二氧化碳,热值约21MJ/Nm³。

随着天然气探明储量的不断增加,以及相比液化石油气具有的安全、环保与经济等优势,天然气逐渐成为城镇燃气的首选气源;液化石油气目前则主要应用于中小型餐饮店以及城乡接合部、农村等无管道燃气覆盖的区域;人工煤气将逐步被以上两种燃气体所替代;生物气目前只是在部分农村或乡镇作为以村或户为单位的能源,大规模利用模式目前仍处于探索阶段。

燃气的燃烧特性和基础计量:

1. 燃气热值(也称发热量):是指单位体积数量的燃气完全燃烧时所释放出的全部热量,单位 MJ/Nm³。燃气热值分高热值和低热值。高热值指单位数量的燃气完全燃烧后,燃烧产物与周围环境恢复到燃烧前的原始温度,烟气中的水蒸气凝结成同温度的水所释放的全部热量。低热值是指在上述条件下,烟气中的水蒸气仍以蒸汽状态存在时,所获得的全部热量。

2. 爆炸极限:当可燃气体和空(氧)气混合后,达到一定浓度比例时,形成爆炸性的混合气体,遇明火就会发生燃烧爆炸。单位用%表示。在这种混合气体中,可燃气体的含量少到不能使混合气体发生燃烧爆炸的含量,称之为"爆炸下限"。当可燃气体含量一直增加到不能形成爆炸混合物时的含量,称之为"爆炸上限"。

3. 燃气密度:气体的摩尔质量与摩尔体积比,称为燃气密度。

混合气体的平均密度:指各单一组分气体密度和。

混合气体的相对密度：指平均密度与标准状态下空气密度比。

4. 压缩因子：在给定压力和温度下，任意质量气体的体积与该气体在相同条件下按理想气体定律计算的气体体积的比值，用"Z"表示，其是一个引入的修正值。在管道燃气计量计算中，由于实际气体并不是理想气体，当按照理想气态方程进行计算时，必须引入一个修正值，即压缩因子。国标《天然气压缩因子的计算 第1部分：导论和指南》GB/T 17747.1、《天然气压缩因子的计算 第2部分：用摩尔组成进行计算》GB/T 17747.2、《天然气压缩因子的计算：第3部分：用物性值进行计算》GB/T 17747.3 中详细的规定了压缩因子的计算方法。第1部分包括导论和为第2部分和第3部分所描述的计算方法提供的指南。第2部分给出了用已知气体的详细摩尔组成计算压缩因子的方法。第3部分给出了用包括可获得的高位发热量（体积基）、相对密度、CO_2 含量和 H_2 含量（若不为零）等非详细的分析数据计算压缩因子的方法。

常见气体的基本性质见表1-1。常见气体的爆炸极限见表1-2。

常见气体的基本性质（0℃、101325Pa） 表 1-1

气 体	甲烷	乙烷	乙烯	丙烷	正丁烷	异丁烷	正戊烷	一氧化碳
分子式	CH_4	C_2H_6	C_2H_4	C_3H_8	C_4H_{10}	C_4H_{10}	C_5H_{12}	CO
分子量 M	16.0430	30.0700	28.0540	44.0970	58.1240	58.1240	72.1510	28.0104
摩尔容积 V_N（$Nm^3/kmol$）	22.3621	22.1872	22.2567	21.9362	21.5036	21.5977	20.891	22.3984
密度（kg/Nm^3）	0.7174	1.3553	1.2605	2.0102	2.7030	2.6912	3.4537	1.2506
气体常数 R [$kJ/(kg \cdot K)$]	517.1	273.7	294.3	184.5	137.2	137.8	107.3	296.63
临界参数								
临界温度 T_C（K）	191.05	305.45	282.95	368.85	425.95	407.15	470.35	133.0
临界压力 P_C（MPa）	4.6407	4.8839	5.3398	4.3975	3.6173	3.6578	3.3437	3.4957
临界密度 ρ（kg/Nm^3）	162	210	220	226	225	221	232	300.86
发热值								
高热值 H（MJ/Nm^3）	39.842	70.351	63.438	101.266	133.886	133.048	169.377	12.636
低热值 H（MJ/Nm^3）	35.902	64.397	59.477	93.240	123.649	122.853	156.733	12.636
爆炸极限 [a]								
爆炸下限 L（体积%）	5.0	2.9	2.7	2.1	1.5	1.8	1.4	12.5
爆炸上限 L（体积%）	15.0	13.0	34.0	9.5	8.5	8.5	8.3	74.2
黏度								
动力黏度（$Pa \cdot s$）	10.393	8.600	9.316	7.502	6.835		6.355	16.573
运动黏度（m^2/s）	14.50	6.41	7.46	3.81	2.53		1.85	13.30
无因次系数 C	164	252	225	278	377	368	383	104

气 体	氢	氮	氧	二氧化碳	硫化氢	空气	水蒸气
分子式	H_2	N_2	O_2	CO_2	H_2S		H_2O
分子量 M	2.0160	28.0134	31.9988	44.0098	34.076	28.966	18.0154
摩尔容积 V_N（$Nm^3/kmol$）	22.427	22.403	22.3923	22.2601	22.1802	22.4003	18.0154
密度（kg/Nm^3）	0.0899	1.2504	1.4291	1.9771	1.5363	1.2931	0.833

续表

气　体	氢	氮	氧	二氧化碳	硫化氢	空气	水蒸气	
气体常数 R [kJ/ (kg·K)]	412.664	296.66	259.585	188.74	241.45	286.867	445.357	
临界参数								
临界温度 T_C (K)	33.30	126.2	154.8	304.2		132.5	647.3	
临界压力 P_C (MPa)	1.2970	3.3944	5.0764	7.3866		3.7663	22.1193	
临界密度 ρ (kg/Nm³)	31.015	310.91	430.09	468.19		320.07	321.70	
发热值								
高位热值 H (MJ/Nm³)	12.745				25.348			
低位热值 H (MJ/Nm³)	10.786				23.368			
爆炸极限*								
爆炸下限 L (体积%)	4.0				4.3			
爆炸上限 L (体积%)	75.9				45.5			
黏度								
动力黏度 (Pa·s)	8.355	16.671	19.417	14.023	11.670	17.162	4.434	
运动黏度 (m²/s)	93.0	13.30	13.60	7.09	7.63	13.40	10.12	
无因次系数 C	81.7	112	131	266		122		

* 在常压和20℃条件下，可燃气体在空气中的体积百分数。

常用可燃气体的爆炸极限　　　表 1-2

序号	名称	化学式	在空气中爆炸极限（体积分数）（%）		序号	名称	化学式	在空气中爆炸极限（体积分数）（%）	
			下限	上限				下限	上限
1	乙烷	C_2H_6	3.0	15.5	16	二氯丙烷	$C_3H_6Cl_2$	3.4	14.5
2	乙醇	C_2H_5OH	3.4	19	17	乙醚	$C_2H_5OC_2H_5$	1.7	36
3	乙烯	C_2H_4	2.8	32	18	二甲醚	CH_3OCH_3	3.0	27.0
4	氢	H_2	4.0	75	19	乙醛	CH_3COH	4.0	57
5	硫化氢	H_2S	4.3	45	20	乙酸	CH_3COOH	4.0	17
6	煤油		0.7	5	21	丙酮	CH_3COCH_3	2.3	13
7	甲烷	CH_4	5.0	15	22	乙酰丙酮	$(CH_3CO)_2CH_2$	1.7	
8	甲醇	CH_3OH	5.5	44	23	乙酰氯	CH_3COCl	5.0	19
9	丙醇	C_3H_7OH	2.5	13.5	24	乙炔	C_2H_2	1.5	100
10	丙烷	C_3H_8	2.2	9.5	25	丙烯氰	CH_2CHCN	2.8	28
11	丙烯	C_3H_6	2.4	10.3	26	烯丙基氯	CH_2CHCH_2Cl	3.2	11.2
12	甲苯	$C_6H_5CH_3$	1.2	7	27	甲基乙炔	CH_2CCH	1.7	
13	二甲苯	$C_6H_4(CH_3)_2$	1.0	7.6	28	氨	NH_3	15	30.2
14	二氯乙烷	$C_2H_4Cl_2$	5.6	16	29	乙酸戊酯	$CH_3CO_2C_5H_{11}$	1.0	7.5
15	二氯乙烯	$C_2H_2Cl_2$	6.5	15	30	苯胺	$C_6H_5NH_2$	1.2	11

序号	名称	化学式	在空气中爆炸极限（体积分数）（%）		序号	名称	化学式	在空气中爆炸极限（体积分数）（%）	
			下限	上限				下限	上限
31	苯	C_6H_6	1.2	8	64	二甲苯胺	$(CH_3)_2C_6H_3NH_2$	1.2	7
32	苯甲酸	C_6H_5CHO	1.4		65	二氧杂环己烷	$(CH_2)_4O_2$	1.9	22.5
33	苄基氯	$C_6H_5CH_2Cl$	1.1		66	环氧丙烷	$OCH_2CH_2CH_2$	1.9	37
34	溴丁烷	$C_3H_7CH_2Br$	2.5		67	乙氧基乙醇	$C_2H_5OCH_2CH_2OH$	1.8	15.7
35	溴乙烷	CH_3CH_2Br	6.7	11.3	68	乙酸乙酯	$CH_3COOC_2H_5$	2.1	11.5
36	丁二烯	$CH_2CHCHCH_2$	2.0	11.5	69	丙烯酸乙酯	$CH_2CHCO_2C_2H_5$	1.7	13
37	丁烷	C_4H_{10}	1.9	8.5	70	苯乙烷	$C_6H_5C_2H_5$	1.0	7.8
38	丁醇	C_4H_9OH	1.8	11.3	71	环氧乙烷	CH_2CH_2O	2.6	100
39	丁烯	C_4H_8	1.6	9.3	72	乙硫醇	C_2H_6S	2.8	18
40	丁醛	C_3H_3CHO	1.4	12.5	73	乙基甲基醚	$C_2H_5OCH_3$	2.0	10.1
41	丁酸丁酯	$C_3H_3COOC_4H_9$	1.2	8.0	74	乙基甲基酮	$C_2H_5COCH_3$	1.8	11.5
42	丁基甲基酮	$C_4H_9COCH_3$	1.2	8	75	甲醛	$HCHO$	7.0	73
43	二硫化碳	CS_2	1.0	60	76	轻油		0.9	6
44	一氧化碳	CO	12.5	74	77	硝基苯	$C_6H_5NO_2$	1.8	
45	氯苯	C_6H_5Cl	1.3	11	78	硝基甲烷	CH_3NO_2	7.1	63
46	氯丁烷	$C_3H_7CH_2Cl$	1.8	10.1	79	苯酚	C_6H_5OH	1.3	9.5
47	氯乙烷	CH_3CH_2Cl	3.8	15.4	80	苯乙烯	$C_6H_5CHCH_2$	1.1	8.0
48	氯乙烯	CH_2CHCl	3.8	31	81	乙苯	$C_6H_5C_2H_5$	1.0	78
49	氯代甲烷	CH_3Cl	8.1	17.4	82	甲酸乙酯	$HCOOC_2H_5$	2.7	16.5
50	2—氯丙烷	$CH_3CHClCH_3$	2.6	11.1	83	对二恶烷	$C_4H_8O_2$	2.0	22
51	甲(苯)酚	C_6H_5OH	1.1		84	异丁烷	C_4H_{10}	1.8	8.4
52	环丁烷	$CH_2CH_2CH_2CH_2$	1.8		85	萘	$C_{10}H_8$	0.9	5.9
53	环己烷	$CH_2(CH_2)_4CH_2$	1.2	8.3	86	壬烷	$CH_3(CH_2)_7CH_3$	0.7	5.6
54	环己醇	$CH_2(CH_2)_3CHOHCH_2$	1.2		87	壬醇	$CH_3(CH_2)_7CH_2OH$	0.8	6.1
55	环己酮	$CH_2(CH_2)_3COCH_2$	1.3	9.4	88	仲醛	$(C_2H_4O)_3$	1.3	
56	环丙烷	$CH_2CH_2CH_2$	2.4	10.4	89	戊烷	C_5H_{12}	1.1	8.0
57	萘烷	$C_{10}H_{18}$	0.7	4.9	90	戊醇	$C_5H_{11}OH$	1.2	10.5
58	环己烯	$CH_2(CH_2)_2CHCHCH_2$	1.2		91	丙胺	$C_3H_7NH_2$	2.0	10.4
59	双丙酮醇	$(CH_3)_2COHCH_2COCH_3$	1.8	6.9	92	丙基甲基酮	$C_3H_7COCH_3$	1.5	8.2
60	二丁醚	$C_4H_9OC_4H_9$	0.9	8.5	93	吡啶	C_5H_5N	1.7	12.0
61	二氯(代)苯	$C_6H_4Cl_2$	2.2	9.2	94	四氢呋喃	C_4H_8O	2.0	12.4
62	二乙基胺	$(C_2H_5)_2NH$	1.7	10.1	95	四氢糠醇	$C_4H_7OCH_2OH$	1.5	9.7
63	二甲胺	$(CH_3)_2NH$	2.8	14.4	96	三乙胺	$(C_2H_5)_3N$	1.2	8

序号	名称	化学式	在空气中爆炸极限（体积分数）（%）		序号	名称	化学式	在空气中爆炸极限（体积分数）（%）	
			下限	上限				下限	上限
97	三甲胺	$(CH_3)_3N$	2.0	11.6	114	丙烯醛	C_3H_4O	2.8	31
98	三氧杂环己烷	$(CH_2O)_3$	3.0	29	115	乙醚	C_2H_6O	3.4	18
99	松节油		0.8		116	甲硫醇	CH_4S	3.9	21.8
100	己烷	C_6H_{14}	1.2	7.4	117	甲基亚枫	$C_2H_6O_2$	2.6	28.5
101	己醇	$C_6H_{13}OH$	1.2		118	异丙醇	C_3H_8O	2.3	12.7
102	庚烷	$CH_3(CH_2)_3CH_3$	1.1	6.7	119	异丁醇(100℃)	$C_4H_{10}O$	1.7	10.9
103	甲氧乙醇	$CH_3OC_2H_4OH$	2.5	14	120	异丁醚	$C_4H_{14}O$	1.4	21
104	乙酸甲酯	$CH_3CO_2CH_3$	3.1	16	121	异丙胺	C_3H_9N	2.0	10.4
105	丙烯酸甲酯	$CH_2CHCO_2CH_3$	2.4	25	122	(正)辛烷	C_8H_{18}	1.0	4.66
106	甲胺	CH_3NH_2	4.9	20.7	123	肼	N_2H_4	4.7	100
107	甲基环己烷	$CH_3C_6H_{11}$	1.15	6.7	124	氧硫化碳	COS	12	29
108	甲酸甲酯	HCO_2CH_3	5	23	125	氯丙烷	C_3H_7Cl	2.6	11.1
109	乙胺(气)	C_2H_7N	3.5	14.0	126	3—氯丙烯	C_3H_5Cl	3.3	11.1
110	乙腈	C_2H_3N	4.4	16.0	127	溴甲烷	CH_3Br	10	16
111	乙酸酐	$C_2H_6O_3$	2.9	13.0	128	氯乙醇	CH_2ClCH_2OH	5	16
112	(正)癸烷	$C_{10}H_{22}$	0.8	5.4	129	异丙基硝酸酯	$(CH_3)_2CHONO_2$	2	100
113	丙醛	C_3H_6O	2.9	17	130	甲乙醚	$C_3H_8O_9$	2	10.1

1.2　天然气气源

天然气既是制取合成氨、炭黑、乙炔等化工产品的原料气，又是优质燃料气，是理想的城镇燃气气源。从开采、储存、运输到使用，形成了完整的产业链，燃气的管道输送在世界范围内，特别是在经济比较发达的油气生产国与消费大国中，得到了广泛应用与快速发展。

管道输送与铁路、公路、水路等运输方式相比，有着相当大的优势，其具有运送量大、运费低损耗少、建设投资小、占地面积少、运行平稳、安全性高等不可比拟的优越性。

管道输送除具有以上优势外，还呈现以下特点：

1. 输气管道输量一定性

输气管道输量一定性的特点表现在两个方面：

一是从经济性考虑，对一定输送距离，一定直径的管道，有一定的经济合理输量范围。一定管径下的不同输量与内部收益率的关系不是成正比增加的线性关系，即输量越大，内部收益率越高，它有一个临界点，超过临界点后输量再增加，效益反而会降低，如：$\phi820\times9$ 管径方案在距离为 2187km 的条件下，最优输量为 60 亿 m^3/a。同理，一定输量下，管径与内部收益率的关系也是非线性的。为了使管道具备较好的运营效益，应尽可能使管道的运行输量接近设计输量。

二是从安全性考虑，对于已建成的输气管道，其最大输量受到压缩机性能、管道承压能力等条件限制。

2. 天然气的产运销一体化

受天然气具有不容易储存和运输方式单一的特点决定，从气田的井口装置开始经矿场集气（或 LNG 接收码头开始）、干线输气，再通过城市管网到用户，天然气所经过的各环节构成了一个连续、密闭的水力学系统。因此，严重依赖于管线运输使得天然气产运销各环节必须协调一致、同步发展才能产生较好的经济效益。在确定长距离输气管道的建设方案时，必须将上游的气源建设和下游的市场开发整体统筹考虑。

3. 输送地点单一性

由于管道输送具有单向、定点的特点。所以，管道运输主要是用于跨区域长距离资源调配以及数量大、用户相对稳定情况下的运输，使用起来不如车、船运输灵活、多样。

1.3　输　配　系　统

城市燃气输配系统是指从接收长输管道或者液化天然气（LNG）接收站供气的门站直至终端用户燃气用具的整个系统，包括门站、汽化站、储配站、调压计量站、输配管网等部分。

1.3.1　门站

门站是城市燃气输配系统的气源点，负责接收天然气长输管道或者液化天然气（LNG）接收站供气管道上分输站或者末站的供气，并根据需要对其进行净化、调压、计量、加臭后，送入城市燃气输配管网或储配站，也可直接送至大型终端用户燃气设施处。

门站在进行工艺设计时，应根据输配系统的生产调度要求，分组设置调压和计量装置，该装置前设过滤器对气体进行净化处理。调压装置应根据燃气流量、压力以及当地冬季气温等工艺环境条件，确定是否增设辅热装置。调压和计量装置的选型要考虑下游的最大瞬时用气量以及中远期下游的用气增幅量。进出口管线应设置切断阀门和绝缘法兰；站内管道上需根据系统要求，设置安全保护及放散装置，并且尽量满足远传控制要求。在进站总管上最好设置分离器，当长输管线采用清管工艺时，其清管器的接收装置可设置在门站内（图 1-1）。

门站选择，一方面要结合长输管道位置走向，另一方面应符合城市建设规划要求，既要考虑满足用地面积需求，也要考虑尽量远离人口密集区，与周围的建（构）筑物有符合《城镇燃气设计规范》要求的安全间距，以及适宜的地形地质、交通、消防、供电、给水排水、环保、通信等条件，并应与城市景观相协调。

门站总平面布置应考虑生产工艺流程齐全、合理，布置整齐、紧凑，合理利用地形地貌等因素。平面分区布置，即分为工艺生产区（净化、调压、计量、加臭等）与生活辅助区（变配电、办公楼、仓库等）。工艺生产区应设置在全年最小频率风向的上风侧，并设

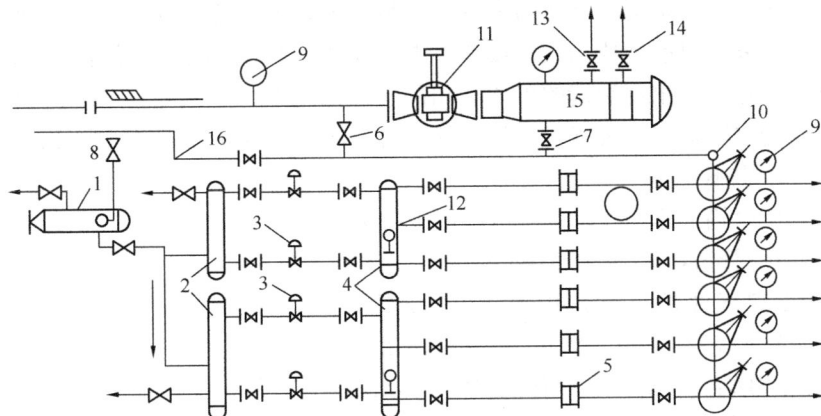

图 1-1 城市门站工艺流程图

1—分离器；2，4—汇气管；3—调压器；5—计量装置；6，7，8—闸阀；9—压力表；

10—联动阀；11—球阀；12—安全阀；13—放空阀；14—排污阀；

15—清管球接收装置；16—越站旁通管

置环形消防通道，其宽度符合消防规定，该区域内的电气设备必须满足相应的防爆要求。

1.3.2 加臭

由于从干线输气管道来的天然气是经过净化处理后的天然气，含有很少或不含硫化氢，因此，天然气无特殊的气味，为了便于发现漏气，保证天然气输送和使用安全，通常需要在无味的天然气中注入加臭剂。

一百多年来，西方国家曾先后研制出多种燃气加臭剂，其中以硫醇系列产品应用最广、时间最长，比如乙硫醇、丁硫醇、二甲基亚硫酸盐等。随着科学技术的进步，又出现了四氢噻吩及其混合物等品质优秀的加臭剂。显然，可供选择的品种越来越多，但是，如何选择一种合适的加臭剂是一个值得探讨的问题。

根据理论与实践经验，在城市燃气运行中对加臭剂的要求是：气味强烈、独特、有刺激性、无毒，气味持久且不易被其他气味所掩盖。加臭剂及其燃烧产物对人体无害，不污染环境；沸点低且易于挥发，在运行条件下有足够的蒸气压；不能腐蚀管线及设备；其蒸气不溶于水和凝析液，不与燃气组分发生反应，不易被土壤吸收；价廉而不稀缺。

目前经常使用的加臭剂是四氢噻吩（THT）、乙硫醇（EM）及叔西硫醇（TBM）等。此外，还有专门配制的或由含硫石油的馏分中得到的混合加臭剂，其中除含有硫醇外，还包括硫醚、二甲硫、二乙基硫化物和二硫化物等。

1.3.3 输配管网

1. 燃气管网的分类

输配管网是城市燃气输配系统的主要系统，其主要任务是接收门站的来气，并将其输送和分配给城市内的各类用户，并保证沿途输气的安全稳定。输配管网根据不同的分类依据可分为不同的类别。一般根据管网的压力级制、用途、敷设形式和管网形状分类。

（1）根据管网压力分类

输配管网之所以要根据输气压力来分级，是因为燃气管道的气密性与其他管道相比，有特别的要求，漏气可能造成火灾、爆炸、中毒或其他事故。燃气管道中的压力越高，管道接头脱开，管道本身出现裂缝的可能性和危险性也越大，而燃气管道输送压力过低时，输气的经济性随之降低。当燃气管道的输气压力不同时，对管材、安装质量、检验标准和运行管理的要求也不相同。

我国城镇燃气输配管网按输气压力一般可分为：

1) 低压燃气管道：$P<0.01MPa$；

2) 中压 B 燃气管道：$0.01MPa \leqslant P \leqslant 0.2MPa$；

3) 中压 A 燃气管道：$0.2MPa<P \leqslant 0.4MPa$；

4) 次高压 B 燃气管道：$0.4MPa<P \leqslant 0.8MPa$；

5) 次高压 A 燃气管道：$0.8MPa<P \leqslant 1.6MPa$；

6) 高压 B 燃气管道：$1.6MPa<P \leqslant 2.5MPa$；

7) 高压 A 燃气管道：$2.5MPa<P \leqslant 4.0MPa$。

其中居民用户和小型商业用户一般直接由低压管网进行供气，采用低压燃气管网输送天然气的压力一般不大于 3.5kPa。

中压燃气管网通过区域调压站或用户专用调压柜给城市燃气输配系统中的低压燃气管网供气，或给工业企业、大型商业用户供气。当只采用中压一级燃气管网系统时，应在各居民小区或工商业用户处设调压装置。

一般由次高压或高压燃气管道构成大城市输配管网系统的外环网。高压燃气管道是给大城市供气的主动脉，同时也可作为调峰储气设施，调节城镇燃气供应的日不均匀性。高压燃气必须通过调压站才能进入中压燃气管网、储气库以及生产工艺需要高压燃气的大型工业企业。

（2）根据用途分类

分为长输管道和城镇燃气管道（含输气管道、配气管道、用户引入管、室内燃气管道、工业企业燃气管道）。

长输管道：主要用来长距离输送燃气，一般输送量大、压力高。干管或支管的末端连接城市门站、储配站或大型工业用户，作为该供应区的气源点。

输气管道：城镇燃气门站至城市配气管道之间的管道。

配气管道：在供气地区将燃气分配到居民用户、商业用户和工业用户的管道，包括街区和庭院的分配管道。

用户引入管：室外配气支管与用户室内燃气管道进口总阀门之间的管道。

室内燃气管道：从用户引入管总阀门到用户各燃具和用气设备之间的燃气管道。

工业企业燃气管道，又分为工厂引入管和厂区燃气管道、车间燃气管道、炉前燃气管道。

工厂引入管和厂区燃气管道：将燃气从城镇燃气管道引入工厂，经调压计量后分送到各用气车间的管道。

车间燃气管道：从车间的管道引入口将燃气送到车间内各用气设备的管道。车间燃气管道包括干管和支管。

炉前燃气管道：从各支管将燃气分送至炉上燃烧设备的管道。

（3）根据敷设方式分类

地下燃气管道：一般在城市中常采用地下敷设的燃气管道。

架空燃气管道：居民楼户外配气支管以及在管道越过河流、湖泊等障碍时，或在工厂区为了管理维修方便，采用架空敷设的燃气管道。

（4）根据管网形状分类

根据管网形状分为：支状管网、环状管网、环支状管网。

支状管网：支状管网形状类似树枝，其特点是其中的每个用气点的燃气只能来自一个方向，一般只适用于较小的城市或企业内部，供气稳定性受第三方施工影响大。

环状管网：由若干封闭成环的管段组成，流入环中某段的燃气可由一条或同时多条管段供应。环状燃气管网使燃气分配调节更加灵活可靠，尤其是当管网某管段遭到破坏时管网仍可以继续运行，不会影响整个管网的供气；此外，在环状管网中燃气压力的分布较为均匀，燃气可同时沿几条管道流动，因此，环状管网的供气可靠性比单纯的支状管网要高，环状管网的直径可比支状管网小一些。但是，由于环状管网比支状管网所敷设的管道要更长，投资也相应更大。

环支状管网：环状和支状管网混合使用的一种形式，是工程设计中常用的管网形式。城市中各级压力管道的管网，特别是中压以上的干管，是城市供气的主动脉，为保证供气的稳定可靠，应连成环状。初建期也可以建设为支状或半环状，后期逐步连成环网。

2. 城市燃气管网系统及其选择

城镇燃气管网系统根据所采用的管网压力级制不同可分为：

（1）一级管网系统

仅采用一个压力等级的城市燃气管网系统，一般是低压或中压燃气管道系统。一级管网系统一般只适用于小城市的供气系统，当供气范围较大时，由于输送单位体积燃气的管材用量和建设施工投资急剧增加，是不经济的。

（2）二级管网系统

具有两个压力等级的城市燃气管网系统，其中一级是低压管网，另一级一般是中压或次高压管网，其中设计压力最为常见的是中压和低压二级管网系统。

中压 A—低压二级燃气管网系统。如图 1-2 所示，该城市的供应气源为天然气，采用长输管线的末端进行储气。天然气由长输管线从东西两个方向经天然气门站送入该城市。中压 A 管道连成环网，通过区域调压站向低压管网供气，或通过专用调压站向工业企业供气。低压燃气管网根据地理条件分成 3 个互不连通的区域管网。输气压力较低的低压干管上一般不需设置阀门，检修或排除故障时可采用堵漏气袋封堵管道。高压、次高压及中压燃气干管上应分段设置阀门，同时在各支管的起点

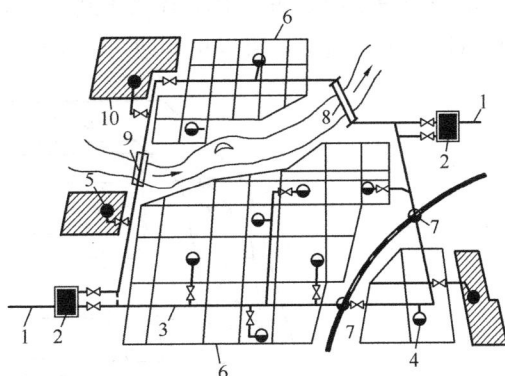

图 1-2 中压 A—低压二级管网系统

1—长输管线；2—门站；3—中压 A 管网；4—区域调压站；5—工业企业专用调压站；6—低压管网；7—穿越铁路的套管敷设；8—穿越河底的过河管道；9—沿桥敷设的过河管道；10—工业企业

处也应设置控制阀门。在调压站的进出口燃气管道、过河（江）燃气管道两端与铁路和公路干线相交的燃气管道两端均应设置阀门。阀门设置的具体位置应考虑便于后期故障处置、检修以及改扩建管道工程、关闭个别管道造成的停气影响范围等。

　　居民用户和小型商业用户一般直接由低压管网供气。在老城区，由于建筑物鳞次栉比，同时又分成许多小区，所以低压管道敷设在每条街道上和胡同里，互相交叉而连成较密的环网，各终端用户从低压管道上连接引入。在城市的新建区、居民住宅区的楼房布置整齐，楼房之间保留了必要的间距。因此低压管道可以敷设在街区、各楼房边，可由枝状管道供气，而只需将主要街道的低压干管连成环网，以提高供气的可靠性和保持供气的稳定性。

　　低压管网中只将主干管连成环网，次要的一些管道采用枝状管道的形式，这种布局是比较合理的。为了使压力留有余量，保证环网的工作可靠性，主环网各管段宜采取相近的管径。不同压力等级的管网，应通过几个调压站来连接，以保证在个别调压站发生故障时仍能正常供气。这种管网方案，既安全可靠同时也比较经济。近年来，城市燃气输配系统中的低压管道不再连成统一的、有多个环的大环网络，而分成了一些互不相通的区域管网。因为从供气安全可靠性的角度看，一个大、中型城市的低压燃气管道连成大片环网的必要性不大，同时要穿越较多的河流、湖泊、公路干线和铁路也不合理。

　　给低压管网供气的区域调压站的数量，即各调压站的作用半径，应由技术经济计算确定。调压站宜布置在其供气区域的中心，宜靠近管道的交汇点。调压站一般设在地上，应考虑到和周围物体的安全间距。

　　（3）三级管网系统

　　如图 1-3 所示，该城市原为中压 B—低压二级燃气管网系统，气源为煤制气。为了适应城市燃气发展的需要，气源由煤制气置换为来自长输管线的天然气，故在该城市外围修建了次高压 A 燃气环网，形成了由次高压 A（1.6MPa）、中压 B（0.3MPa）和低压（3.5kPa）组成的三级燃气管网系统。次高压 A 燃气环网的自身的高压储气代替了原来低压储气罐的储气作用，可以提高城市燃气供应的安全可靠性。

　　由于增设了次高压—中压 B 调压站，因此增加了原来中压 B 管网的供气点，提高了中压管网的输气能力，可以更好地适应城市燃气负荷增加的需求。

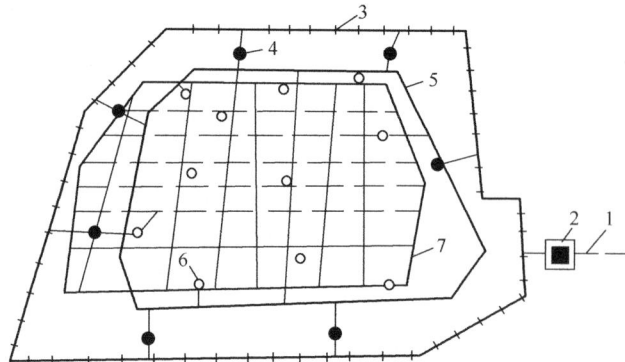

图 1-3　三级管网系统

1—长输管线；2—门站；3—次高压 A 管网；4—次高压-中压 B 调压站；

5—中压 B 管网；6—中-低压调压站；7—低压管网

（4）多级管网系统

如图 1-4 所示，具有 3 个以上的压力等级的城市燃气管网系统，通常由低压、中压、次高压和高压、甚至更高压力等级组成的管网分配和燃气供应系统称为多级管网系统。在以天然气为主要气源的大型及特大型城市，城市用气量特别大，为了充分利用天然气的输送压力，提高城市燃气管道的输气能力和保证供气的安全可靠性，往往在城市边缘敷设高压或超高压的环网形成四级或五级等多级系统。

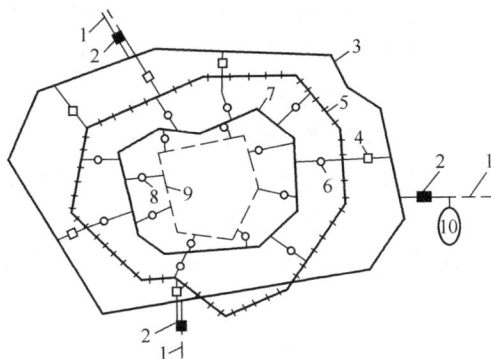

图 1-4　多级管网系统

1—长输管线；2—门站；3—高压 A 管网；4—高-高压调压站；5—次高压 A 管网；6—次高-中压 A 调压站；7—中压 A 管网；8—中-中压调压站；9—中压 B 管网；10—地下储气库

本系统的气源为天然气，原为南北两个方向长输管线供气，原有燃气供应系统为次高压 A—中压 A—中压 B—低压四级系统。由于城市规模的不断发展与扩大，导致燃气的需求量急剧增加，因此，从城市东侧引入了高压 A 天然气，并建有地下储气库，形成了由高压 A、次高压 A、中压 A、中压 B 和低压燃气管网（图中低压管网系统未画出）组成的五级供气系统，供气系统使用地下储气库、长输管线的末端长段储气。

由于该系统气源来自多个方向，主要管道均连成环网。平衡日用气的不均匀性可由缓冲用户、地下储气库、长输管线末端储气来解决，从运行管理方面评价，该系统既安全又灵活，保证了供气的安全稳定性。

1.3.4　储配站

储配站是指将储气站和配气站合并建在一起的场站。任务是储存压缩天然气（CNG）或液化天然气（LNG），用来调节城市昼夜用气的不均衡性、如果可预测上游价格波动，低价时购入燃气储备，获得更大的利润空间。当输气设施发生紧急故障、维修设备设施时，调节一定量的气源，确保供气正常。对使用不同气质的燃气进行混合时，需确保其组分稳定。站内的主要设备是各种不同类型的储气罐，配气站既是输气管道的终点，又是城市配气的起点和总枢纽，其任务一般是在用气低谷时接收干线输气管道的来气，并将来气源进行储存；在下游用气紧张时，将其储存的天然气净化、调压、计量、加臭后，按需输入城市配气管网。

储配站在设计时，应考虑其功能满足输配系统输气调峰和调度的需求。储备站所建的储气设施容积应根据输配系统所需的储气总量、管网系统的调度能力等要求确定，储气形式应根据周边气源情况、供气规模、输配管网负荷等结合技术、经济比较确定。

1. LNG 储配站、汽化站、瓶组站

LNG 储罐（槽）可以按照容量、隔热、形状及罐体材料进行分类。

（1）按容量分类

1）小型储罐容量 5～50m³。常用于小型汽化站、LNG 加气站等场合。

2）中型储罐容量 50～100m³。常用于小型汽化站、工业燃气用户汽化站等场合。

3）中大型储罐容量 100～5000m³。常用于小型 LNG 生产装置。

4）大型储罐容量 10000～40000m³。常用于基本负荷型和调峰型液化装置。

5）特大型储罐容量 40000～200000m³。常用于 LNG 接收站。

（2）按围护结构的隔热分类

1）真空粉末隔热，常见于中小型 LNG 储罐及 LNG 槽车。

2）正压堆积隔热，广泛应用于大中型 LNG 储罐及储槽。

3）高真空多层隔热，较少采用，一般用于小型 LNG 储罐。

（3）按储罐（槽）的放置分类

1）地上式。

2）地下式。包括以下三种形式：半地下式、地下式和地下坑式。

（4）按储罐（槽）的材料分类

1）双金属：内罐和外壳均采用金属材料。一般内罐采用耐低温的不锈钢或铝合金，外壳采用黑色金属。目前采用较多的是压力容器用钢。表 1-3 列出常用的几种内罐材料。

常用的几种内罐材料

表 1-3

材料	型号	许用压力（MPa）（应用于平底储槽）
不锈钢	A240	155.1
铝	AA5052	410.0
	AA5086	72.4
	AA5083	91.7
5%Ni 钢	A645	218.6
9%Ni 钢	A533	218.6

2）预应力混凝土：指部分大型储槽采用预应力混凝土外壳，而内筒采用耐低温的金属材料。

3）薄膜型：指内筒采用厚度为 0.8～1.2mm 6Ni 钢。

（5）按储罐（槽）防漏结构分类

LNG 储罐根据防漏设施不同可分为以下 4 种形式。

1）单容积式储罐：此类储罐在金属罐外有一个比罐高很多的混凝土围堰，围堰内容积稍大于储罐容积。该形式储罐造价低，安全性稍差，占地面积大。

2）双容积式储罐：此类储罐在金属罐外有一个与储罐筒体等高的无顶混凝土外罐，因此当金属罐内的 LNG 发生泄漏时不至于扩大泄漏面积，只能少量向上空蒸发，安全性比前者好。

3）全容积式储罐：此类储罐在金属罐外有一带顶的全封闭混凝土外罐，金属罐泄漏的 LNG 只能在混凝土外罐内而不至于外泄。在以上 3 种地上式储罐中安全性最高，造价也最高。

4）地下式储罐：与以上 3 种类型不同的是此类储罐完全建在地面以下，金属罐外是深达百米左右的混凝土地下连续墙。地下储罐抗震性能好，宜建在海滩回填区，占地面积少，多个储罐可紧密布置，对站周围环境要求较低，安全性能最高。但该类储罐投资大，建设周期长。

2. LNG 储罐结构

（1）立式 LNG 储罐

储罐主要有圆筒形、球形储罐两种，圆筒形储罐有卧式和立式，在此仅介绍立式储罐。考虑到 LNG 主要成分是液态甲烷，储罐内筒及管道材料一般采用 OCr18Ni9 奥氏体不锈钢，外筒可采优质碳素钢 16MnR 压力容器用钢板。内、外筒间支撑为玻璃钢与 OCr18Ni9 钢板组合结构，以满足工作状态和运输状态强度、稳定的要求。

容积为 100m³ 的立式 LNG 储罐结构示意图如图 1-5 所示。内筒封头采用标准椭圆形封头，外封头采用标准碟形封头。支脚采用截面形状为"工"字型钢结构，并把支脚最大径向尺寸控制在外筒直径以内，以便于运输。操作阀门、仪表均安装在外下封头上；所有从内筒引出的管道均采用套管形式的保冷管段与外下封头焊接连接结构，以保证满足管道隔热及对阀门管道的支撑作用。隔热形式一般采用真空粉末（珠光砂）隔热，理论计算日蒸发率 ≤0.27％/d。其技术特性如表 1-4 所示。

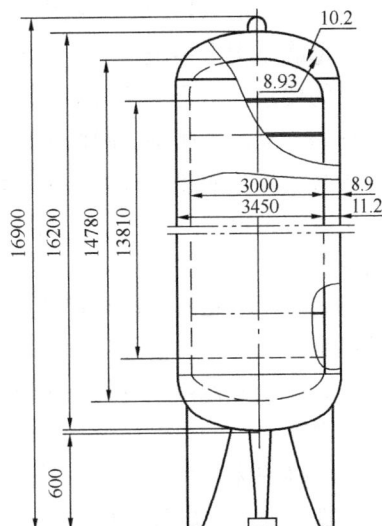

图 1-5　100m³ 立式 LNG 储罐结构示意图

100m³ 立式 LNG 储罐技术特性　　　　　表 1-4

项目	内筒	外筒	备注
容积类别	三类		
储存介质	LNG		
最高工作压力（MPa）	0.6	—0.1	"—"指外压
设计压力（MPa）	0.72	—0.1	
强度试验压力（MPa）	0.9		
安全阀起跳压力（MPa）	0.65		
最低工作温度（℃）	—196	常温	
设计温度（℃）	—196	50	
几何容积（m³）	105.23	42 *	* 指夹层容积
有效容积（m³）	100		
设计厚度（mm）	8.94	11.2	
封头（mm）	8.93	10.2	
腐蚀裕量（mm）	0	1	
主体材质	0Cr18Ni9	20R	
主体焊材	H0Cr21Ni10	H08A	
焊接接头系数	1	0.85	
充装系数	≤0.95		
空重（kg）	39320		
满重（kg）	86580		LNG

（2）立式 LNG 子母型储罐

子母罐是指由多个（三个以上）子罐并联组成的内罐，以满足低温液体储存站大容量储液量的要求。多个子罐并列组装在一个大型外罐（即母罐）中。子罐通常为立式圆筒形，外罐为立式平底拱盖圆筒形。由于外罐形状尺寸过大等原因不耐外压而无法抽真空，外罐为常压罐。隔热方式为粉末（珠光砂）堆积隔热。

子罐通常由制造厂制造完成后运抵现场吊装就位，外罐则加工成零部件运抵现场，在现场组装。

单只子罐的几何容积不宜过大，通常在 $100\sim150m^3$ 之间，几何容积过大会导致运输吊装困难。子罐的数量通常为 3～7 只，故可以组建 $300\sim1050m^3$ 的大型储罐。

子罐为压力容器，最大工作压力可达 1.8MPa，通常为 0.2～1.0MPa，视用户使用压力要求而定。

子母罐的优势在于依靠容器自身的压力，采用压力挤压的办法对外排液；容器具备承接压条件后，可采用带压储存方式，减少储存期间的排放损失；同时，其制造安装成本较低。

子母罐的不足之处在于不能采用真空隔热，设备的外形尺寸较大。

（3）球形 LNG 储罐

低温液体球罐的内外罐均为球状。工作状态下，内罐为压力容器，外罐为真空外压容器。夹层通常为真空粉末隔热。

球罐的内外球壳板在压力容器制造厂加工成形后，在安装现场组装。球壳板的成形需要专用的加工工装保证成形，现场安装难度大。

球罐的优势在于：

1）相同体积条件下，球体设备具有最小的表面积，设备的净重最小。

2）球罐具有最小的表面积，则意味着传热面积最小，同时夹层进行了抽真空处理，有利于获得最佳的隔热保温效果。

3）球形罐体的特性具有最佳的耐内外压力性能。

球罐的不足之处在于：

1）加工成形需要专用加工工装保证成形，加工精度难以保证。

2）现场组装技术难度大，质量难以保证。

3）球壳成形时材料利用率不高。

球罐的容积范围为 $200\sim2000m^3$，工作压力 0.2～1.0MPa。容积超过 $2000m^3$ 时外罐的壁太厚，导致外罐的制造困难大。

（4）液化天然气汽化站

LNG 汽化站一般指具有接收 LNG、储存及汽化外输功能的场站。主要作为输气管线暂时达不到或采用长输管线成本过大的中小型城镇的气源，此外也可作为城镇燃气的调峰应急气源。LNG 汽化站距接收站或天然气液化工厂的经济运输距离宜在 1500km 以内，一般采用公路运输。与天然气管道长距离输送、高压储罐储存等相比，LNG 汽化站采用槽车运输、LNG 储罐储存，具有运输灵活、储存效率高、建设投资少、建设周期短、见效快等优点。

LNG 汽化站主要工艺流程：LNG 由低温槽车运至汽化站，在卸车台利用增压器对槽车储罐加压，将 LNG 送入储罐储存。汽化时通过储罐增压器将 LNG 增压，或利用低温泵加压，将 LNG 输至汽化器汽化为气态天然气，经加热、调压、计量、加臭后进入供气管网。

汽化器通常采用两组空温式汽化器，相互切换使用，当一组使用时间过长，汽化器结霜严重，导致汽化效率降低，汽化器出口温度达不到要求时，则切换到另一组使用。在夏季，经空温式汽化器汽化后的天然气温度可到达 15℃左右，可以直接进入管网；在冬季或者雨季，由于环境温度或湿度的影响，汽化器汽化效率降低，汽化后的天然气温度达不到要求时，可启用水浴式加热器进行加热。

汽化站内设有 BOG 储罐，LNG 储罐顶部的蒸发气经过 BOG 加热器加热后进入 BOG 储罐；卸车完毕后，LNG 槽车内的气体通过顶部的气相管被输送到 BOG 加热器加热，然后进入 BOG 储罐。当 BOG 储罐内压力达到设定值后，将储罐内的气体输送至中压供气管网。

LNG 储罐设计温度−196℃，LNG 汽化器后设计温度一般不低于环境温度 8～10℃。LNG 储罐设计压力根据系统中储罐的配置形式、液化天然气组分及工艺流程确定。当采用储罐等压汽化时，汽化器设计压力为储罐设计压力；采用加压强制汽化时，汽化器设计压力为低温加压泵出口压力。

（5）撬装汽化站

LNG 撬装汽化站是将小型 LNG 汽化站的工艺设备、阀门、零部件以及现场一次仪表集成安装在撬体上。根据储罐大小、现场环境，撬装站可分为储罐撬、卸车撬、汽化调压计量撬，或者分为卸车撬、储罐增压汽化撬、调压计量撬等（图 1-6）。

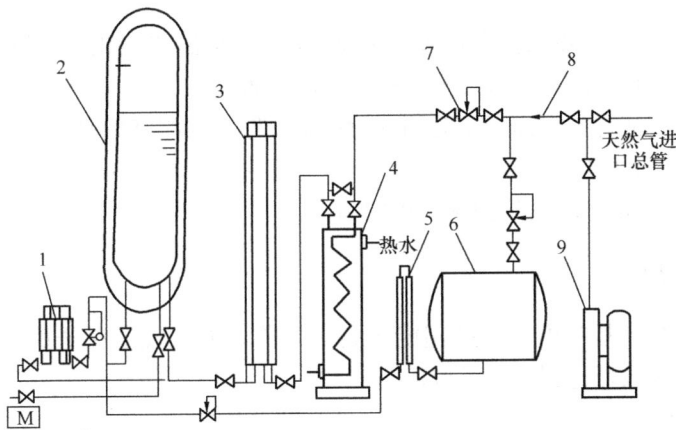

图 1-6 LNG 撬装汽化站工艺流程图

1—增压器；2—LNG 储罐；3—空温式汽化器；4—水浴式加热器；5—BOG 加热器；
6—BOG 储罐；7—调压器；8—流量计；9—加臭机

LNG 撬装汽化站工艺简单、运输安装方便、占地面积小，适用于城镇独立居民小区、中小型工业用户和大中型商业用户供气。

LNG 槽车运输的 LNG，通过卸车撬卸入 LNG 储罐储存，用气时，通过增压器使储罐中的 LNG 进入汽化器汽化，再经调压、计量、加臭进入供气管道。

（6）瓶组汽化站

LNG 瓶组汽化站采用气瓶组作为储气及供气设施，主要应用于小型居民小区、小型工商业用户等供气。瓶组汽化站供应规模不宜过大，小区户数一般为 1500～2000 户，高峰小时供气量可达 400Nm³/h（图 1-7）。

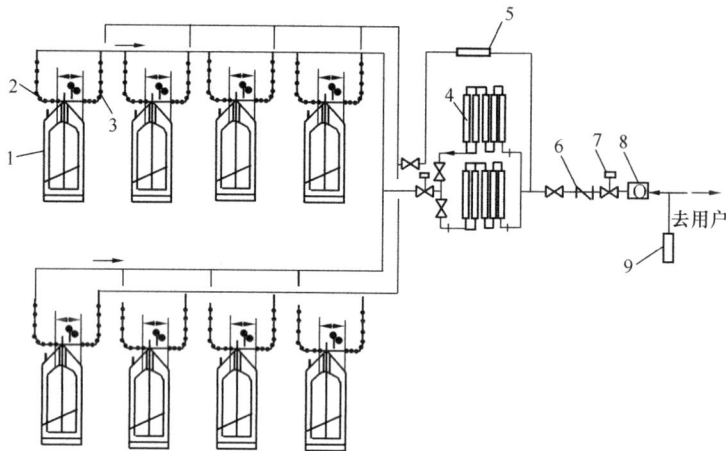

图 1-7　LNG 瓶组汽化站工艺流程图

1—LNG 钢瓶；2—液相连接管；3—气相连接管；4—空温式汽化器；5—BOG 加热器；

6—过滤器；7—调压器；8—流量计；9—加臭机

LNG 自瓶组引出，经汽化器汽化，调压、计量、加臭后进入小区庭院管道或者工商业用气设备。

LNG 瓶组汽化站主要工艺设备包括 LNG 钢瓶、空温式汽化器、BOG 加热器、过滤器、调压器、流量计、加臭装置、安全报警切断装置等。

气瓶组总供气能力根据高峰小时用气量确定。储气容积宜按照计算月最大日供气量的 1.5 倍确定。气瓶组总容量不应大于 4m³。单个气瓶容积宜采用 175L 钢瓶，最大容积不应大于 410L，灌装量不应大于钢瓶容积的 90%。

1.3.5　终端用户

燃气的流向终点是各类用户的用能设备，目前，天然气已在居民、商业、工业、交通、分布式能源等领域得到了广泛应用。

1. 居民用户

居民用户为燃气供应优先类用户，该类用户一般由低压燃气管道供气。采用低压燃气管道输送天然气时，压力不大于 3.5kPa。主要用于城镇居民炊事、生活热水用气，用气量不大，是燃气公司首要保证供应稳定的用户。该类用户由政府统一定价。

2. 商业（公福）用户

商业用户一般指饭店、食堂、宾馆、洗浴场所等使用燃气提供热源的服务业单位，该类用户用气量较为稳定，商业用户用气压力同居民用户一致或略高于居民用气；价格承受能力较高。公福用户指公共福利用户，包括小区集中供暖、学校、医院等非营利性单位，其用气属性与商业用户基本一致，但在用气价格上一般予以优惠。

3. 工业用户

工业用户是天然气消费的最大用户，目前工业用户的消费量占到天然气总消费量的70%以上。天然气在工业中使用一类是作为工业生产的燃料，另一类是作为工业原料。在工业中广泛应用于化工行业、钢铁行业、石化行业、非金属矿物行业、玻璃行业、食品制造行业、医药行业、服装与纺织行业、有色金属行业、机械行业、陶瓷行业、饮料制造行业、造纸行业、烟草行业、电子设备行业等。

工业用户因所生产的工艺、产品不同，对天然气的气质与气压有着不同的要求。如天然气在化肥、甲醇等化工产品生产中作为原料使用，且都在高压下进行，因此对天然气气质、气压均有特殊要求。在有色金属行业中，天然气主要用于熔炼、还原、加热，用气设备主要为熔炼炉、燃气锅炉和焙烧炉等。有色金属行业大多对气质要求不高，但对天然气气压要求较高。食品制造行业中，天然气主要用于加热与制造蒸汽。利用天然气燃烧产生的热量进行蒸、炒、煮、烤等；或利用天然气燃烧所得的热量加热锅炉制蒸汽，用于杀菌消毒等制作工艺，因此对气质、气压无特别要求。

工业用户用气量一般较大。多数行业受经济状况和国际国内市场行情影响较大，一旦出现经济不景气或产品不畅销的情况，将会导致天然气使用量出现较大波动。工业用户的价格承受能力受其销售产品的附加值大小或产品用气定额多少影响。如天然气在化工生产中作为主要原料，不具有替代性，且天然气在化工生产中的比例较高，因此化工企业的天然气价格承受能力普遍不高。而在造纸行业天然气成本占企业生产总成本比例为0.85%左右，因此天然气价格承受能力较强。一般而言，用气量越大的企业对价格越为敏感。

随着国家环保力度的进一步加大，天然气相比煤炭而言具有不可比拟的环保性，近年来工业生产中，煤改气已成为主流，工业用户的天然气消费比例将进一步提高。

4. 交通用户

天然气作为汽车燃料，具有热值高、排气污染小、供应可靠、价格低等优点，广泛利用于交通领域，已成为世界车用清洁燃料的发展方向之一。在交通领域，天然气与汽油、柴油等燃料油相比有着明显的优势。$1m^3$ 天然气相当于 $1.1 \sim 1.3L$ 汽油（约1L 0号柴油），使用天然气可节约燃料费用30%以上，降低运输成本。天然气的燃点约为650℃，高于柴油和汽油，其爆炸极限5%～15%，且天然气相对密度约为0.55，一旦泄漏，可在空气中迅速扩散，不易聚集达到爆炸极限，因而只要有泄漏，会立即挥发扩散。天然气辛烷值高达130，而目前使用的汽油辛烷值最高仅在96左右，天然气与汽油相比抗爆性能更好，同时天然气燃烧完全，不产生积碳，不稀释润滑油，能有效减轻零件磨损，延长汽车发动机的使用寿命。由于天然气组分纯，杂质少，天然气汽车的尾气中 SO_2、NO_x 和 CO_2 等有害气体排放少，更符合当前环境治理的需求。

根据所使用天然气燃料状态的不同，天然气汽车可以分为压缩天然气（CNG）汽车、液化天然气（LNG）汽车。压缩天然气是指将天然气压缩到20MPa，储存在车载高压气瓶中。压缩天然气汽车广泛应用于出租车、私家车、公务车等中小型轻便、短距离运输车辆。压缩天然气汽车最大的缺点是车载钢瓶过重，体积大且储气量小，限制了汽车携带燃料的体积，占用了汽车较多的有效重量，导致汽车连续行驶里程短，另外因钢瓶的存储压力高，也具有一定的危险性。

天然气经净化处理后，在常压下深冷至−162℃，由气态转变成液态，称为液化天然气；天然气在液化过程中进一步得到净化，纯度更高、不含 CO_2、硫化物等杂质，液化天然气的体积约为同量气态天然气体积的 1/625，重量仅为同体积水的 45% 左右，大大方便储存和运输。液化天然气汽车一次充气，可以行驶 500km 以上，非常适合长途运输使用，目前广泛用于长途货车、大型客车等运输行业。与压缩天然气汽车相比，液化天然气汽车在安全、环保、整车轻量化、整车续驶里程方面都具有优势。

目前，天然气作为动力燃料正在全球船用燃料市场进行有益的探索和尝试，我国对此也出台了相应的扶持政策，受制于船用燃气发动机发展技术以及加气配套设施的建设等因素，天然气在船用领域的广泛使用仍有待时日。

5. 发电用户

与燃煤发电相比，天然气发电具有多重优势。天然气发电几乎不排放 SO_2 及烟尘，氮氧化物排放量仅为燃煤发电的 1/10，具有很高的环保价值。此外，天然气机组高效节能、启停灵活，便于为电网调峰，且天然气电厂占地面积小，能够在城市负荷中心实现就地供电。天然气发电既是电源结构的重要组成部分，也是天然气市场发展的主要驱动力。目前，我国天然气发电呈现装机和发电量"双低"状态，2016 年，我国气电装机容量7008 万 kW，仅占总发电装机容量的 4.3%。

天然气分布式能源是指分布在用户端的能源综合利用系统。它将能源系统以小规模（数千瓦至 50MW）、模块化、分散式的方式布置在用户附近，以天然气作为主要燃料，利用燃气轮机或燃气内燃机燃烧天然气发电，对作功后的余热进行回收，用来供热、制冷和生活热水。天然气分布式能源可独立地输出冷、热、电三种形式的能源。近年来，随着国家对天然气政策的支持，尤其是鼓励大力发展天然气分布式能源，提升能源品质，在大中城市的大型商业综合服务区、高校园区及高新产业区等加快天然气分布式能源，提升天然气综合利用效率。天然气在发电领域将得到进一步发展，预计到 2020 年，天然气发电装机占我国电源总装机达到 5% 以上；到 2030 年，力争将天然气发电装机比例提高到10% 左右。

由于我国天然气发电目前正处于起步阶段。面临天然气价格体制尚未得到有效改革，发电用天然气价格过高；我国燃气发电核心技术还未完全掌握，导致进口设备价格昂贵，整体上影响了发电价格；以及天然气发电上网电价定价机制仍未完善等问题，如何尽快解决好上述顽疾，是天然气发电健康持续发展的关键。

第2章 国内外燃气供销差管理现状和发展

2.1 燃气供销差的定义

燃气是一个特殊的产品，燃气在运营过程中受燃气企业经营者管理理念、压力、温度、计量器具、管网、客户规范使用燃气等诸多环节因素影响，产生供销差是不可避免的。只有通过各环节加强管理，特别是企业管理理念、计量器具和抄表、收费的管理，才能做到真正意义上的控制供销差，以便企业更好地控制成本，创造出更高的经济效益。

供销差的定义：

《城市煤气企业升级考核标准》（1990年6月）对管道煤气（天然气、液化气）的供销差率定义为：

在供（购）过程中，由于计量、漏失所造成的损失程度。供应总量可扣除温差、压差的校正量（按各地区规定的系数）。即：

燃气企业购气总量与销售总量之间的差为供销差。

燃气供销差分为财务供销差和本意供销差：

财务供销差是指"购燃气总付款折算量与终端客户实际销气总收款折算量之差"。既要考虑量，也要考虑钱。

本意供销差是指"上游燃气供应总量与终端客户抄表总量之差"，只考虑量，不考虑钱。

供销差率：燃气企业供销差除以购气总量乘以100%，得出来的数值称为供销差率。数值用%表示（图2-1）。

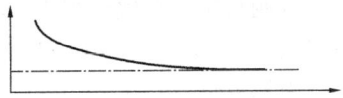

(购气总量-销气总量)/购气总量×100%
(购气付款折算量-抄表实收气款折算量)/
购气付款折算量×100%

图2-1 供销差率定义

在实际计算中，供销差不仅仅考虑企业的购气总量和销气总量，还要考虑整个购销燃气过程中，各个环节对供销差产生的影响因素，供销差产生的主要问题有以下几方面：

（1）企业供销差管理机制不健全，相关的制度标准流程缺失；

（2）计量器具设计选型不当、安装验收不符合规范、管理不到位问题；

（3）抄收管理问题；

（4）终端客户违规用气与查处问题；

（5）上游末站计量管理问题；

（6）管网运行问题；

（7）环境影响问题。

本书第4章将系统分析。

2.2　国外燃气供销差现状和发展

国外燃气供销差称为 Unaccounted for gas，简称 UAG 或 UFG 等。供销差定义为来自所有气源的可用燃气与所有可计量的销气量、净替代量、自用气的差值。此差值包括燃气泄漏与其他实际存在的损失，以及由于计量不准确、温度压力变化和计量时间不同步等所造成的差值。

1. 英国

欧洲天然气市场化程度高，监管机制较为成熟，从政府监管层面设置了专门的监管机构、建立了较为细致的监管要求，推动燃气企业不断提高运营管理水平。

英国燃气行业的主要监管机构为燃气及电力市场管理局（GEMA），下设燃气及电力市场办公室（Ofgem）机构，负责管理牌照、制定持牌条件、审核行业标准合同及制定收入监管政策等。Ofgem 为了考核英国各燃气企业的运营管理水平，从保障人身安全、保护环境、提供优质服务、管网安全可靠等方面设置了 59 项考核指标。英国监管机构仅从燃气泄漏方面对燃气企业进行监管，未将供销差管理设为专项指标，但通过提高管网可靠性、减少燃气泄漏等方面，也在不断提高供销差管理水平；供销差管理仅由燃气企业与上下游依据合同约定执行即可，一般供销差率约定为 2％。Ofgem 因担心燃气企业的高供销差将导致用户用气成本增加，也对燃气企业的供销差进行关注，如果供销差问题严重到一定程度，Ofgem 可能会将其纳入考核指标。

英国国家电网（National Grid，英国最大的燃气企业）规定，旗下各燃气公司要尽最大可能减少配气过程中的燃气损失，并于 2014 年 8 月实施专项行动，明确配气过程中的燃气损失的初始控制目标（最高为 5％），并以每年减少 0.5％ 的速度进行下降，直到达到 3％ 的控制目标。在此过程中，所有采取的措施均要求为长效机制，不会在未来反复。如果燃气企业无法实现每年的控制目标，将被列为警告级别。

（引用 http：//www. pacode. com/secure/data/052/chapter59/s59. 111. html）

2. 美国

美国的供销差管理也是逐步规范与完善的。根据天然气管道安全法案（1968）—The Natuaral Gas Pipeline Safety Act Of 1968（1971 年生效实行），明确了燃气经营企业、监管机构等职责。监管机构要求燃气经营单位定期上报燃气损失量（Unaccounted for Gas）占购气量的比例，并提出燃气经营单位在供销差率低于 5％ 时不需关注，在供销差率高于 15％ 时必须进行研判主要原因。根据 1984 年数据，在 1491 家燃气企业中，92 家企业（均为小企业）的供销差率超过了 15％，369 家的供销差率处于 5％～15％，其余企业均低于 5％，（引用于 Information on Gas Distribution System Operators Reporting Unaccounted for Gas（httpwww. gao. govproductsRCED-86-87BR）），美国联邦能源管理委员会 636 号命令（Federal Energy Regulatory Commission Order 636）于 1993 年颁布生效，要求燃气管网公司对燃气供销差加强管理。

目前，美国各管理机构、各州对于供销差的定义各有不同。从管理机构划分，主要有 PUC Annual Report、1307 Gas Cost Filing、DOT Report 三个口径，从定义角度：DOT Report 与我国的燃气供销差定义相同，1307 Gas Cost Filing 规定供销差由各企业根据情况定义，PUC Annual Report 不扣除调整量；从时间维度：PUC Annual Report 为每年 1 月 1 日～12 月 31 日，1307 Gas Cost Filing 根据规定另行确定，DOT Report 为每年 7 月 1 日～次年 6 月 30 日。根据宾夕法尼亚州 2010 年数据，其主要燃气企业的供销差（PUC Annual Report）为 0.06%～6.13%。

（引用 ICF international-Lost and Unaccounted for Gas 和 Joint Report by the Bureau of Investigation and Enforcement and the Bureau of Audits—UNACCOUNTED-FOR-GAS In the Commonwealth of Pennsylvania）

美国各管理机构通过数据上报、建立刺激计划等方式，推动各企业关注供销差管理，提升供销差管理水平。

2.3 国内燃气供销差现状和发展

燃气供销差直接影响燃气企业的经济效益，是反映燃气企业整体经营管理水平的综合性指标之一。原建设部 1990 年 6 月颁布的《城市煤气企业升级考核标准》中，将燃气供销差率作为燃气企业升级的重要考核标准。《关于加强配气价格监管的指导意见》（发改价格〔2017〕1171 号）规定：供销差率（含损耗）原则上不超过 5%，3 年内降低至不超过 4%。

但多数燃气企业经营管理较为粗放，是产生供销差的主要原因，尤其在快速扩张市场阶段，供销差相关的各环节得不到有效的管控，形成了"积重难返"的现象。如何加强供销差的管控，使其处于合理水平，是燃气企业必须解决的经营管理难点，以满足政府监管的要求。

国内燃气公司供销差管理水平各不相同，大多数城镇燃气企业供销差处于 4% 以下，部分城镇燃气企业的供销差大于 4%。为了使城镇燃气企业供销差管理水平保持一致，供销差均处于合理水平，某大型燃气集团开展了一系列供销差治理工作，如利用行动学习、精益管理等工具，编制供销差管理指引和供销差审核表，促进成员企业降低供销差。

第3章 燃 气 计 量

燃气计量实际上是燃气体积流量的测量，测量的准确度取决于整套测量系统的合理设计、施工、操作和维护等全过程的质量管理。燃气计量管理是燃气公司运营管理的重要组成，燃气计量管理的质量，直接关系到企业和用户的经济利益，同时也关系燃气公司在社会上的整体形象。为了保证计量系统管理的统一与准确以及公平、公正性，需要制定科学合理的燃气计量标准和管理制度。在燃气计量的相关标准中，流量计量标准是主要的，包括燃气密度、成分组成、发热量、压缩因子等相关参数的测量和计算标准，及计量器具仪表选型、设计及安全等标准。

传统的天然气结算方式是以标准体积为计量单位进行的，但天然气是混合气体，既有可燃成分，也含有不可燃成分，其发热量（热值）是在不断的变化，因此用体积计量并不是科学的计量。2008年我国颁布了《天然气能量的测定》GB/T 22723—2008为城市燃气的准确计量提供了新的依据和标准。

天然气的计量按其目的可分为两大类：一是用于贸易计量或作为标准计量器具使用；二是用于生产中一般性的监测或过程控制。对于贸易计量用计量器具，由于涉及贸易结算或税收等经济利益，计量器具的准确度往往是优先考虑的参数，尤其是大宗贸易对其精确度有着非常高的要求。对于监测或过程控制用的计量器具其计量准确度要求可适当降低，但应具有良好的重复性。《天然气计量系统技术要求》GB/T 18603—2001对计量仪表的准确度有明确的技术要求，如该标准附录D.2：

D.2.1　新仪表

对于计量仪表的准确度，一个可量化的表述可由系统误差 β 和不确定度 U 给出系统误差 β 定义为：同一被测量无数个重复测量结果的平均值减去该被测量的真值。

因为被测量的真值是未知的，β 可通过校准来近似取值，校准过程就是将测量结果与代表常规真值的某一标准值进行比较，校准的目的也是通过调整仪表或确定一个修正值或修正系数以消除系统误差的影响。由于 β 会在仪表的整个计量范围内变化且在整个范围内 β 不可能设定为零，所以系统误差的影响就不可能完全消除

……

D.2.2　在用仪表

仪表投入运行后，需再考虑其位移 D 及漂移的不确定度 U_D，仪表易漂移 D 是计量仪表的计量特性随时间发生的缓慢变化。

应对仪表的漂移 D 进行估计，随之产生漂移 D 的不确定度 U_D，U_D 可以是 A 类，也可以是 B 类，或是 A、B 两类的合成。可用不同的方法来估计 D 值，很多仪表都将经过型式试验，这种测试结果会有指导意义。另一种信息来源是来自重复校准的数据。它们可以是对单台仪表的重复校准值，也可以是全部仪表的重复校准值。

在国家相关法律和规范中对天然气的计量环境和状态有明确的规定，下面列举一些常

用的名词定义，便于理解本书中相关内容。

标准状态：介质处于温度20℃，压力为101.325kPa下的状态，简称标况，用字母 b 表示。

工作状态：介质实际所处的温度和压力下的状态，简称工况，用字母 m 表示。

流量：流体流过一定截面的量称为流量。是瞬时流量和累计流量的统称。

瞬时流量：单位时间内，介质通过管道截面的量，口语中也可以简称流量，用 Q 表示。

累计流量：一段时间内，介质通过管道截面的量，口语中也可以称为使用量、耗量。

最大流量：满足计量器具性能要求的最大流量。

最小流量：满足计量器具性能要求的最小流量。

流量范围：计量器具最大流量和最小流量所限定的范围，在该范围内满足计量器具性能的要求。

温度：实测介质中管道内的表温度，用 T 表示。

压力：实测介质中管道内的表压力，用 P 表示。

标况体积：一段时间内，介质通过管道的标准体积量，用 V_b 表示。

工况体积：一段时间内，介质通过管道的工况体积量，用 V_m 表示。

基表：测量、记录工况下介质运行情况的仪表

修正仪：测量、记录标况下介质的运行情况的仪表，即通过温度、压力的补偿，将基表工况记录修正、补偿成标况记录。

计量器具：用于测量、记录介质（物）的量的仪器仪表，统称为计量器具。

3.1 燃气流量测量方法

燃气的流量检测中有3种测量方法可供选择：体积流量测量、质量流量测量和能量流量测量。上述3种测量方法可分为间接测量和直接测量两种方式。而根据上述3种方法设计制造的计量器具多达数十种。然而每一种方法及其仪表都有它相对应的使用对象及适用量程。

1. 体积流量测量

我国目前燃气工业中采用的最为广泛的测量方法是体积流量测量。由于气体的可压缩性，该测量方法受温度和压力的影响。

燃气体积流量的测量，根据燃气输送管道输气压力级别的不同，燃气管道所处环境的外界温度，和不同的测量目的，可以采用不同的测量方法。燃气计量常用的燃气体积流量测量方法有

1）容积式流量测量方法；

2）差压式流量测量方法；

3）速度式流量测量方法；

4）流体振动式流量测量方法；

5）无接触式流量测量。

燃气行业终端客户常用的计量器具有皮膜表、涡轮流量计、腰轮流量计（罗茨流量

计）、热式质量流量计、超声波流量计、涡街流量计等，场站燃气计量还包括流量计算机系统、部分长输管线计量还有孔板流量计。

针对天然气的气质特性和计量要求，我国在欧洲制定的《天然气计量系统基本要求》EN1776：1998 标准基础上，制定了相应标准《天然气计量系统技术要求》GB/T 18603—2014。出台了一系列相关的国家标准：

《用气体超声流量计测量天然气流量》GB/T 18604—2014；

《用气体涡轮流量计测量天然气流量》GB/T 21391—2008；

《用旋转容积式气体流量计测量天然气流量》SY/T 6660—2006；

《用标准孔板流量计测量天然气流量》GB/T 21446—2008；

《封闭管道中气体流量计的测量—涡轮流量计》GB/T 18940—2003。

燃气计量系统的测量仪表还包括温度、压力、密度仪表及 IC 卡控制器等。

燃气行业常用的计量器具见图 3-1。

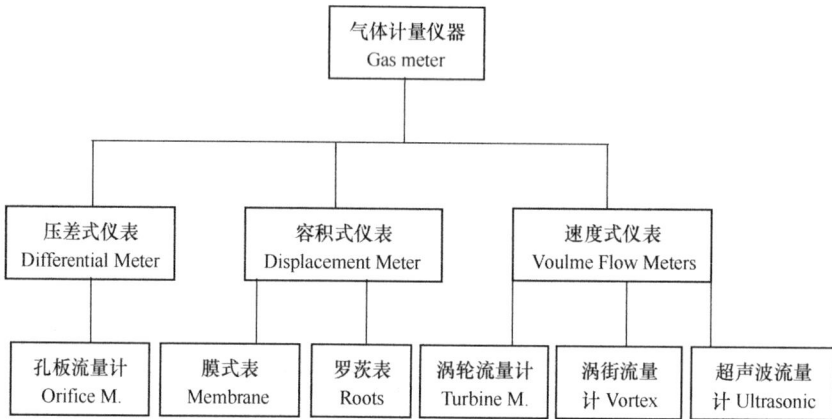

图 3-1 燃气行业常用的计量器具

（1）容积式流量测量方法

这种测量方法类似于生活中用某标准容器计量液体的体积。其工作过程是：让燃气不断地充满具有一定容积的计量室，然后再连续地将这部分燃气从计量器具的出口输送出去，在该测量过程中，将这些连续被燃气充满计量室的次数乘以计量室自身的容积，所得到数值即为燃气通过计量器具的燃气体积量。

容积式流量测量方法的基本方程式：

$$Q = nV$$

式中 Q——某段时间内通过流量计的燃气体积总量，m^3；

n——该段时间计量室被充满次数；

V——计量室的容积，m^3。

（2）差压式流量测量方法

该测量方法作用原理是基于燃气通过管道断面突然缩小的节流件时，使流体的动能发生变化，在节流件的上、下游，产生一定的静压力差。此压力差与燃气的流量成正比。

其计算公式为：

$$Q = CF\sqrt{2\Delta P\rho}$$

式中　Q——通过的燃气流量；

ΔP——通过节流件产生的压力降；

C——测量系数；

F——节流件处的管道断面截面积，m^3；

ρ——燃气密度，kg/m^3。

若节流件前后的燃气管道截面积 F 和燃气密度 ρ 不变，则燃气体积流量与节流件前后压差 ΔP 的平方根成正比，因此，只要测出 ΔP 就可测出燃气体积流量 Q。

差压式流量计是以伯努利方程和流体连续性方程为依据，根据节流原理，当流体流经节流件时（如标准孔板以标准喷端、长径喷嘴、经典文丘利嘴、文行利喷嘴等），在其前后产生压差，此差压值与该流量的平方成正比。在差压式流量计中。因差压流量计结构简单、制造成本低、研究最充分、已标准化而得到广泛的应用。

典型的差压式流量计是孔板流量计，其理论流量计算公式为：

$$q_{\mathrm{f}} = \frac{c}{\sqrt{1-\beta^4}} \cdot \varepsilon \cdot \frac{\pi}{4} \cdot d^2 \cdot \sqrt{\frac{2\Delta P}{p_1}}$$

式中　q_{f}——工况下的体积流量，m^3/s；

c——流山系数，无量纲；

$\beta = d/D$，无量纲；

d——T况下孔板内径，mm；

D——T况下上游管道内径，mm；

ε——可膨胀系数，无量纲；

ΔP——孔板前后的基压值，Pa；

p_1——T况下流体的密度，kg/m^3。

（3）速度式流量测量方法

速度式流量测量方法是以直接测量燃气管道内的燃气流动速度为测量依据，来测量燃气流量的方法。

若测出的是管道截面的燃气平均流动速度 $\bar{u}$，则单位时间内燃气的体积流量 Q 为：

$$Q = F\bar{u}$$

若测出的是管道截面上某一燃气质点的流速 v，则燃气的体积流量 Q 为：

$$Q = KFv$$

式中　K——横截面上的平均流速与被测质点速度的比值，即 $K = \bar{u}/v$。

在典型的层流或紊流分布情况下，管道横截面上流速的分布是有规律的，所以 K 为确定值。但如遇阀门、弯头等局部压力后，流速分布变得不规律，K 值很难确定。因此，速度式流量测量方法要求测量燃气流速的流量计前后部位有足够长的直管段，使燃气在进入（仪表）测点前，其速度分布就可达到典型的层流分布或紊流分布。

（4）振动式流量测量方法

振动式流量测量方法的关键点在于利用流体振动（振荡）原理来进行流量测量。计量仪表在管道内流动的燃气中放置一个柱形钝体，燃气气流会在柱形钝体下游两侧产生两列有规律的漩涡，此漩涡以一定速度沿管道轴线方向运动，同时，漩涡还沿与轴线的垂直方向振动，在柱体周围和下游燃气气流漩涡的振动是有规律的，而且是在柱体两侧交替发生，其振动频率与燃气流量大小存在一定的对应关系，通过检测漩涡的振动频率，就可以测得燃气流量。

2. 质量流量测量

由于流体的体积流量，尤其是流体物质处于临界状态附近时的体积流量，受压力、温度等参数变化影响极大。在这种场合，尽管采取多种措施进行压力、温度的补偿，但往往仍达不到较高的体积流量测量的准确度要求。物质的质量不受状态条件、地理位置的影响，从这一点出发来讲测量流体物质的质量流量具有更高的准确性。由于质量流量计对工作条件要求较高，所以未能像体积测量那样普遍使用，但其作为天然气计量的一种方式，是不能忽略的。

质量流量测量方法一般用于压缩天然气的计量，其计算公式为：

$$q_{\mathrm{m}} = q_{\mathrm{f}} \cdot \rho_{\mathrm{f}}$$

式中　q_{m}——工况下质量流量，kg/s；

　　　q_{f}——工况下体积流量，m³/s；

　　　ρ_{f}——工况下流体密度，kg/m³。

3. 能量流量测量

天然气作为一种燃料，其核心价值在于燃烧后产生出的发热量。不同产地的天然气组分不同，即使同一体积的天然气发热量差别也较大，天然气作为商品交换时需要体现其最大的价值，由于发热量不同，天然气采用体积计量，从根本上不能完整反映天然气的核心价值。

天然气能量计量是以其发热量结算，单位是焦耳（J），常用百万焦耳（MJ）作为计量单位。发热量可分为高位和低位。以上海为例，来自西气东输一线的管道气高位发热量约为38.7MJ/m³，来自西气东输二线的管道气高位发热量约为39.6MJ/m³，而来自国外的液化天然气高位发热量约38.6～42.5MJ/m³，最高值与最低值相差约9.5%。高位发热量是指规定量的气体在空气中完全燃烧所释放出的热量。燃烧反应发生时，压力保持恒定，所有燃烧产物的温度降至与规定的反应物一致，除燃烧产生的液态水外，其余燃烧产物均为气态。

天然气的能量流量测量是天然气作为能源的一种合理和科学的计量方式，通过采用在线色谱仪测定天然气组分后，由状态方程计算发热量；能更加公平、公正地反映天然气价值，是目前国际上最流行的贸易和消费计量与结算方式。随着我国天然气国际贸易的扩大，计量方式与国际接轨，天然气能量流量测量在我国必然进入快速发展期。其计算公式为：

$$E = V \cdot H$$

式中　E——天然气能量，J；

　　　V——标况下天然气体积，m³；

　　　H——标况下天然气的体积发热量，J/m³。

3.2　常用燃气计量器具

3.2.1　膜式燃气表

膜式燃气表是城市燃气计量仪表中使用最为普遍的一种仪表，也是一种传统的容积式流量计，早期的产品是一种纯机械式计量仪表，后来发展有智能型 IC 卡具、远传型、机械温度补偿型等计量仪表，规格由家用型发展到商用型，是城市燃气计量仪表中较为普遍的计量器具。其优点是流量范围宽、准确度较高、压力损失小、价格低，缺点是不能实现温度、压力补偿修正，只能测量工况体积累计量。

从燃气表进气口形式及安装方式上，膜式表分为单管接头和双管接头。单管接头气表虽然比双管接头气表少一个接头，但其是将进气、出气两管组合成一体，结构复杂，所以所用材料并不比双管的少，加工也较为困难。目前，国内基本使用的是双管燃气表，国外尤其是欧洲使用单管的燃气表稍多一些。

本文介绍的膜式表均为双管气表。

1. 工作原理

膜式燃气表采用柔性膜片计量室方式来测量气体体积流量，由 4 个（两个一组）皮囊（计量室）组成。在压力差的作用下，燃气经分配阀（平行四边形机械传动装置）交替进入计量室，充满后排向出气口，同时推动计量室内的柔性膜片作往复式运动，通过转换机构将这一"充气、计量、排气、排气结束"的循环过程转换成相应的气体体积流量累加和，再通过传动机构传递到计数器，完成燃气体积累计的计量功能。

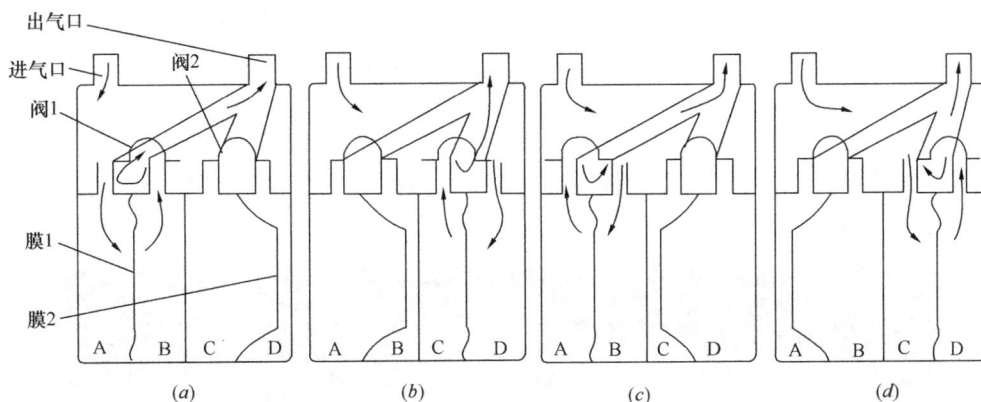

图 3-2　膜式燃气表工作原理图

图 3-2 (a) ～ (d) 是膜式燃气表进气、排气变换过程的一个周期。

(1) 当滑阀 2 运行到中间位置，即在封闭进、排气口状态时，隔膜 2 运动到右侧极限位置，隔膜 1 的左腔进气，右腔排气，滑阀 1 在皮膜运动时立轴和拉杆的牵引下向左移动，如图 3-2 (a) 所示。

(2) 当阀 1 左移至封闭状态，隔膜 1 到右侧极限位置，联动的阀 2 已离开封闭状态向左运动，隔膜 2 变成右腔进气、左腔排气，如图 3-2 (b) 所示。

（3）阀1继续左移，隔膜1的右腔变为进气，左腔变为排气，阀2右移处在封闭状态，隔膜2到左侧极限位置，如图3-2（c）所示。

（4）当阀2继续右移是隔膜2的做强变为进气、右腔变为排气，这是阀1右移至封闭状态，隔膜1到左侧极限位置，如图3-2（d）所示。

这种两囊四腔是的隔膜各作往复运动，完成进气、排气的一次全过程，也就是作了一次回转的动作，所排出的气体体积就是回转体积。

2. 结构形式（图3-3）

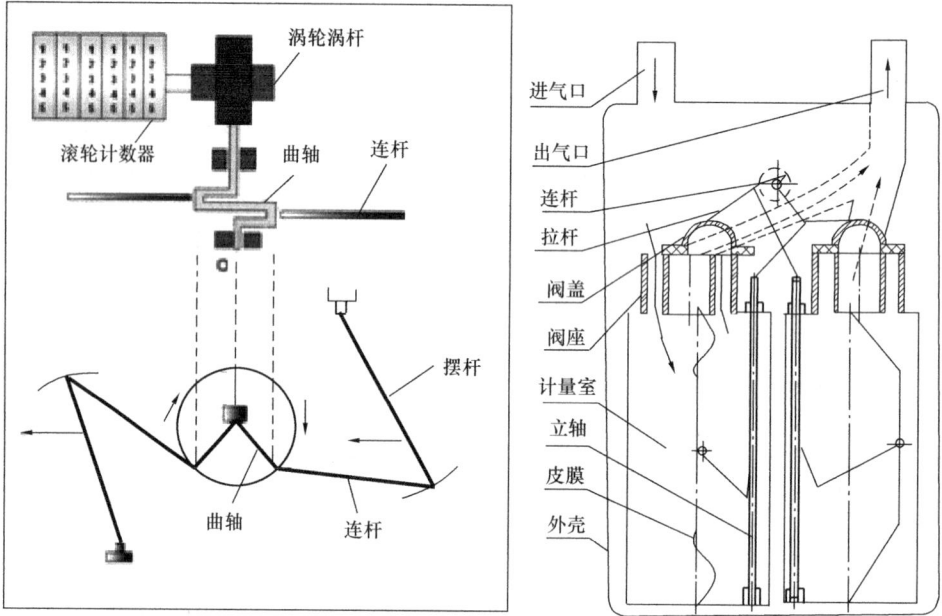

图3-3 膜式表结构示意图

膜式燃气表主要由外壳、膜式计量室、滑阀、连杆机构、放置逆转装置、传动机构和计数器等部件组成。这些部件主要构成计量系统、气路及气流分配系统、运动传送系统、技术系统4大部分（图3-4）。

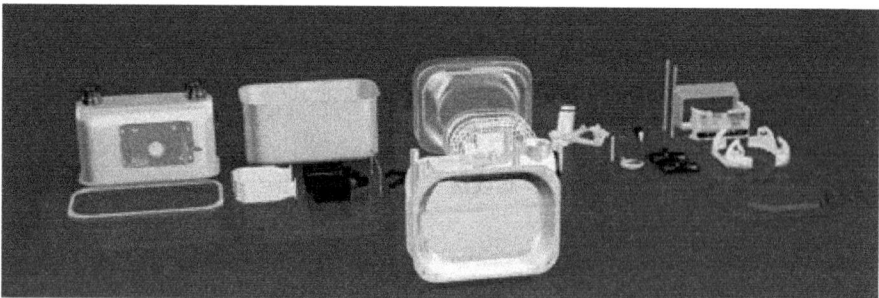

图3-4 膜式燃气表结构

（1）计量系统

计量系统由计量壳、膜片、平行板、折板、折板套、折板轴组成。

膜片多为皿形，其外形集合形状有方形、长方形、圆形、椭圆形等几种。

（2）气路及气流分配系统

气路及气流分配系统由接头、外壳、表内气管、阀座、阀盖等组成。

为保证被计量气体按一定顺序的通道流动，阀盖在分配室阀栅上滑动，周期性改变气流途径，使气体循环地充满或排出左右四个腔室，达到对气体体积的计量。

（3）运动传送系统

运动传送系统由立轴、大小拉杆、中轴支架组等组成。

气体压力作用在膜片上形成膜片摆动的动力，经过两套摆杆、连杆与公用的曲柄轴组合成一套能连续自运转的汇交力系，将该力传递给阀盖进行直线滑动（部分表示转动或者扇形摆动）。同时，传送系统也将这力传给累计数显示系统，使计数器各齿轮（字轮）运转，达到计量显示的目的。

（4）计数系统

计数系统由主动齿轮、交换齿轮及计数器组成。

计数器有多位字轮，包括整数位和小数位，作用是记录和显示气体流过燃气表的累计体积量。该系统中配有不同齿数的连接轮和交换轮，选配不同齿数的联接轮和交换轮，可以改变燃气表的基本误差曲线的位置，以实现燃气表准确度的调整

3. 计量特性

（1）示值误差

两个隔膜全部做完一次往复运动时，它联动的曲柄旋转一周，这是所排出的气体称为一个回转体积 V_0，燃气表每小时能排出的气体体积量 q_v 和曲柄转数 n 成正比，即

$$q_v = n V_0$$

回转体积 V_0 是通过隔膜的几何形状计算得出，其体积累计值和实际累计值不完全一致，即便是相同的温度、压力、流体都可能出现不同，主要是因为燃气表中的计量部件制造和工艺不一致，运转中的阻力变化及检测中产生的偏差等，造成燃气表指示值和实际通过的气体流量值有偏离，形成燃气表误差，这个误差可通过调整计数器齿轮齿数比，进行适当改变。

皮膜表误差特性曲线见图 3-5。

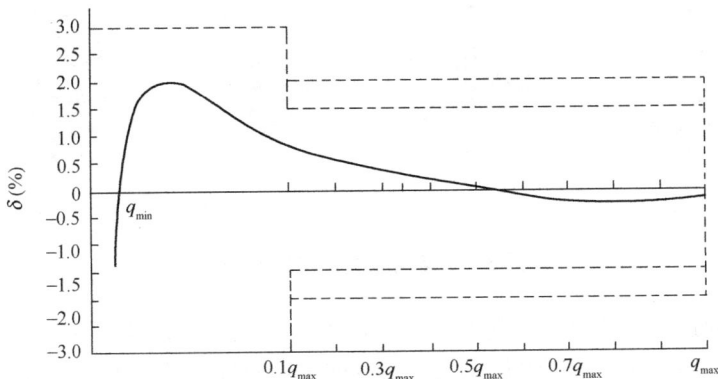

图 3-5 皮膜表误差特性曲线

（2）压力损失

气体通过燃气表时，在进、出口两端存在一定的压力降，称为压力损失。

压力损失包括两部分：一是燃气表运转克服机械阻力的损失，称为机械压力损失；二是气体通过燃气表内流通管路时产生的流体阻力损失，与管路内的形状、长度以及流通截面积等因素有关。

（3）仪表基本误差

燃气表误差客观存在，且不同的检定装置也存在一定的系统误差。要使每台燃气表在检定时合格，首先要对检定装置进行台位差的比对，其次根据检定结果分析出系统误差，从而在燃气表组装时对燃气表的皮膜行程或回转体积进行系统调整。使燃气表示值误差控制在允许范围内。

3.2.2　腰轮流量计

腰轮流量计是一种常用的容积式流量计，也叫罗茨流量计。具有计量准确度高、量程宽、安装时前后端不需要直管段，既可以只读出工况体积，也可以通过修正仪进行温度、压力补偿，读取标况体积等优点，同时也存在体积大、结构复杂、日常维护量大等缺点。

腰轮流量计由两个8字型腰轮组成，通过腰轮和壳体包围成一个具有一定容积的计量室，当流体通过时，流量计基表的进口和出口之间存在一个压力差，在这个压力差的作用下，使流量计内的运动部件不断运动，将流体一次充满和排出计量室。根据预先求出该空间的体积，测量运动部件的运动次数，从而求出流过该空间的流体体积。及单位时间内测得的运动部件的运动次数，可以计算出流体的瞬间流量。

（1）工作原理

如图3-6所示，当上边腰轮或下边腰轮运行到水平位置时，腰轮与壳体共同形成一个容积固定的上、下部计量室，在一个运行周期内，上、下部计量室各排出一次流体。他有两个腰轮状的共轭转子，分别固定在各自的转轴上，有一个腰轮转动，另一个腰轮通过齿轮啮合同步反向转动，相互间始终保持运行，既不能相互卡住，又不能有大的泄漏间隙。

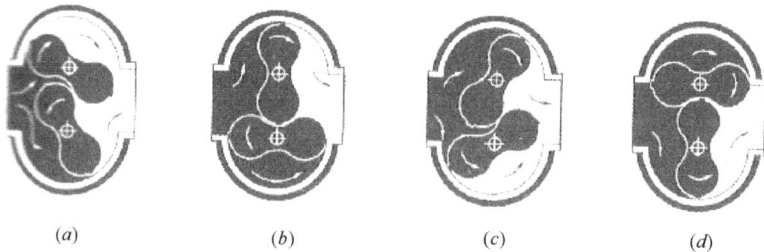

| *(a)* | *(b)* | *(c)* | *(d)* |

图 3-6　腰轮流量计工作原理图

当有流体通过流量计时，在进出口流体压差的作用下，两腰轮将按如图3-6（a）所示方向旋转。上边的转子顺时针转动，下边的转子逆时针转动。当下边的腰轮转到平横位置时，在它下边存有一定体积量的流体，上边转子处于垂直位置，此时上边转子受力平衡，下边转子因压力差而继续逆时针转动，通过同步齿轮带动上边转子转动，如图3-6

（b）所示。

连续转动时，下边计量室包围的定量流体从出口排出，如图3-6（c）。

继续转动时，下边转子运行到垂直位置，上边转子为水平位置，上边的腰轮又将进来的流体存入上不计量室中，如图3-6（d），并准备将流体排出。

当两个腰轮个完成一周的转动时，所排出的流体为一回转体积V_0。在腰轮转轴上带动一副蜗轮副和一套变速齿轮组合传送到计数装置进行累计流量计量。

回转体积量为V_0，腰轮转数为n，则在n次动作的时间内流过流量计的流体体积V为：$V = nV_0$

（2）结构形式（图3-7）

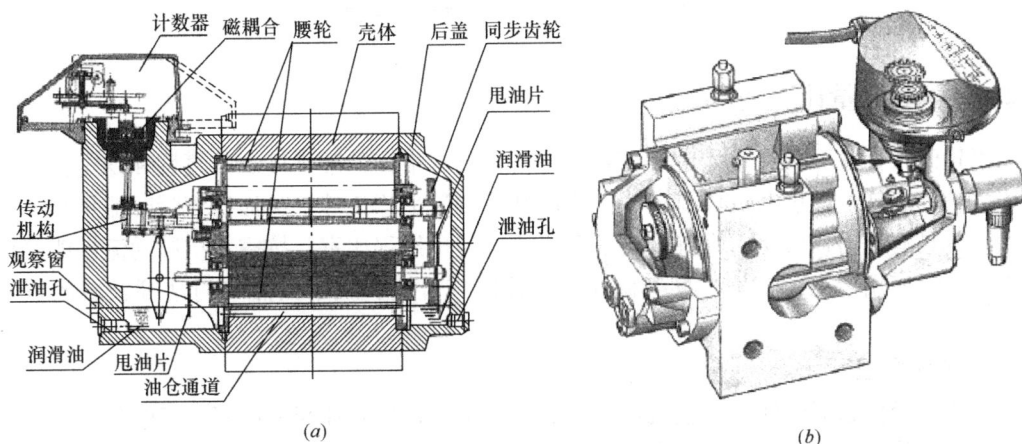

图 3-7 腰轮流量计结构

（a）平面结构示意图；（b）立体解剖示意图

流量测量单元主要由计量室、润滑系统和传动机构。

1）计量室：腰轮流量计由一对腰轮和壳体构成，两腰轮是互为共轭曲线的转子。腰轮、计量室壳体一般由铝合金或不锈钢职称，腰轮与壳体、腰轮与腰轮、腰轮与隔板等的间隙非常小，一般在$80 \sim 150 \mu m$。

2）润滑系统：包括储油腔、加油孔、泄油孔、观察窗、油道、甩油片等。

3）传动机构：包括磁性联轴器、同步齿轮、减速变速机构。

4）机械计数器：早期传统的腰轮流量计基表为纯机械式仪表，包括磁耦合装置和计数器等。

（3）误差特性曲线

若计量室固定体积为V_0，在一定时间内，腰轮转动的次数为n，则这段时间内体积流量$V = nV_0$，在这段时间内流量计通过机械传递、磁耦合装置将体积流量V传递到计数显示装置显示，通过流量计的流体体积$V_{显}$，$V_{显} = An$，其中A是机械传动比和计数器单位量值有关的流量计齿轮比常数。

对于已经制造完成的流量计，V_0和A都是常量，理论上误差特性曲线是一条平行于X轴的直线，如图3-8直线1。因转子与壳体之间存在一定的缝隙，一部分流体没有经过计量室计量而直接从间隙流过，没有在流量计显示值上反映出来，导致实际上误差特性曲线是曲线3，通过机械技术齿轮比的调整，误差曲线可以调整平移到曲线2的位置。

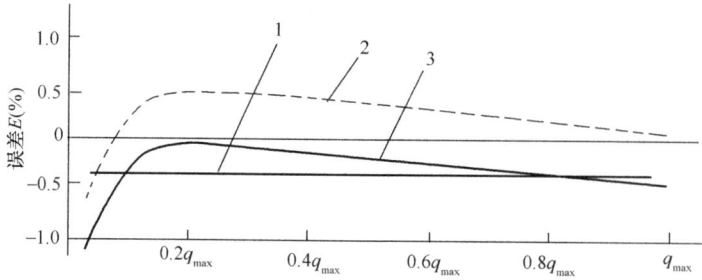

图3-8 腰轮流量计流量误差特性曲线

3.2.3 涡轮流量计

涡轮流量计是一种最常用的速度式流量计，具有很高的准确度、重复性和稳定性。是利用涡轮的旋转角速度与流体流速成正比的性质测量平均流速，从而得到瞬时流量和累计流量，它具有压力损失小、准确度高、反应快、流量量程比宽、抗震与抗脉动流性能好等特点。广泛应用于工业锅炉、燃气调压站、输配气管网、城市天然气门站等领域的贸易计量。

1. 工作原理

流体流经传感器壳体，经整流器整流后，由于叶轮的叶片与流向有一定的角度，流体的冲力使叶片具有转动力矩，克服摩擦力矩和流体阻力之后叶片旋转，在力矩平衡后转速稳定，在一定的条件下，转速与流速成正比。由于叶片有导磁性，它处于信号检测器（由永久磁钢和线圈组成）的磁场中，旋转的叶片切割磁力线，周期性的改变着线圈的磁通量，从而使线圈两端感应出电脉冲信号，此信号经过放大器的放大整形，形成有一定幅度的连续的矩形脉冲波，可远传至显示仪表，显示出流体的瞬时流量和累计量。脉冲信号的频率 f 与体积流量 q_v 成正比，即：

$$q_v = \frac{f}{K}$$

式中　f——脉冲频率，Hz；

　　　K——仪表系数，常数，

部分流量计采用多段仪表系数，通过非线性修正，仪表的准确度会提高。

2. 结构形式

如图3-9，涡轮流量计属于速度式流量计，也叫叶轮式流量计。是利用置于流体中的叶轮的旋转角速度与流体流速成比例的关系，通过测量叶轮的转速来反映通过管道的流体体积流量大小，是流量仪表中比较成熟的高准确度仪表之一，涡轮流量计一般由下列典型5个部分组成：

（1）表体

表体的材料一般为钢或者是铸铁，其两端为法兰连接。小口径表也有采用螺纹接口方式。

（2）测量的组件

涡轮上有经过精密加工的叶片，它与一套减速齿轮和轴承一起构成测量组件，支撑涡轮的两个高精度不锈钢永久自润滑轴承保证该组件有较长的使用寿命。涡轮流量计亦可选用外部润滑油泵润滑轴承，但注意不能过量。

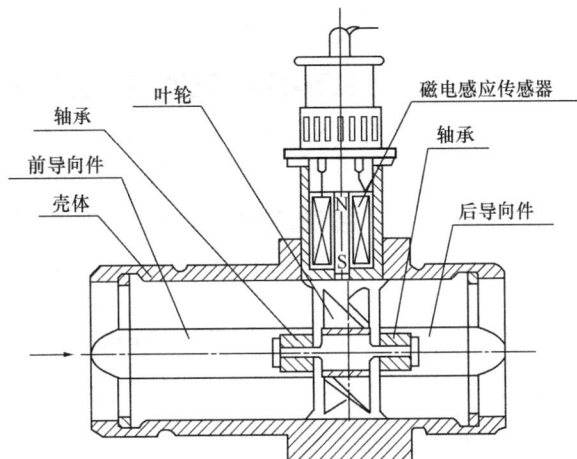

图 3-9　涡轮流量计结构示意图

1）计数器

计数器面板上有以下重要信息：

a. 最大工作温度及压力：

b. 计量及最小和最大流量等级；

c. 产品型号及编号；

d. 防爆等级和标志；

e. 低频或高频脉冲所对应流体的当量以及接线方式。

2）整流器

整流器用以使流体流过涡轮流量计时处于规则状态，从而消除扰动对计量不利的影响，提高计量精准度。

3）磁耦合传动的装置

该装置将处于大气环境中的计数器部分与被测量气体分离开来，并将测量组件的转动传递给计数器。

3.2.4　超声波流量计

超声波流量计和电磁流量计一样，因仪表流通通道未设置任何阻碍件，均属无阻碍流量计，适于解决流量测量困难问题的一类流量计，特别在大口径流量测量方面有较突出的优点，它是发展迅速的一类流量计之一，目前随着国内外技术的发展，在小流量范围内，超声波也得到很广的应用。

1. 工作原理

根据对信号检测的原理，超声波流量计可分为传播速度差法（直接时差法、时差法、相位差法和频差法）、波束偏移法、多普勒法、互相关法、空间滤法及噪声法等。

（1）时差法

采用同一对换能器发出的两组声波，在 A 与 B 之间传送。它们沿着管道安装的位置与管道成 θ 角（一般 $\theta=45°$）（如图 3-10）。

由于向下游传送的声波被流体加速，而向上游传送的声波被延迟，它们之间的时间差与流速成正比。也可以发送正弦信号测量两组声波之间的相移或发送频率信号测量频率差来实现流速的测量。

（2）相位差法

测量顺逆传播时，由于时差引起的相位差计算速度。它的发送器沿垂直于管道的轴线发送一束声波，由于流体流动的作用，声波束向下游偏移一段距离。偏移距离与流速成

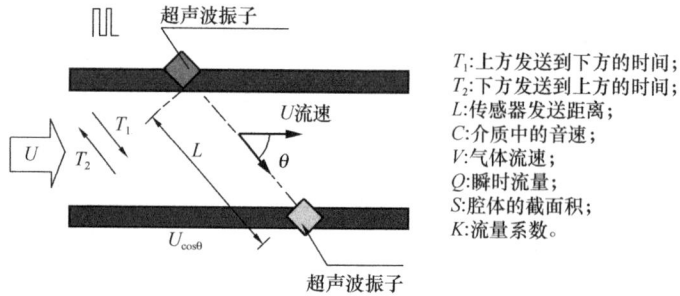

T_1:上方发送到下方的时间；
T_2:下方发送到上方的时间；
L:传感器发送距离；
C:介质中的音速；
V:气体流速；
Q:瞬时流量；
S:腔体的截面积；
K:流量系数。

图 3-10　超声流量计原理示意图

正比。

（3）频差法

测量顺逆传播时的声环频率差。当超声波在不均匀流体中传送时，声波会产生散射。流体与发送器间有相对运动时，发送的声波信号和被流体散射后接收到的信号之间会产生多普勒频移。多普勒频移与流体流速成正比，如图 3-11。

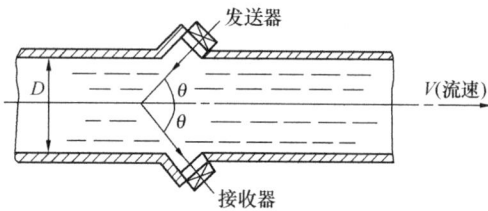

图 3-11　多普勒测量方法

图 3-11 中被测流体的区域位于发射波束与接收到的散射波束的交叉之处。要求波束很窄，使两波束的夹角 θ 不致受到波束宽度影响。也可只采用一个变换器既作为发送器又作为接收器，这种方式称为单通道式。

2. 仪表分类

（1）测量原理

超声流量计分为：时差法超声流量计、频差法超声流量计、相差法超声流量计、多普勒超声流量计，常用的是时差法超声流量计和多普勒法超声流量计。

（2）换能器的安装方法

1）标准管段式超声流量计，特点：需切开管路安装，但以后的维护可不停产。可选择单声道或三声道传感器。

2）外夹式超声流量计，特点：能够完成固定和移动测量。采用专用耦合剂（室温固化的硅橡胶或高温长链聚合油脂）安装，安装时不损坏管路，属非接触式超声流量计。

3）现场开孔插入式超声流量计，特点：可不停产安装和维护。

（3）换能器声道的数目

仅针对时差法流量计，又分为：单声道超声流量计，两声道超声流量计，多声道超声流量计（3声道以上，含3声道）。

3. 小型超声波流量计

小型超声波流量计是近年新开发的一种新型的计量仪表，主要用于低压或中压小流量计量，使用的客户一般为居民或小型工商业。

小型超声波流量计主要想替代传统的皮膜表和罗茨表，具体工作原理主要还是时差法。

（1）结构形式

主要有换能器、转换器、流道和壳体组成。

图 3-12 为某公司生产的超声波流量表，换能器组件由国外公司提供。

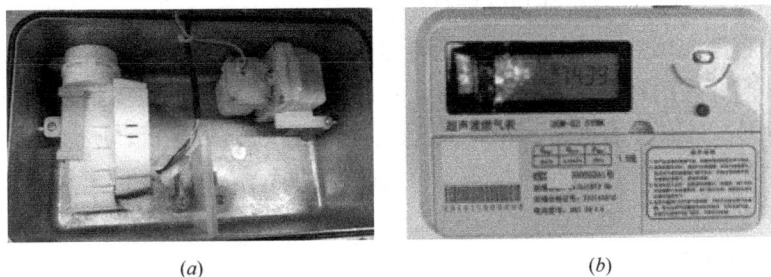

（a）　　　　　　　　　　　（b）

图 3-12　小型超声流量计结构示意图

（a）内部结构；（b）外观

（2）仪表特点

1）体积小、结构简单、无需日常维护；

2）高精度，可以控制在 0.5 级；

3）超宽量程，最大可达 400：1；

4）可设置温度压力修正、气体成分异常报警、超高流速报警、超流量报警等；

5）内置电池供电，使用寿命可达 15 年。

3.2.5　质量流量计

众所周知，流体的体积是流体温度和压力的函数，是一个因变量，而流体的质量是一个不随时间、空间、温度、压力的变化而变化的量。在流量测量中一般采用的是体积流量计量和质量流量计量，常用的皮膜表、腰轮表、涡轮表及超声波表等流量测量值是流体的体积流量。

在科学研究、生产过程控制、质量管理、经济核算和贸易交接等活动中所涉及的流体量一般多为质量。采用上述流量计仅仅测得流体的体积流量往往不能满足人们的要求，通常还需要设法获得流体的质量流量。质量流量计不仅直接测量通过流量计的介质的质量流量，还可以测量介质的密度、间接测量介质的温度。质量流量计组态灵活，功能强大，性能价格比高，是新一代的流量计量仪表。

1. 主要分类

（1）按照测量方式分类

质量流量计可分为两类：一类是直接式，即直接输出质量流量；另一类为间接式或推导式，如应用超声流量计和密度计组合，对它们的输出再进行乘法运算以得出质量流量。

1）直接式

直接式质量流量计有多种类型，如量热式、角动量式、陀螺式和双叶轮式等。这种仪表适于测量小流量气体，缺点是惰性大，测量值与气体的定压比热有关，测量元件与介质接触，易被沾污和腐蚀。

2）间接式

间接式质量流量计有3种主要型式：

a. 速度式流量计与密度计的组合；

b. 节流式（或靶式）流量计与容积式流量计的组合；

c. 节流式（或靶式）流量计与密度计组合。

还有一种根据流体的工作压力、温度将容积流量计的测量值换算成标准状态下的容积流量。但是，当介质的种类或成分改变时，它不能给出准确的质量流量。严格说来，它不属于质量流量计。具有输出密度、相对密度、体积流量、质量流量、质量能量流量等，兼有指示、模拟量输出、打印、越限报警、仪器故障报警等多种功能。

（2）按照工作原理分类

1）热式质量流量计

热式质量流量计的基本原理是利用外部热源对管道内的被测流体加热，热能随流体一起流动，通过测量因流体流动而造成的热量（温度）变化来反映出流体的质量流量。

当流体成分确定时，流体的定压比热为已知常数。若保持加热功率恒定，则测出温差便可求出质量流量；若采用恒定温差法，即保持两点温差不变，则通过测量加热的功率也可以求出质量流量。由于恒定温差法较为简单、易实现，所以实际应用较多。这种流量计多用于较大气体流量的测量。

为避免测温和加热元件因与被测流体直接接触而被流体玷污和腐蚀，可采用非接触式测量方法，即将加热器和测温元件安装在薄壁管外部，而流体由薄壁管内部通过。非接触式测量方法，适用于小口径管道的微小流量测量。当用于大流量测量时，可采用分流的方法，即仅测量分流部分流量，再求得总流量，以扩大量程范围。

2）差压式

差压式质量流量计是以马格努斯效应为基础的流量计，实际应用中利用孔板和定量泵组合实现质量流量测量。

3）科里奥利

科里奥利质量流量计（简称科氏力流量计），是一种利用流体在振动管中流动而产生与质量流量成正比的科里奥利力的原理来直接测量质量流量的仪表。科氏力流量计结构有多种形式，一般由振动管与转换器组成。振动管（测量管道）是敏感器件，有U形、Ω形、环形、直管形及螺旋形等几种形状，也有用双管等方式，但基本原理相同。

2. 结构形状

在燃气行业中，国内目前使用质量流量计较少，主要是在大型结算贸易部分使用。城市燃气供销差管理中，随着浙江金卡、深圳卓度及新奥燃气等企业推荐使用热式质量流量计，今后可能较多接触的为热式质量流量计。以下以热式质量流量计为例：

其工作原理：在流量芯片上，一个微热源的上、下游对称地设置了一个温度传感器，同时还设置了一个测量环境温度的传感器，来调节由于环境温度变化对微热源的影响。对于一个介质的流量 V，测量微热源上、下游的温度变化，ΔT（V），和微热源的功率是芯片所需要的主要参数，如图 3-13、图 3-14。

热式质量流量计的优点：

（1）直接标况流量计量输出（质量流量），无需温度、压力补偿，测量结果更加真实可靠；

（2）基于实时采样的温度及设定压力实现工况流量输出；

（3）无可动部件，无机械磨损，良好的长期稳定性，从而减小供销差；

（4）抗干扰能力强（无磁性元件）；

（5）按照智能表技术要求设计，可设置小流量泄露保护，保证安全用气；多种安全报警机制（流量异常远程固件升级；电池异常、拆表等）；动态多费率（远程阶梯气价）；远程阀门控制等；

（6）紧凑型设计，体积小便于安装；

（7）耐120℃高温；

缺点为：气体组成成分影响质量计量的准确性。

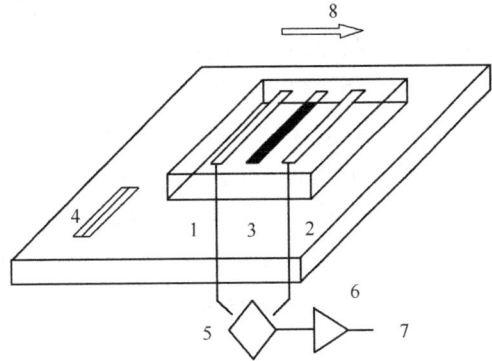

图3-13　典型 MEMS 流量芯片示意图
1—上游温度传感器；2—下游温度传感器；
3—加热器；4—环境温度传感器；5—桥路；
6—放大器；7—信号输出；8—流体流动方向

各大型城市燃气公司拥有多种气源，即使只有单一气源，也无法保障气源的成分组成一致。国内表具厂商自行研发的热式质量流量计，仍未较好的解决气体组成成分与质量计量之间的关系，技术和数字处理模型仍需进一步成熟、完善。

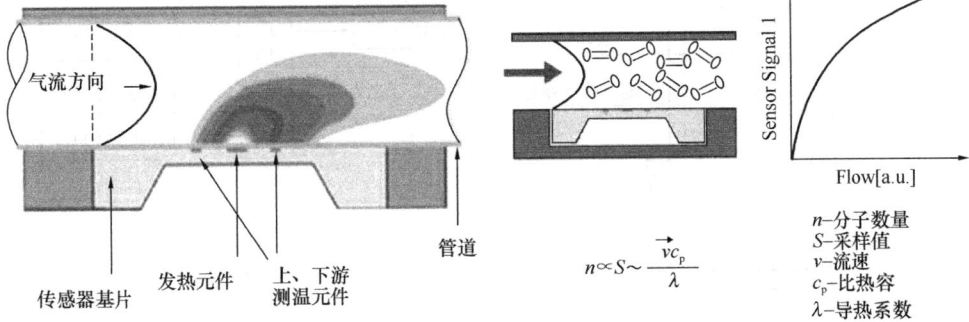

$$n \propto S \sim \frac{\vec{v} c_p}{\lambda}$$

n—分子数量
S—采样值
v—流速
c_p—比热容
λ—导热系数

图3-14　热式质量流量计工作原理

3.2.6　靶式流量计

靶式流量计于20世纪60年代开始应用于工业流量测量，主要用于解决高黏度、低雷诺数流体的流量测量，先后经历了气动表和电动表两大发展阶段，以下主要讲电动靶式流量计。电动靶式流量计是在原有应变片式（电容式）靶式流量计测量原理的基础上，采用了最新型力感应式传感器作为测量和敏感传递元件，同时利用了现代数字智能处理技术而研制的一种新式流量计量仪表。

1. 工作原理

当介质在测量管中流动时，因其自身的动能通过阻流件（靶）时而产生的压差，并对阻流件有一作用力，其作用力的大小与介质流速的平方成正比，其数学方式表达如下：

$$F = C_d AP \cdot v^2/2$$

式中　F——阻流件所受的作用力，kg；

　　　C_d——物体阻力系数；

　　　A——阻流件对测量管轴向投影面积，mm^2；

　　　P——工况下介质密度，kg/m^3；

　　　v——介质在测量管中的平均流速，m/s。

阻流件（靶）接受的作用力 F，经刚性连接的传递件（测杆）传至电容力传感器，电容力传感器产生电压信号输出：

$$V = KF$$

式中　V——电容力传感器输出的电压，mV；

　　　K——比例常数；

　　　F——阻流件（靶）所受的作用力，kg。

由此，此电压信号经前置放大、AD 转换及计算机处理后，即可得到相应的瞬时流量和累积总量，其工作原理见图 3-15。

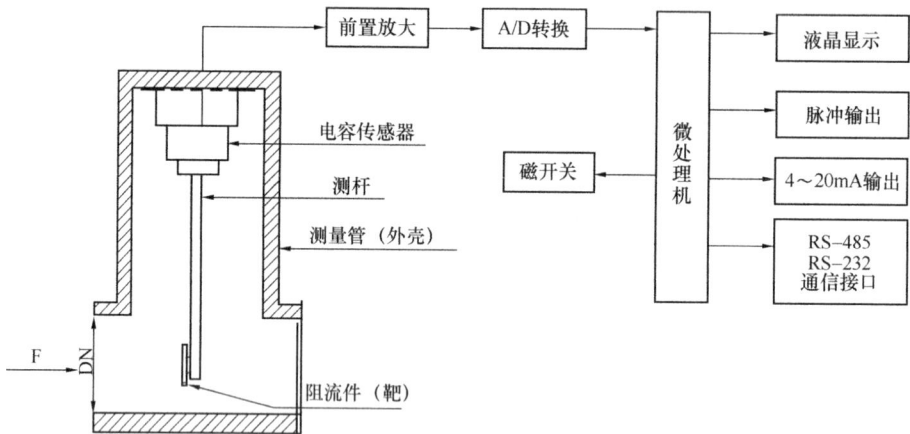

图 3-15　靶式流量计工作原理图

2. 结构

智能靶式流量计主要由测量管（外壳）、新型电容力传感器（含阻流元件）、积算显示和输出部分组成。根据不同的介质和工况，必须选用相适应的电容力传感器，因此，用户提供准确的计量对象及参数，生产厂家选用合适的电容力传感器是产品能否计量准确的关键。其结构如图 3-16。

由于靶式流量计是基于理想流体的伯努力原理而进行测量的，因此靶式流量计的安装使用要尽可能的满足理想流体的特征，为保证流体流经流量计时为稳定的恒定流，工程实施中普遍使用直管段的方法来实现。

靶式流量计的测量原理决定了靶式流量计的安装方向要正确，一定要保证靶片正面处于迎流方向，在对靶式流量计进行安装前一定要认真确认，工艺流体方向是否与流量计方向一致，否则极易造成流量计的杠杆受反向力变形损坏而无法维修。

3.2.7 孔板流量计

孔板式流量计，是将标准孔板与多参数差压变送器（或差压变送器、温度变送器及压力变送器）配套组成的高量程比差压流量装置，可测量气体、蒸汽、液体的流量。节流装置又称为差压式流量计，是由一次检测件（节流件）和二次装置（差压变送器和流量显示仪）组成具有结构简单，维修方便，性能稳定，应用广泛等特点。

1. 孔板流量计的工作原理

标准孔板流量计是典型的差压式流量计。流体流经孔板流量计时，流束在孔板处形成

信号转换、积算显示、输出部分

电容力传感器

测量管（外壳）

阻流件（靶）

图 3-16　靶式流量计结构图

收缩使流束的面积变小，流束的流速增加静压力降低，在孔板前后产生差压。流体的速度越大，产生的差压也越大，所以可通过测量差压来计算出天然气流过孔板流量计的流量大小。这种测量流量的方法是以能量守恒定律和流动连续性方程为基础的。

在已知有关参数的条件下，根据流动连续性原理和伯努利方程可以推导出差压与流量之间的关系而求得流量。其基本公式见本章第一节"差压式流量测量方法"。

对于天然气来说，在标准状态下天然气体积流量的实用公式为：

$$q_n = A_s \cdot c \cdot E \cdot d^2 \cdot F_G \cdot \varepsilon \cdot F_Z \cdot F_T \cdot \sqrt{p_1 \cdot \Delta P}$$

式中　q_n——标准状态下天然气体积流量，m^3/s；

A_s——秒计量系数，视采用计量单位向定，$A_s = 31794 \times 10^{-6}$；

c——流出系数；

E——渐进速度系数；

d——工况下孔板内径，mm；

F_G——相对密度系数；

ε——可膨胀系数；

F_Z——超压缩因子；

F_T——流动温度系数；

p_1——孔板上游侧取压孔气流绝对静压，MPa；

ΔP——气流流经孔板时产生的差压，Pa。

2. 孔板流量计结构

孔板流量计主要由计量用的流量计（或装置）本体、二次仪表（或检测补偿计算装置）以及天然气组分分析系统构成。

（1）孔板节流装置

孔板、孔板夹持器及上下游测量管组成了孔板节流装置。孔板被称为一次元件，是产生差压的重要元件。必须按规定的要求加工出孔板汗孔。孔板是安装在孔板夹持器上的，且取压孔也是在孔板夹持器上钻出，上下游测量管是指上游靠近孔板 10D 和下游 4D 直管段这一管段。它的组成如图 3-17 所示，测量管只是孔板上下游所要求的直管段的一部分，

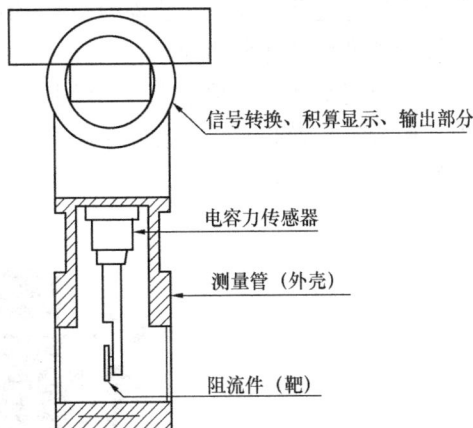

39

在孔板流量计选型设计、安装检验、使用维修中，第一要按照国家标准所要求的孔板上下游直管段长度配足其余部分。

在孔板流量计出厂时还应有一段引压管、直通式截止阀及连接上下游测量管的法兰来确保孔板节流装置的安装。这样保证差压信号正确、准确传递，使之符合安装标准以及用户方便。

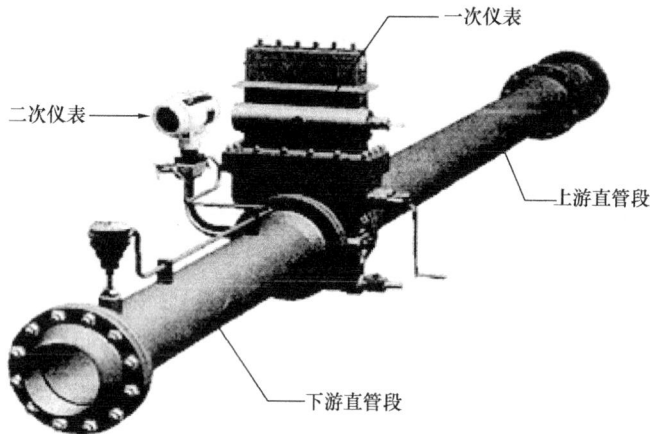

图 3-17 孔板流量计现场安装图

（2）二次测量仪表

二次测量仪表是孔板流量计的基本部分。它主要负责测量出气流温度、静压和差压等其他使天然气流量准确测量的基本参数。天然气成分分析仪表、密度测量仪表、温度测量仪表、静压测量仪表和差压测量仪表等是最基本的二次测量仪表。

（3）信号引线

信号引线是用来连接孔板流量计的一次装置和二次测量仪表的。信号引线有两种：一种是传递电信号传输线的控制电缆；另一种是传递压力信号而被作为引压管线的无缝钢管。

① 电信号引线

流量测量系统中大量使用电子设备和仪器仪表，这是为了实现天然气流量计量准确度较高的要求和满足计量技术的发展。电信号引线可使用任何准确、正确传送电信号的电缆或电线，但铜芯线是最理想的。

② 引压管线

常用的引压管线有 DN18 或 DN14 无缝钢管，而不绣钢无缝管是最理想的引压管线。为了及时响应静压及差压的波动和减少泄漏的可能性，引压管线应尽可能短。为确保一次装置所产生的测量信号准确、正确地传递和有利于排除引压管线内的析出物，引压管线的设计选型、安装敷设都应十分注意。

3.2.8 流量计算机系统

流量计算机是一套计量系统，利用在线色谱分析仪色谱法的物理分离法，不同物质在固定相和流动相中分配系数的不同，介质同流动相一同流动时，经过反复多次的利用分配系数在移动速度上产生的差异，达到各组分的完全分离，通过检测仪表，对分离物质进行定性、定量分析。实时分析燃气的不同成分组合，集合变送器检测到燃气实时的温度、压力、流量，通过流量计算机的计算，得到燃气的标况累计量（图 3-18）。

流量计算机的组成：

（1）涡轮流量计、超声流量计：具有最好的重复性，计量准确，获得多国型式批准证书。

（2）在线色谱分析仪：属能量计量设备，利用色谱法的物质分离法，定性、定量检测燃气的组分成分。

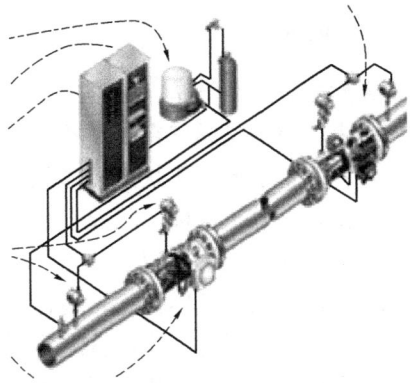

图 3-18 流量计算机设备组成图

（3）流量计算机：履行反复验证的功能，计算体积转换的功能。

（4）温度、压力变送器：测量燃气的物理参数，提供计算机燃气体积计算的补偿设备。

流量计算机系统精度高、计量准确，具有无压损、重复性好、具备可检测的特点。一般用于燃气末站或门站的燃气计量结算（图 3-19）。

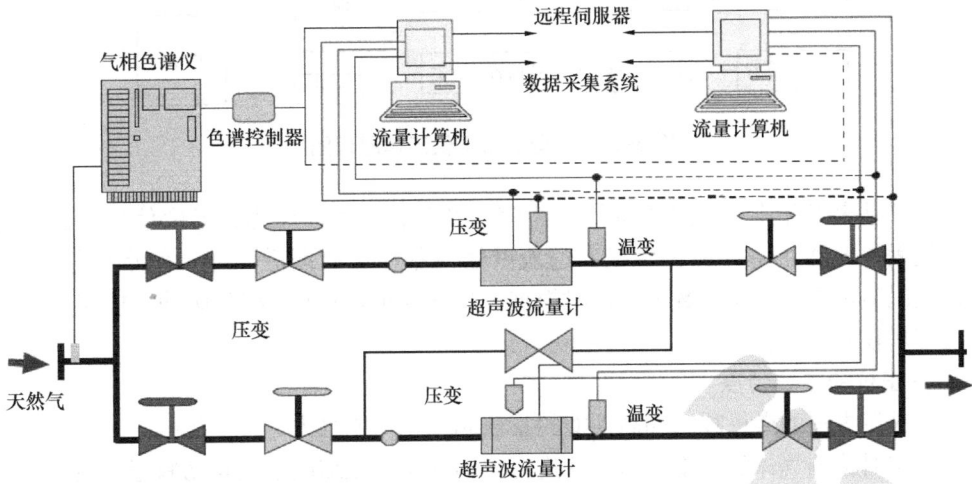

图 3-19 流量计算机计量系统图

流量计算机的功能：

（1）从流量计流路的压力和温度变送器，获取燃气压力和温度信号。

（2）通过串行通信接口从流量计获取气体流速，并利用超声波计算方法计算操作条件下的累积体积流量。

（3）计算计量管段燃气的压力和温度影响修正系数。

（4）从色谱仪接收原始气体成分，进行调整，再传到流量计算机进行相应计算。

（5）计算标准（参考）条件下，气体的压缩系数和工况下的密度。

（6）根据气体成分、流路压力、温度，按照标准计算气体的平均速度。

3.2.9 修正仪

天然气贸易结算是在标准状态（大气压 101.325kPa，温度 20℃）结算的，而计量器具的基表记录的是燃气在工作状态下的气体体积量，必须经过温度、压力的补偿，通过计算，将基表记录的工作状态的体积量，转换成标准状态的体积量。修正仪（温度、压力补偿修正仪）就是记录标准状况下介质的运行情况的仪表，即通过温度、压力的补偿，将基表工况记录修正成标况记录。

修正仪可以与气体腰轮、涡轮、旋进等流量计配套使用的智能化二次仪表，集温度传感器、压力传感器为一体，就地检测、显示温度、压力，将基表的工作状况下体积流量和总量，直接转换成标准状态下的体积流量和总量，并具有多种输出信号接口，供客户选择与其他二次仪表、计算机系统联网组成网络管理系统。

1. 修正仪的工作原理（图 3-20）

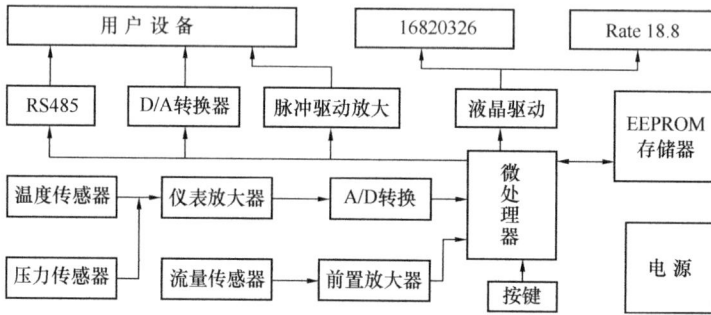

图 3-20 典型的修正仪工作原理图

流量计基表工况流量通过流量传感器信号经前置放大，压力、温度信号，通过传感器、经仪表放大器、A/D 数据转换，进入微处理器计算处理后，传给存储器存储记录，并驱动液晶显示屏显示相关数据，同时根据客户的需求，输出 485、脉冲、模拟信号供客户二次现场仪表使用。

2. 修正仪的主要特点

（1）采用先进的微机技术和高性能的集成芯片，功能强大，性能优越。

（2）实时检测气体的温度、压力并进行自动补偿和压缩因子的自动修正，经计算直接检测气体的标准体积流量和标准体积总量。

（3）采用 LED 屏显示，直观、清晰，读取数据方便。

（4）数据存储技术先进，多种历史数据存储记录方式，供客户选择历史数据的查询。

（5）多种输出信号接口，与二次仪表、计算机系统联网组成网络管理系统。

（6）功耗低，内部电池可长期供电运行，也可以接外部电源供电运行。

3. 修正仪的组成

修正仪是由温度、压力检测模拟通道以及微处理单元组成，配有外部输出接口，修正仪中微处理器按照气态方程，对温度、压力进行自动补偿，并自动修正压缩因子，气态方程如下：

$$Q_n = Z_n/Z_g \times (P_g + P_a)/P_n \times T_n/T_g \times Q_g$$

式中　Q_n——标准状态下的体积流量，Nm^3/h；

Z_n——标准状态下的气体压缩系数；

Z_g——工作状态下的气体压缩系数；

P_g——基表压力监测点的表压，kPa；

P_a——当地大气压，kPa；

P_n——标准大气压（101.325kPa）；

T_n——标准状态下的绝对温度（293.15K）；

T_g——介质工作状况下的绝对温度（273.15＋t），K；

t——被测介质的温度，℃；

Q_g——未经修正（工况）的体积流量，m^3/h。

天然气 Z_n/Z_g 称为压缩因子，计算方法参照国标《压缩因子的计算第1部分：导论和指南》GB/T 17747.1—2011、《压缩因子的计算　第2部分：用摩尔组成进行计算》GB/T 17747.2—2011、《压缩因子的计算　第3部分：用物性值进行计算》GB/T 17747.3—2011。如表3-1。

Z_n/Z_g 参数值　　　　　　　　　　　　　　　　　　　　表3-1

Z_n/Z_g 绝对压力（MPa） \ 温度（℃）	−20	−15	−10	−5	0	5	10	15	20	25
0.10	1.0000	1.0000	1.0000	1.0000	1.0000	1.0000	1.0000	1.0000	1.0000	1.0000
0.20	1.0034	1.0032	1.0030	1.0029	1.0027	1.0025	1.0024	1.0023	1.0021	1.0020
0.30	1.0069	1.0065	1.0061	1.0058	1.0055	1.0051	1.0048	1.0046	1.0043	1.0041
0.40	1.0104	1.0098	1.0093	1.0087	1.0082	1.0078	1.0073	1.0069	1.0065	1.0061
0.50	1.0140	1.0132	1.0124	1.0117	1.0110	1.0104	1.0098	1.0092	1.0087	1.0082
1.00	1.0325	1.0305	1.0286	1.0269	1.0253	1.0238	1.0223	1.0210	1.0198	1.0186
1.50	1.0518	1.0485	1.0455	1.0426	1.0400	1.0375	1.0352	1.0331	1.0311	1.0293
2.00	1.0722	1.0674	1.0630	1.0589	1.0551	1.0516	1.0484	1.0454	1.0426	1.0400
2.50	1.0936	1.0872	1.0812	1.0758	1.0708	1.0661	1.0619	1.0580	1.0543	1.0510
3.00	1.1162	1.1078	1.1002	1.0933	1.0869	1.0810	1.0757	1.0707	1.0662	1.0620
3.50	1.1400	1.1295	1.1200	1.1113	1.1035	1.0963	1.0897	1.0837	1.0782	1.0732
4.00	1.1651	1.1521	1.1405	1.1300	1.1205	1.1119	1.1041	1.0969	1.0904	1.0844
4.50	1.1915	1.1758	1.1618	1.1493	1.1380	1.1278	1.1186	1.1103	1.1027	1.0957
5.00	1.2194	1.2005	1.1839	1.1691	1.1559	1.1441	1.1334	1.1238	1.1150	1.1071
5.50	1.2486	1.2262	1.2067	1.1895	1.1742	1.1606	1.1484	1.1374	1.1274	1.1185
6.00	1.2793	1.2530	1.2302	1.2104	1.1928	1.1773	1.1634	1.1510	1.1399	1.1298
6.50	1.3113	1.2806	1.2544	1.2316	1.2117	1.1942	1.1786	1.1647	1.1522	1.1411
7.00	1.3444	1.3091	1.2790	1.2532	1.2308	1.2111	1.1937	1.1783	1.1654	1.1522
7.50	1.3785	1.3381	1.3040	1.2750	1.2499	1.2280	1.2088	1.1918	1.1767	1.1632
8.00	1.4131	1.3673	1.3291	1.2967	1.2689	1.2448	1.2237	1.2051	1.1886	1.1740

续表

Z_n/Z_g 温度（℃） 绝对压力（MPa）	30	35	40	45	50	55	60	65	70	75
0.10	1.0000	1.0000	1.0000	1.0000	1.0000	1.0000	1.0000	1.0000	1.0000	1.0000
0.20	1.0019	1.0018	1.0017	1.0016	1.0015	1.0014	1.0013	1.0012	1.0012	1.0011
0.30	1.0038	1.0036	1.0034	1.0032	1.0030	1.0029	1.0027	1.0025	1.0024	1.0023
0.40	1.0058	1.0054	1.0051	1.0048	1.0046	1.0043	1.0041	1.0038	1.0036	1.0034
0.50	1.0077	1.0073	1.0069	1.0065	1.0061	1.0058	1.0055	1.0052	1.0049	1.0046
1.00	1.0176	1.0166	1.0156	1.0147	1.0139	1.0131	1.0124	1.0117	1.0110	1.0104
1.50	1.0275	1.0259	1.0244	1.0230	1.0217	1.0204	1.0193	1.0182	1.0171	1.0162
2.00	1.0376	1.0354	1.0333	1.0313	1.0295	1.0277	1.0261	1.0246	1.0232	1.0218
2.50	1.0478	1.0449	1.0422	1.0396	1.0372	1.0350	1.0329	1.0310	1.0292	1.0274
3.00	1.0581	1.0545	1.0511	1.0480	1.0450	1.0423	1.0397	1.0373	1.0351	1.0330
3.50	1.0685	1.0641	1.0600	1.0563	1.0528	1.0495	1.0464	1.0436	1.0409	1.0384
4.00	1.0789	1.0737	1.0690	1.0646	1.0605	1.0567	1.0531	1.0498	1.0467	1.0438
4.50	1.0894	1.0834	1.0779	1.0728	1.0681	1.0638	1.0597	1.0559	1.0523	1.0490
5.00	1.0998	1.0930	1.0868	1.0811	1.0757	1.0708	1.0662	1.0619	1.0579	1.0542
5.50	1.1103	1.1026	1.0956	1.0892	1.0832	1.0777	1.0726	1.0678	1.0633	1.0592
6.00	1.1207	1.1122	1.1044	1.0972	1.0906	1.0845	1.0788	1.0736	1.0678	1.0641
6.50	1.1310	1.1216	1.1130	1.1051	1.0979	1.0912	1.0850	1.0792	1.0738	1.0689
7.00	1.1411	1.1309	1.1215	1.1129	1.1050	1.0977	1.0910	1.0847	1.0789	1.0735
7.50	1.1511	1.1400	1.1298	1.1205	1.1120	1.1041	1.0968	1.0900	1.0838	1.0780
8.00	1.1609	1.1489	1.1380	1.1279	1.1187	1.1103	1.1024	1.0952	1.0885	1.0823

注：1. 表中数据仅供参考。

2. 表中数据按天然气的相对密度 $G_r = 0.600$，氮气和二氧化碳摩尔分数均为 0.00 计算；当介质压力低于 0.1MPa，均可按 $Z_n/Z_g = 1.00$ 估算。

3.2.10　IC卡在燃气计量中的应用

IC卡表具是由基表和智能IC卡控制器组合在一起的仪表，严格意义上的IC卡控制器不属于计量仪表，是计量仪表的衍生仪表，其没有主动计量的功能，只是被动接受基表、修正仪的传输信号，达到扣减客户购燃气预存量的目的，并起到欠费关阀的作用。

由于燃气基表形式的不同，IC卡表具有两种形式，一种是整体式IC卡表具，主要是与G6（含）以下的膜式燃气表，组合一体使用。另一种是分体式IC卡表具，与基表是两个即独立又关联的表具，主要配套G10以上膜式燃气表、各类流量计使用。两种形式的IC卡表具，其工作原理基本相同。

IC卡智能燃气表，即IC卡预付费智能膜式燃气表，是一种借助IC卡存储媒介，使用先进的读写加密技术，在传统膜式燃气表的基础上增加嵌入式软件、电子控制器、阀门及计数采样器组成，具有预付费功能并实现欠费关阀功能的智能燃气仪表。IC卡智能燃气表技术成熟，在国内使用历史已经超过20年，包括民用和工商业的使用，本篇主要介绍民用IC卡智能燃气表（组合一体表具），分离式IC卡表具工作原理相同，可以参照。

1. 工作原理

当燃气气体流过流量传感器，把气量信息转换为对应量值的脉冲信号，通过CPU中央处理器进行各种信息的处理，最后通过液晶显示器，显示剩余气量以及其他信息。

流量传感器有多种结构形式，使用的检测原理也不一样，目前常用的脉冲技术或光电转换技术。传感器将天然气的流量转为电信号输入单片机进行计量。当IC卡中读入EEP-ROM中的用气量被扣除完以前，会提醒用户提前购气，如不购气充值，存量被扣完以后，系统将会自动关闭阀门，停止燃气通过。直到用户购买的预存气量重新读入燃气表中，才会开启阀门供气（图3-21）。

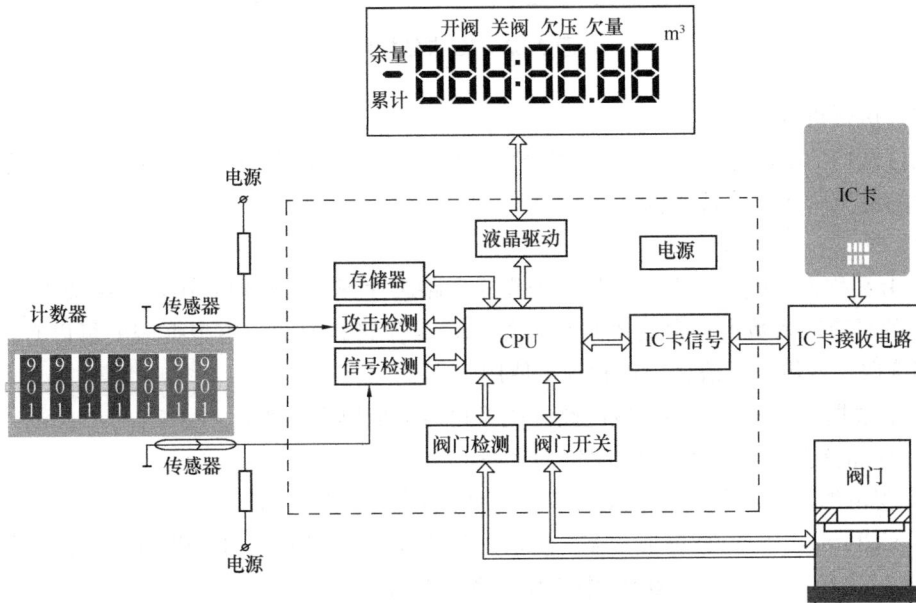

图 3-21 IC卡工作原理图

2. 结构形式

IC卡燃气表由基表、传感器、电源、控制器、阀等组成，结构见图3-22。

（1）流量传感器

流量传感器一般采用非接触式磁感应传感器，或采用低功耗红外传感器进行计量信号变换，其优点是基本不影响基表的计量性能，一般采用磁干簧管、光电直读传感器或韦根传感器等。其作用就是讲磁感应元器件或者光电传感器产生的脉冲信号输入给控制器进行计量计费处理。

（2）控制器

控制器主要由低功耗的微处理器构成，包括安全认证模块、数据存储器及电源电路、执行机构驱动电路、显示器驱动电路、蜂鸣器驱动电路、保护电路等电路和软件等，形成一个智能化的单片机系统。

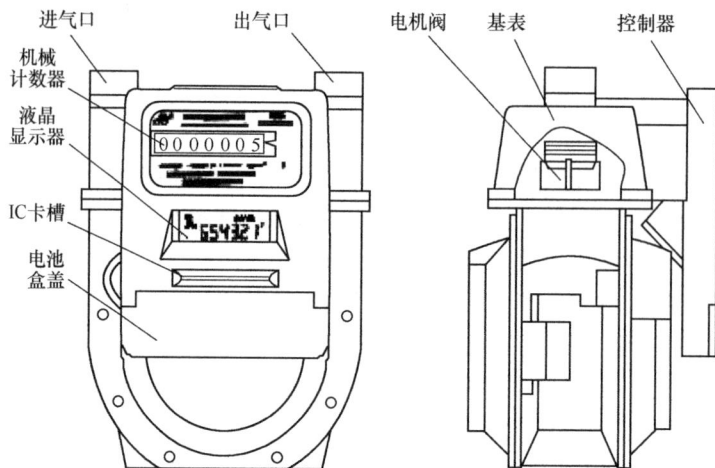

图 3-22　IC 卡结构图

（3）执行机构

执行机构的功能是接到开/关阀指令后开启或者关断气路，一般采用高速、高灵敏度、低功耗的电机阀作为执行机构。

（4）IC 卡

IC 卡又称为集成电路卡。它将一个集成电路芯片镶嵌于塑料片中，封装成卡的形式。IC 卡芯片具有写入数据和存储数据的能力，IC 卡存储器中的内容根据需要可以有条件地供外部读取，或供内部信息处理和判定使用。

IC 卡根据卡中所镶嵌的集成电路的类型可以分成以下三类：

1）存储器卡：卡中的集成电路为 EEPROM。

2）逻辑加密卡：卡中的集成电路具有加密逻辑和 EEPROM。

3）CPU 卡：卡中的集成电路包括中央处理器（CPU）、EEPROM、随机存储器 RAM 及固化在只读存储器 ROM 中的片内系统 COS。

根据 IC 卡与外界数据传送的形式可分为：接触时 IC 卡和非接触式 IC 卡两种。

（5）显示器

显示器是以文字显示仪表状态，对其所购用气量、剩余用气量等数据信息，一般为 LCD 显示。

（6）电源

电源一般为普通碱性电池或更长寿命的锂电池，碱性电池使用时间一般在一年以上，锂电池使用时间一般不低于 10 年。

（7）管理系统

IC 卡用户管理系统可以实时对用气数据信息的保存、累积或费用计算，管理系统一般由仪表生产厂家提供，但存在一定缺点，如：不同 IC 卡厂家信息系统不兼容，系统升级不一致，抄表收费信息需要转换，密钥多不易管理、容易失密等问题。燃气公司应建立自行独立的用户管理系统和企业营业收费系统，建立独立的 IC 卡密钥管理体系，防止系统出现问题时，给燃气公司带来巨大的风险。IC 卡表具主要功能见表 3-2。

IC 卡表具主要功能 表 3-2

售气处理	数据管理	统计报表	系统维护
新开用户	客户信息查询	日销售明细表	权限管理
售气	操作员查询	销售报表	修改密码
退款处理	异常用户分析	首次购气统计	系统设置
补卡	用户普查	新开户统计	票据打印
补气	凄凉分析	用户基本信息统计	设置日期
读卡	数据备份	气费发票统计	读写卡端口设置
换表	数据恢复	查阅用户档案卡片	制作工具卡
销户	修改数据	销售统计图	数据库升级
报停/恢复	数据导出	补气统计表	退出

3. 技术性能

IC 卡智能燃气表是基于基表发展而来的，其主要性能是依据基表性能（参见本章膜式燃气表）而确定的，同时新增了部分新要求，如：总压力损失因增加内置阀而略有增加，一般为 250Pa。

控制器技术参数包括：

电源及电压：DC6.0V（碱性电池或锂电池）；

静态工作电流：$\leqslant 8\mu A$（液晶常显）；

最大工作电流：$\leqslant 100mA$；数据保持时间：$\geqslant 10$ 年；

IC 卡座耐用性：插拔次数 $n \geqslant 100000$ 次；

执行器（阀门）无故障工作次数：$n \geqslant 100000$ 次；

机电转换误差：± 1 个脉冲当量。

4. IC 卡主要功能：根据用户的一般要求，主要包括：

（1）提示及双屏显示；

（2）燃气预收费及用气控制；

（3）数据保持与恢复；

（4）气量累计无误及上下计数一致；

（5）电压检测及低电压关阀；掉电自动关阀；

（6）气量不足提示；

（7）防盗气；

（8）预购气用至零时关阀；

（9）卡座防金属片攻击；

（10）抗强磁干扰攻击；

（11）非本表 IC 卡插入提示；

（12）用户卡的使用实现信息反馈；

（13）可设定负计数；

（14）故障表更换数据转存等。

5. IC 卡表具检定

IC 卡燃气表的检定分为两部分：一是基表的检定，检定依据膜式燃气表的检定规程检定；二是附加装置部分，其检定项目一般包括如下内容。

（1）提示功能，主要包括工作电源欠压、气量不足及误操作；

（2）控制功能，预付费和用气控制，数据保护、气费累计、防护功能；

（3）耐用性，主要为控制阀、IC卡及卡座的耐用性。

6. IC卡表具优缺点

优点：实行预付费，加速了燃气企业的资金周转，提高了资金利用率，解决了入户难、抄表难、收费难的问题。

局限性与不足：

IC卡燃气表不能及时反映燃气供销量，影响燃气企业供销差的准确计算，对企业的利润等指标带来较大的不确定性；

燃气企业未能完全掌握IC卡表的核心技术，密钥管理不完善，容易失密或者破解，给燃气公司带来巨大损失和隐患；

随着上游气源价格不断调整，下游建立价格联动机制是，IC卡燃气表信息的单向性不能及时同步调整已购气量的价格，引起巨大损失。

3.2.11 远传表

鉴于智能IC卡燃气表的局限与不足，为完成高效率抄表或自动抄表的方案，减少抄表所需要的人员数量，用于解决燃气公司对于入户抄表、收费、缴费困难的问题，并配套多种支付结算方式，解决燃气公司单一的门店式营业网点布设要求，从而提高信息化、自助式服务，全面提高运营效率，降低成本。远传表可以最大限度的满足燃气企业和用户的性能需求。

1. 远传表的工作原理

远传燃气表是建立在基表的基础上加装传感器、中央处理器、液晶显示器、通信功能设备以及阀门等组成的，具有远程传输功能的计量仪表。是集微电子技术、自控传感技术、通信技术及网络技术于一体，能直观显示燃气气量数据，又能通过RF无线、M－bus有线或GPRS/CDMA等通信技术，或采用移动公网或专网（C网或G网）进行数据远程传输的新型燃气表。

2. 结构形式

普通的远传表操控系统是由远传表、采集器、集中器、通信控制器、GSM无线数据传输模块、售气管理系统等几个部分组成。根据配置不同，可以形成多种形式的集抄系统。

（1）远传表

远传表有燃气基表、流量传感器、微处理控制模块、无线收发模块、控制电机阀门等部件组成。

（2）采集器

采集器主要负责采集远传表发送过来的数据信息，存储在存储器中，实时等待手抄器或车载无线抄表器的唤醒，并向他们传递采集的数据。

采集器有微处理器、无线通信模块、电源系统和天线组成。采集器的供电方式一般为交流电、直流电及太阳能电源三种方式。交流供电时，采集器不存在功耗问题，可一直处于待机状态；锂电池供电时需考虑功耗问题，一般设置为休眠模式，当接收到唤醒信号时才开始工作。

采集器功能：设定有效传输距离范围内的所有用户表通信及锁定用表 ID 信息；设定有效传输距离范围内的集中器通信及锁定集中器 ID 信息，自动校对实时时钟，保存和记录最后一次数据通信的时间，5s 时间内不工作自动进入休眠状态，在手抄器唤醒指令下及时唤醒，在唤醒状态下发送指令开关阀门，定时数据接受，工作时指示灯提示，采集器 ID 地址，可设定运行时间，接收手抄器信息，服从手抄器的指令。

（3）手抄器

手抄器是用于读取采集器中气表的气量数据信息和其他信息的设备，也可以对具有双向数据传输功能的远传表直接读取气量信息，并控制燃气表的使用状态。通信模块工作频率为 433MHz，通信模块最大发射功率为 10mW，通信模块射频调制方式为 FSK（Frequency－shift keying），空旷地带传输距离为 800m。

手抄器功能：唤醒远传表、采集器、集中器，对远传表气量信息读取及控制，设置集中器和从集中器上读取燃气表数据，抄表信息的显示及用户信息查询，可支持最大 6000 条用户数据，可查看气表运行状态，可就地执行打印催缴费单（可选功能），通过有线方式与 PC 上传或下载数据。

（4）集中器

集中器利用移动无线网 GPRS 业务对其采集到的远传表数据进行数据传输，GPRS 集中器可以在线实时抄表，也可以定时抄表，GPRS 的计费是以数据量来计算的，不以时间计算，所以运营成本低，适合燃气表的抄表。GPRS 传输具有很高的数据安全性和准确性，无需专门布线。

集中器功能：无线唤醒功能和自动唤醒功能，初始化集中器，调价、修改、删除燃气表通信编号，查询、设定集中器时间，按序号快速抄读集中器中的燃气表数据信息，按远传表通信地址方式，抄取集中器中的燃气表数据信息，设定路由表参数，抄表日气量数据及其他信息自动上传。

（5）管理系统

根据远传表工作模式及其抄表方式的不同，管理系统可以具有不同的功能需求，但大多数具有用户管理、设备管理、业务管理、统计分析、系统维护、无线通信管理等功能。

3. 无线远传抄表介绍

无线远传表的抄表方式根据各种功能配置不同，有多种抄表形式。

（1）无线远传技术的发展（图 3-23）

无线远传燃气表发展的进步性主要体现在无线通信技术，目前主要为调制解调技术（FSK 、GFSK、LoRa）、GPRS 短信通信技术、NB-IOT 技术，其中后两项技术均需借助电信运营商的通信网络。

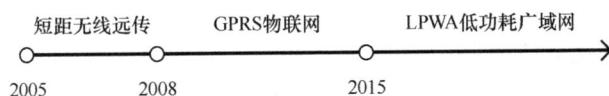

图 3-23 无线远传技术的发展

1）FSK 调制解调通信技术

FSK 是指频移键控调制，即用载波的频率变化来传递数字信息。该技术具有传输距离短、抗干扰性差的问题，在燃气抄表上的应用主要是路由组网，采用手持抄表器进行现场抄表，相比其他无线传输技术较为费时费力，组网抄表效果受装表率影响很大（图 3-24）。

2）GFSK 调制解调通信技术

GFSK 是指高斯频移键控，是在进行 FSK 调制之前，把输入数据经高斯低通滤波器预调制滤波后，来限制信号的频谱宽度，减少传输带宽。相比 FSK 技术，数据传输更为稳定，抗干扰性提高、传输速率加快，燃气表具之间可自由组网、相互传导，通过设置集中器进行后台集中抄表，更加方便管理，节省人力。由于采用的是 GFSK 模组生产企业的私有协议，燃气表具之间不具有互换性（图 3-25）。

图 3-24 路由组网（FSK）抄表系统示意图

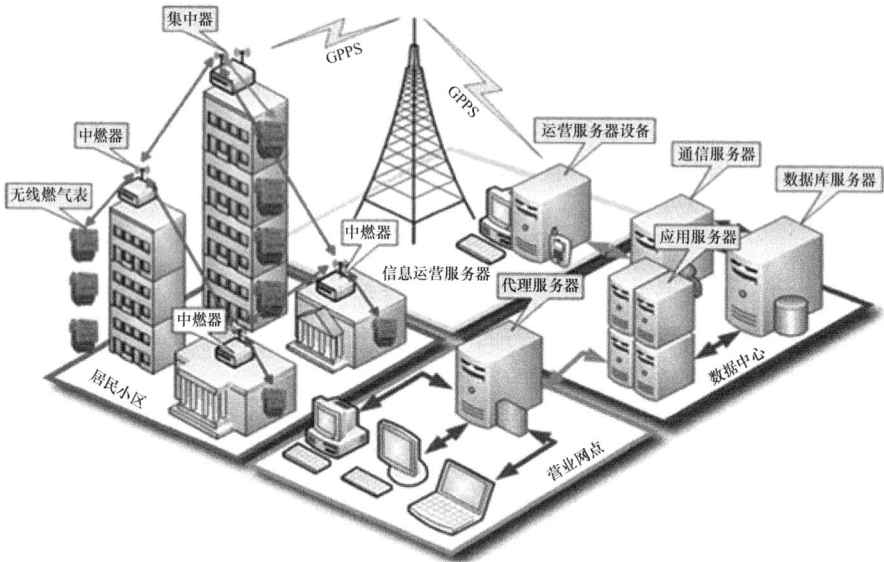

图 3-25 自组网（GFSK）抄表系统示意图

3）LoRa 调制解调通信技术

LoRa 技术是由美国 Semtech 公司发布的一种专用于无线电调制解调的技术，融合了扩频技术、前向纠错编码技术、以及数字信号处理技术，使其传输距离变长，功耗降低，抗干扰性和安全性也得以提高。燃气表具可直接与集中器进行连接，可避免装表率对抄表效果的影响。LoRa 技术应用可分为企业私有协议和 LoRaWAN 标准协议。

企业私有协议为各无线远传燃气表厂家，根据自有的 LoRa 模组开发的通信协议，仅适用于自有产品的相互通信，不同厂家通信协议会有不同，不同厂家的表具之间不具有互换性。鉴于 LoRa 技术通信距离变长，可实现集中器设备的统一，间接达到燃气表具的互换。

LoRaWAN 标准协议是国际 LoRa 联盟基于 LoRa 技术制定的标准协议（网络层协议）。通过设置 LoRa 网关实现数据的中继，连接燃气表具和后台管理程序。由于网络层协议统一，可实现燃气表具的互换，但由于国内很多地方都没有建立 LoRa 网关的通信网络，燃气公司需自行建立免费频段的通信网络。

4）GPRS 短信通信技术

GPRS 短信通信技术，包括通过 SMS 短信通信技术和 GPRS 流量通信技术两种，均是在燃气表端增加控制模块和手机卡，多采用移动通信技术的 2G 模块（4G 模块价格较高）。该技术采用电信运营商的授权频段进行通信，具有传输距离远、数据传输稳定性强、方便快捷的优点，可实现不同厂家燃气表具之间的互换，表具直接与后台管理程序进行单表通信，可实现后台自动抄表。但是该技术也存在功耗大，无法实时在线，电气安全性差，2G 通信技术存在技术更替风险等问题。

5）NB-IoT 技术

NB-IoT 是一种基于蜂窝的窄带物联网技术，支持低功耗设备在广域网的蜂窝数据连接，它是低功耗广域网（简称 LPWAN）技术的一种标准，并于 2016 年 6 月由 3GPP 正式发布，成为物联网行业的国际标准，由中国华为公司主导制定。NB-IoT 技术使用的也是电信运营商授权频段，除了具备 GPRS 短信通信技术的优势外，同时也克服了功耗高、穿透力差等问题（图 3-26）。

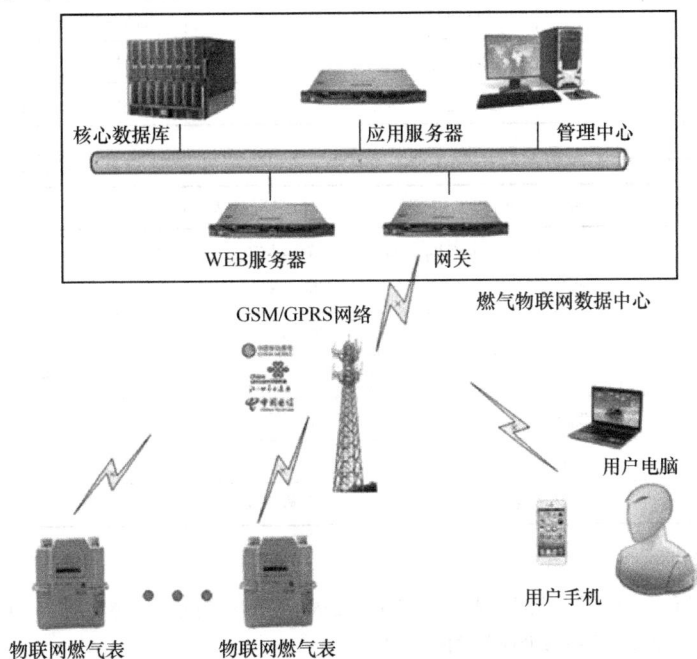

图 3-26　无线公共网络（GPRS \ NB-IoT）抄表系统示意图

（2）调制解调通信技术和无线公共网络通信技术对比分析

采用调制解调通信技术（FSK 、GFSK、LoRa）、无线公共网络通信技术（GPRS、NB-IoT）的无线远传燃气表也经常被称为小无线燃气表、大无线燃气表，现对采用两种表具的抄表系统对比分析如表3-3、表3-4。

两种比较抄表对比 表 3-3

通信方式 功能项目	小无线抄表系统	大无线抄表系统
网络建立	需要人工无线组网	基于运营商基站
通信费用	表具不需要费用，集中器需要	需要运营费用
信号稳定性	环境因素、布局、户型都会有影响，通过集中器中转（集中器安装难度大）	第三方运营网络，网络成熟，信号稳定（极个别盲点，可通过增益器等方法解决）
系统兼容性	软件接口可统一、中继器、表端受限制	软件接口统一，表具不受限
安装方式	以集中挂表为主	支持集中挂表、散户安装
抄表效率	受装表数量影响	并发抄表，与表数量无关
在线时间	实时在线	间歇在线
阶梯收费	可实现	可实现
即时调价	即时更新	滞后更新
预付功能	即时更新	滞后更新
即时遥距读表	可实现	不可实现
遥距阀门控制	即时执行	滞后执行
状态/报警更新	即时上报	即时上报
电源选择	锂电池/干电池	锂电池/干电池

小无线远传抄表系统按照 FSK、GFSK、LoRa 等调整解调方式分析表 表 3-4

项 目	路由组网抄表（FSK）	自组网抄表（GFSK）	点对点抄表（LoRa）
网络结构	单表顺序连接组网，与手持器通信	单表相互连接组网，统一与集中器通信	单表与集中器/网关点对点组网
信号接收灵敏度	低	较高	高
通讯距离	短	短	长
发射功率	低于50mW	低于50mW	低于50mW
抄表方式	手持器抄表	小区集中器集抄	小区集中器/网关集抄
装表率影响	受装表率影响很大	受装表率影响较大	受装表率影响小

4. 计量性能

无线远传表与IC卡表一样是基于基表的发展而来的智能型燃气表，主要计量性能是依据基表确定的（基表部分参照膜式燃气表）。

（1）电器性能技术参数

电源及电压：3.6～6.0 DCV（锂电池或碱性电池）；

1）静态工作电流：≤20μA（休眠时）；

2）最大工作电流：≤100μA；

3）无线发射、接收电流：30mA、15mA；

4）无线发射频率：433MHz（或470MHz）；

5）无线工作方式：FSK、GFSK；

6）发射功率：≤10mW（470MHz时不大于50mW）。

（2）一次抄读成功率（表3-5）

表 3-5

一次抄读成功率

通 信 方 式	专 线	无线网络	有线网络
实验条件（%）	＞99	＞99	＞99
现场条件（%）	＞98	＞98	＞90

3.2.12 NB-IoT 技术在燃气计量表中应用

NB-IoT（Narrow Band-Internet of Things），是 IoT 领域基于蜂窝的窄带物联网的一种新兴技术，支持低功耗设备在广域网的蜂窝数据连接，其主要特点是覆盖广、连接多、速率低、成本低、功耗少、架构优等特点。可直接部署于 GSM 网络、UMTS 网络或 LTE 网络，支持待机时间短、对网络连接要求较高设备的高效连接（图3-27）。

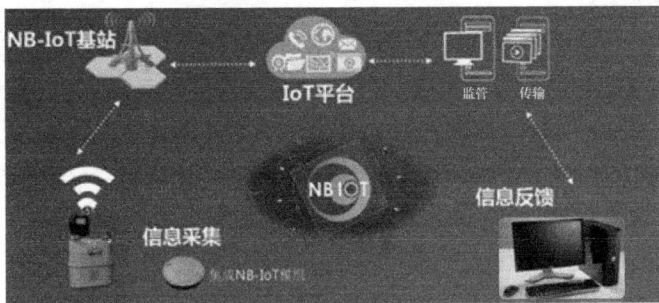

图 3-27　NB-IoT 技术应用系统平台

智慧燃气就是利用这个技术平台，把燃气的相关数据，通过平台 B/S 架构（浏览器/服务器）与 C/S 架构（客户端/服务器）的优势完美地结合起来，使数据在该平台的系统应用中，既能以 B/S 的方式发布运行，又具有 C/S 方式的极强的可操作性，达到燃气企业智能化管理的目标。

目前 NB－IoT 在燃气领域的应用，主要体现在燃气表管理，传统的抄表方式是人工抄表，存在入户难、管理费用高、时间事实性差、管网调控能力不足等弊端，随着远传表的应用，虽然解决了表数出户远传，但还是存在通信成功率不高、运行维护困难、数据传输准确性不确定。智慧城市的兴起，物联网、大数据，云计算等新技术的广泛应用，NB－IoT 技术在燃气领域各个方面将会得到全面发展。

城市燃气的运营，是通过城市管网输送燃气，由燃气表具进行计量结算，完成购气、销气、运营服务的全过程。由于人与物的主客观因素，不可避免产生一系列的诸如抄表不到位、抄人情表、服务不完善、客户缴费及时性等弊端，造成燃气企业运营成本居高不下，直接影响企业的经济效益和社会效益，降低了企业的社会形象，不利于燃气企业的发展。NB－IoT技术的应用将很好的解决这些问题。

随着燃气客户的不断增加，传统的人工抄表远远满足不了工作需求，也加大了燃气企业运营成本。在此基础上发展起来的IC卡智能预收费系统、区域点对点远传抄收系统，虽然解决了人工抄表的抄表难、客户欠费等问题，但投入的大成本，以及产品功能的局限性、稳定性，会带来数据传输稳定性、安全性、表具能耗大，网络覆盖范围小、生产厂家数据通信协议不统一方面等新的问题。

NB-IoT技术的介入，利用移动网络高抗干扰性、数据安全性、技术服务等方面的优势，实现了对数据的采集、监控、指令下发等远传操作，分析、处理上传数据和状态信息，有针对性的科学管理燃气客户，降低企业成本，科学管理数据、及时发现燃气安全故障，排除隐患，加强燃气安全运行，有利于提升企业运营效益，为促进企业良性循环发展提供了安全保障。图3-28为智慧燃气数据处理示意图。

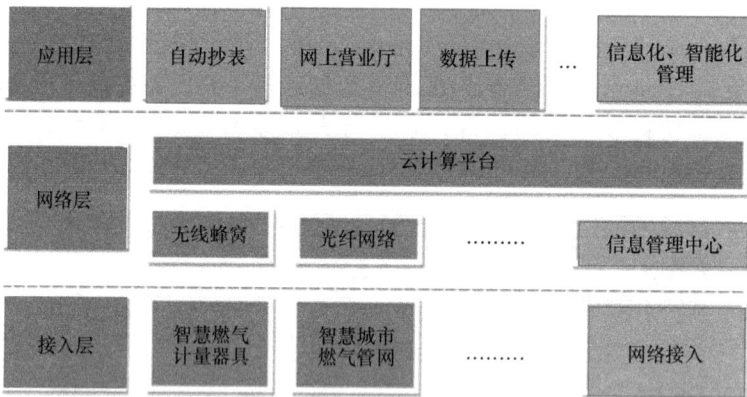

图 3-28 智慧燃气数据处理示意图

NB-IoT在燃气表中的应用，是通过移动平台的IoT基站与后台管理平台建立数据交换，实现了无卡充值，满足燃气价格的实时和预调整，以及阶梯价格调整的要求，自动抄表，自动进行客户用气分析，发现有异常（燃气设施故障、客户盗气、漏气等）会自动报警，对燃气管网数据管理、降低企业供销差率有一定的帮助。在服务方面可以满足第三方（信用卡、微信、支付宝等）支付功能，客户下载APP软件，可以进行数据查询，及时了解用气情况。

2017年11月15日科技部召开新一代人工智能发展规划暨重大科技项目启动会，宣布首批4个国家新一代人工智能开放创新平台，其中一项就是"依托阿里云公司建设城市大脑国家新一代人工智能"—即"智慧城市"。水电气行业，是城市的基础设施，智慧城市的发展，需要燃气行业的介入，需要NB－IoT技术更多的融入燃气行业，对整个城市的燃气设施、管网管理、运营，燃气服务的监督都有良好的收益。引进NB－IoT技术为燃气企业发展保驾护航，通过增值服务与大数据、云计算的管理，可以增加企业新的盈利增长点，提高企业收益。智慧燃气目前处于发展、推广阶段，随着该技术的不断完善与应用，对于燃气管网的安全维护、远程控制、异常实时报警、管网调配、客户分析智能化等具有推动作用，有助于燃气企业安全运营，降低成本，增加效益。

3.3 LNG 贸易计量

3.3.1 LNG 气源采购

LNG 是液化天然气（Liquefied Natural Gas）的缩写，是天然气在超低温（−162℃）条件下液化形成的，主要成分为甲烷。

LNG 质量标准要符合《液化天然气的一般特性》GB/T 19204—2003 标准规定，且汽化率须大于等于 1400Nm³/t，低位热值须大于等于 48770MJ/t。

目前的 LNG 气源主要分为海气和内陆气。

海气主要港口包括：董家口、启东、如东、宁波、莆田、金湾、铁山港等；海气来源包括印尼、卡塔尔、巴布亚新几内亚，都是油田气/管道气，其中印尼、卡塔尔气汽化率在 1400～1450 Nm³/t，巴布亚新几内亚气汽化率在 1377 Nm³/t，澳大利亚属于煤层气，其汽化率在 1480 Nm³/t。

内陆气主要由煤层气、煤制气、管道气等加工而成，煤层气代表是山西沁水，其汽化率在 1486 Nm³/t，热值低；煤制气代表有新疆哈密，其汽化率在 1480 Nm³/t，热值低；管道气为油田管道气，代表是山西延长气，其汽化率在 1450 Nm³/t，热值高。

LNG 是一种以甲烷为主的混合物，不同气源制成的 LNG 组分存在差异。主要指标：温度、压力、热值。

国际 LNG 贸易通常是用热值来作为统一标准（百万英热 MMBtu），这个方法是比较科学的。国内一般有高温液、低温液之分。高温液指温度高于−162℃，在常压下无法保持液态，必须储存于压力容器中的液态气体。低温液指温度低于−162℃，常压可保持液态的气体。LNG 气源参数一览表见表 3-6。

LNG 气源参数一览表

表 3-6

序号	项目	新疆广汇 LNG	山西晋城 LNG
一	组分	摩尔百分数 mol（%）	
1	CH_4	82.18	98.463
2	C_2H_6	11.03	0.012
3	C_3H_8	4.89	
4	N_2	1.48	1.525
5	其他（nC_4H_{10} 等）	0.42	
二	气态物性参数	（0℃，1atm）	
1	高热值（MJ/Nm³）	46.71	39.24
2	低热值（MJ/Nm³）	42.33	35.36
3	平均密度（kg/Nm³）	0.808	0.726
4	相对密度	0.6249	0.561
三	液态物性参数	（−162℃，1atm）	
1	LNG 密度（kg/m³）	486.28	427.63

LNG 属于混合物，因原料气不同气质组分略有差异，在热值上会有区别。海气来源不同，组分不同，热值不同；其他内陆产液同样如此。目前国际 LNG 贸易以热值计算，是最科学的。而国内贸易还是以质量作为计量单位，因此要比对不同气源的热值差。理论上甲烷外其他轻烃组分含量越高，热值就越高。

就实际使用来说，西北气汽化能力高，新疆气汽化率低些，但是温度极低，海气汽化率低，温度高，俗称高温液。汽化率越高，工业汽化站越受益，温度越低，加气站越受益。从车船用气来说，肯定是陆气好，温度低，储存时间长，储罐压力上涨慢，对于没有管网回收的场站来说，压力上涨慢，就减少了不景气时期的放散量，也就避免了损失。

3.3.2 LNG 运输方式

LNG 运输是连接 LNG 贸易上下游的桥梁，是保证 LNG 贸易安全、经济、平稳进行的关键。目前，全球主要的 LNG 运输工具是 LNG 船，国内主要的 LNG 运输工具是 LNG 罐车。

1. 船舶运输

LNG 船是国际公认的高技术、高难度、高附加值的"三高"产品，是在 -162℃，低温下运输液化气的专用船舶，是一种"海上超级冷冻车"，被誉为世界造船业的"皇冠上的明珠"，目前只有美国、中国、日本、韩国和欧洲的少数几个国家的 13 家船厂有能力建造。将天然气液化后装入 LNG 船，通过海洋、河流进行全球运输，到岸后经处理，进入管网。其特点：LNG 输送容量大，安全可靠。

2. 铁路输送

通过铁路进行 LNG 运输，目前在我国没有此种运输方式，只有少数发达国家利用铁路运输 LNG。

3. 公路运输

目前，我国已是世界上 LNG 陆上运输市场最发达的国家，将天然气液化工厂或 LNG 码头的气体，通过 LNG 槽车运送到各个使用点。特别是天然气管网未延伸到的地区，往往通过公里运输将 LNG 供应给各个用户（包括工厂、民用、调峰等），因此，液化天然气的公路运输也是液化天然气供应链的重要部分。其特点：规避了管道一次大量投资沉淀和投资回收周期长、折旧成本过高的风险。

3.3.3 LNG 场站工艺流程

卸车过程：液化天然气站（LNG）槽车或 LNG 集装箱车将 LNG 通过公路运输至场站后，在卸气台通过槽车自带的增压器或站内的卸车增压器对槽车储罐增压，利用压差将 LNG 卸至站内低温储罐内储存（储罐设计压力为 0.66MPa，卸车时槽车储罐工作压力 0.5～0.55MPa）；储罐储存期间压力保持在 0.6MPa 以下，储存温度为 -145℃。

汽化过程：储罐内的 LNG 利用储罐自增压汽化器升压，将罐内压力升至所需的工作压力（0.6MPa），利用其压力，将液态 LNG 送至空温式汽化器进行汽化，工艺区内还设有 NG+BOG 组合加热器一台，当空温式汽化器出口或 BOG 温度低于 0℃时，用该加热器进行加热，使出气温度达到 +5～+10℃。汽化后的天然气经过调压、计量、加臭后，释放出站为用户供气，供气压力为 0.4MPa。

LNG 槽车卸液流程为：

1. 卸车前准备：

（1）引导 LNG 槽车进行过磅，准确记录数据。

（2）引导 LNG 槽车进入指定卸液位置。

（3）检查 LNG 槽车压力与液位，确认正常，垫好三角木，连接好静电线，摆放好"正在卸液，请勿靠近"的警示牌。

（4）连接 LNG 槽车液相增压管与卸车台液相增压管，确认连接牢固。

（5）连接汽化增压器的气相出口与 LNG 槽车对应的气相入口，确认连接牢固。

（6）连接卸车台液相入口与 LNG 槽车对应的液相出口，确认连接牢固。

2. 卸车操作

（1）LNG 槽车进站，过磅。

（2）指挥 LNG 槽车准确就位，连接相应软管，连接接地线，固定好三角木。

（3）打开 LNG 槽车液相紧急切断阀，缓慢打开 LNG 槽车顶部进液阀，用槽车内气体对软管内的空气进行吹扫置换。

（4）打开卸车台放散阀，当放散口处见到白色气雾后，置换即为合格。

（5）关闭卸车台放散阀和槽车顶部进液阀，打开槽车底部进液阀。

（6）打开汽化增压器的气相出口阀、槽车气相阀、液相增压进液阀。

（7）打开槽车液相增压紧急切断阀、液相增压阀，同时用槽车气相放散阀对软管及增压器进行吹扫置换。

（8）置换合格后，关闭槽车放散阀，打开气相紧急切断阀，对槽车增压，待槽车压力为 0.6MPa 左右。

（9）打开进液阀门，在 PLC 柜上选择卸车模式和泵、储罐的对应关系，启动卸车流程。

（10）卸车接近结束时，停止卸车流程，关闭 LNG 槽车底部进液阀门和液相增压阀，关闭增压器液相入口阀和进口阀。

（11）开启增压器平压阀，待槽车压力和储罐压力齐平，关闭平压阀。

（12）关闭槽车气相入口阀和增压气相出口阀。

（13）打开液相管、增压管、气相管放散阀，待放散结束关闭放散阀。

（14）关闭槽车液相、气相、增压紧急切断阀，拆下相应软管，拆下接地线，撤掉三角木。

（15）关好车门，指挥车辆空车过磅，离站。

3.3.4　LNG 卸车计量

LNG 作为清洁、高效的能源，逐步被作为代用汽车燃料使用。伴随中 LNG 车辆的产生，配套的 LNG 加气站也应运而生，并且在最近 5 年时间呈爆炸式的发展，全国各地已建成有 2600 多座，但在投入使用前期，加气站的损耗量相当严重，有的单站最高达到 70% 多，给加气站的经营造成重大的影响。

LNG 槽车到站后，必须首先进行过磅，准确记录数据。按卸车流程卸车完成后，再次过磅后方可离站。现场没有地磅条件的用户，还可以选择使用便携式 LNG 卸车流量计。以达到准确计量实际卸车量与原始磅单的误差。

1. LNG 卸车气量损失的综合因素

LNG 汽车槽车储罐容积一般为 52.6m³，每次装载 LNG 约 21t。LNG 卸车前后损失存在如下情况：

（1）LNG 实际装车量与上游 LNG 供应商提供的 LNG 出厂票据上的数量存在差异，由于 LNG 供应商的计量存在误差，一般实际装车量偏小。

（2）LNG 槽车运输距离较长，途中会因 LNG 超压放散而导致实际到站的 LNG 数量比出厂时减少。

（3）卸车时，因操作人员技能不熟练、市政燃气管网压力较高等原因，造成 LNG 卸车不彻底，槽车内残留的液态、气态天然气无法充分卸进 LNG 储罐或进入市政燃气管网，形成卸车损失。

（4）由于运输公司对槽车司机也有运输损耗的考核，部分司机会运用如：卸车前车过磅时对载水箱加满水，卸车后过磅前将水放掉、过磅时撬磅、压磅、卸车前过磅车上留人、卸备用胎等手段影响卸车数据，给站点造成损耗。

以上第（1）、（2）、（4）项为燃气企业不可控因素，很难计算具体数值，所造成的损失只能与第（3）项一起，通过 LNG 槽车到站过磅后得出累计值，这 4 项因素造成 LNG 槽车实际卸车的 LNG 数量，与其出厂票据上的数量之间存在差异，导致供销差率的产生。

【经验分享】卸液过程中液体是否卸干净的判断方法：

1）看变频器电流是否在 4A 以下，保持无明显波动。

2）看槽车液位计是否归零。

3）看槽车压力是否降至卸液前的压力。

4）打开槽车放散阀门，看是否有液体流出。

5）用扳手顶在管上听声音。

2. 卸车流程注意事项

（1）方法：储罐给槽车平压，用潜液泵卸车。（适用于平压管道和进液管道分开的站）

（2）使用阀门及管道：上进液阀门及上进液管道进液。

（3）采用手动模式操作卸车，手动频率设置为 90Hz，保证泵前压 0.55MPa，泵后压 0.90MPa，变频器电流为 16.50A 左右。

（4）当电流降至 8A 左右或槽车内剩余 20％的液体时需关闭平压气相阀门，打开潜液泵溢流口排空阀，保证电流为 8A 左右并无明显波动，随时观察电流直至电流降至 3.5A 左右，5min 内电流没有明显变化，槽车液位计归零，工控机液位无明显上升，泵前、泵后温度有小幅度上升时方可停止卸车。（此方法可将槽车抽空，达到降低卸车损耗的目的，出厂压力 0.4MPa，卸车后槽车压力可降至 0.4MPa 以下）。

3.3.5 汽化率理论值与实测值的差异

因产地不同，不同供应商提供的 LNG 汽化率的理论值各不相同。通过进一步检测发现，LNG 汽化率的实测值普遍比其理论值小，两者之间的差异最高可达 3.01％（表 3-7）。

国内各主要品种 LNG 汽化率理论值与实测值对比分析 | 表 3-7

序号	LNG 供应		LNG 汽化率（m³/t）		相差幅度（%）
	供应商	产地	理论值 ϕ	实测值 ϕ_{act}	
1	甲	A	1400	1380	1.43
		B	1480	1450	2.03
2	乙	C	1434	1400	2.37
		D	1480	1450	2.03
3	丙	E	1434	1400	2.37
4	丁	F	1332	1300	2.40
5	戊	G	1495	1450	3.01
6	己	H	1480	1450	2.03

3.4 CNG 贸易计量

CNG（Compressed Natural Gas），即压缩天然气，是天然气加压（超过 24.8MPa）并以气态储存在容器中。

CNG 主要成分是甲烷（CH_4），同时含有少量丙烷（C_3H_8）和丁烷（C_4H_{10}）。和汽油相比较，CNG 具有较高的辛烷值（100 以上）和热值，抗爆性能明显优于汽油，燃烧性能也较好。

3.4.1 CNG 场站分类

目前，CNG 广泛作为车用燃气使用或临时区域（根据站区现场或附近是否有管线天然气）供气。可分为 CNG 标准站、母站和子站（包括 CNG 释放站）。

1. CNG 标准站

标准站是建在有天然气管线延伸的地方，从天然气管线直接取气，进站压力 0.4MPa，经过脱硫、脱水等工艺，进入压缩机进行压缩，压缩后压力为 25MPa，进入售气机给车辆加气。通常常规加气量在 600～1000Nm³/h 之间。

2. CNG 母站

母站从天然气线管线直接取气，进站压力（1～1.5）MPa，经过脱硫、脱水等工艺，进入压缩机压缩，然后经有储气瓶（25MPa）的槽车运输到子站给汽车加气，兼有标准站的功能。

母站多建在城市门站附近，母站的加气量在 2500～4000Nm³/h 之间。

3. CNG 子站

子站是建在加气站周围没有天然气管线的地方，一般建设在城市内，以方便车辆加气，或者建设在没有燃气管道敷设的乡镇的工业区，供给天然气作为能源。

母站利用压缩机将天然气加压储存，再由专用运输车，将 25MPa 压缩天然气运往子站，子站再给 CNG 汽车加气。

对于工业区的子站，工艺流程如下：低压或者中压天然气通过压缩机，增压至 20～

25MPa，将其压缩到特制的钢瓶或管束，放到带牵引机构的橇车上，运至子站，连接卸气柱经卸气系统进入 CNG 调压设备，通过减压橇将高压天然气减至用户所需的压力 0.2～0.4MPa 后进入输送管网，供给用户使用天然气。

3.4.2　CNG 场站工艺流程

1. CNG 标准站

加气站天然气引自中压天然气管网，一般是经过滤计量后进入干燥器，干燥处理后，经缓冲罐后进入压缩机加压，通过优先/顺序控制盘，为储气井组充装天然气，利用储气井组内的天然气，通过加气机为 CNG 燃料汽车加气；也可以直接输送至加气机，为 CNG 燃料汽车加气。

2. 加气母站

CNG 加气母站气源来自天然气高压管网，过滤计量后进入干燥器进行脱水处理，干燥后的气体通过缓冲罐进入压缩机加压。压缩后的高压气体分为两路：一路通过顺序控制盘，进入储气井，再通过加气机给 CNG 燃料汽车充装 CNG；另一路进加气柱给 CNG 槽车充装 CNG。

3. 液压加气子站

CNG 子站拖车到达 CNG 加气子站后，通过快装接头将高压进液软管、高压回液软管、控制气管束、CNG 高压出气软管与液压子站橇体连接。系统连接完毕后，启动液压子站橇体或者在 PLC 控制系统监测到液压系统压力低时，高压液压泵开始工作，PLC 自动控制系统会打开一个钢瓶的进液阀门和出气阀门，将高压液体介质注入一个钢瓶，保证 CNG 子站拖车钢瓶内气体压力保持在 20～22MPa，CNG 通过钢瓶出气口，经 CNG 高压出气软管进入子站橇体缓冲罐后，高压管输送至 CNG 加气机，给 CNG 燃料汽车加气。

4. 压缩加气子站

CNG 子站拖车到达 CNG 加气子站后，通过卸气高压软管与卸气柱相连。启动卸气压缩机，CNG 经卸气压缩机加压后，通过顺序控制盘，进入高、中、低压储气井组，储气井组里的 CNG 可以通过加气机，给 CNG 燃料汽车加气。

5. CNG 释放站

将撬装车罐内高压天然气经过预热、逐级降压、并进行安全控制和计量、加臭等工序使气体达到符合规范要求的高、中压气体向管道输送。

第4章 燃气企业供销差成因与治理

燃气企业受经营管理、燃气的温度、压力等因素的影响，产生供销差是不可避免的。如何既能降低供销差，又能公平、公正、准确地对天然气进行计量，已经成为燃气企业生产经营管理中一项重要工作。

4.1 管道天然气供销差

通过分析，影响燃气供销差的因素主要有4个方面，本章节从这4个方面，阐述燃气供销差产生的原因和治理（图4-1）。

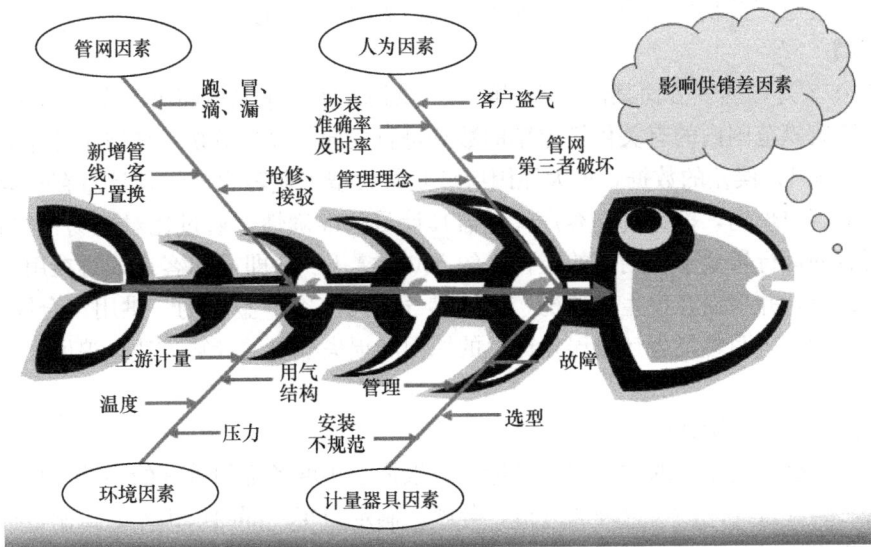

图 4-1 影响供销差的因素

4.1.1 人为因素

主要包括企业经营者的管理理念，抄表的准确率、及时率和周期性、客户盗气、管网第三者破坏等。

1. 企业管理理念

控制供销差是一个艰巨、复杂的系统工程，涉及多个部门、班组，为了做到准确的计算燃气供销差，管理者要打破部门之间、班组之间的界限，做到思想上高度重视，行动中积极执行，制度上严格落实。必须"领导重视、全员参与、管理到位、制度落实、责任明确、考核分明"。建立由分管领导全面负责，制定供销差管理实施细则，层层分解供销差指标，实行从上到下的"多级"监督管理机制。挖掘各个环节的人员潜力，强化内部管理，提高企业的竞争核心力，才能有效的降低燃气供销差率。

从上游末站到客户终端，城市燃气的管网压力存在不同机制。由于管道天然气的输送要求、终端客户的设备需求，管网供气压力也不径相同。气源压力一般有高压、次高压、中压 A、中压 B、低压 C 等不同压力的气体，同时还存在 CNG、LNG 等不同气源的供应和气源峰值调节。这就要求我们在计算供销差率时，不仅要考虑天然气购气总量和销售总量，同时还要考虑中压 A 以上不同压力管网的管存变化量（中压 B 和低压 C 管网压力相对稳定没有变化），以及调峰用 CNG、LNG 的向管网的释放量等因素，全方位的综合数据计算燃气供销差率，全面有效的控制燃气供销差，提高燃气企业的经济效益。

（1）领导负责，"多级"管理

由于燃气输送管道的压力不同、各企业燃气管网的布局不同、企业内各部门员工担负的工作职责不同、部门之间本位主义思想作祟，导致各部门燃气供销差的计算较为繁琐复杂。从公司的整体效益出发，需要分管领导负责组织、协调各部门的数据共享，形成"公司、部门、班组"监督管理机制，定期或不定期组织各部门协调会议，分析近期燃气供销差的数据，集思广益找出数据异常的成因，提出解决异常的方法。

【案例】

2013 年 5 月，燃气公司某部门管理的当月供销差率比预测值高出 1%，立即组织相关人员，对所管辖范围内的有关供销差率的数据进行横向、纵向分析，调取了往年数据，分析出产生增加 1% 误差的数据，最大原因应该是某大型工业客户流量计计量存在问题，立即深入终端客户现场，检查终端客户计量器具计量的准确性，通过比对现场在线备用表，分析在用表的运行量低于备用表的运行量约 500Nm³/h，随即通知客户，对在用流量计进行第三方检定，并根据客户生产情况，依据燃气公司与客户签订的《供用气合同》，同客户协商、处理，讲明燃气表计量误差产生的原因和损失气量的计算方法，追回损失气量约 18 万 Nm³。

（2）指标分解，责任落实

在确定了公司当年总的供销差率目标后，根据上年度各部门管理的终端客户总用气量占上年度总购气量的比例，合理的分析、分解、制定当年各部门供销差的控制目标，层层分解，消化指标。各部门可以制定部门《控制燃气供销差率管理细则》，分清责任，严格落实，实行考核制度，奖罚分明。

燃气企业可以根据企业自身的实际情况，选择相对独立的区域，或不同的管网压力，或相对独立的客户用气性质，来划分、分解、有效控制各片区的燃气供销差。可以将天然气管网实行网络化管理，由面到线、由线到点的区域性网络划分，设置管网关键性的检测点，多角度、多层次、多方位的客观、综合性控制供销差。

一般燃气企业供气状况，主城区主要供气压力在 0.4MPa 以下，以商业、民用户为主；城市边远地区、开发区不仅供气压力有 0.4MPa 以下的客户，还有供气压力大于 0.4MPa 以上的大型工矿企业，以工业用户为主。主城区和边远地区、开发区 0.4MPa 的燃气管网相对独立，为我们分解燃气供销差指标提供有利条件。燃气企业可以结合本公司实际情况，进行区域划分为：

主城区供销差管理（主要是主城区，含民用户、公福户、主城区内的商业户、小型工业户）；

外围供销差管理（边远地区、开发区的民用户、商业户、公福户、工业户），次高压供气的大型工业企业燃气供销差，可以单独计算，也可以融入工业供销差管理的范围内；

CNG、LNG 加气站，依据所属的地理位置，计算供销差率时，其供气量计算成为所属区域的销气量，结合本站的销气量，计算本站的燃气供销差率值。多个同性质的加气站可以整合在一起，形成一个独立的管理部门。

以图 4-2 为例，进行区域划分，可以分为以下几个部门管理：

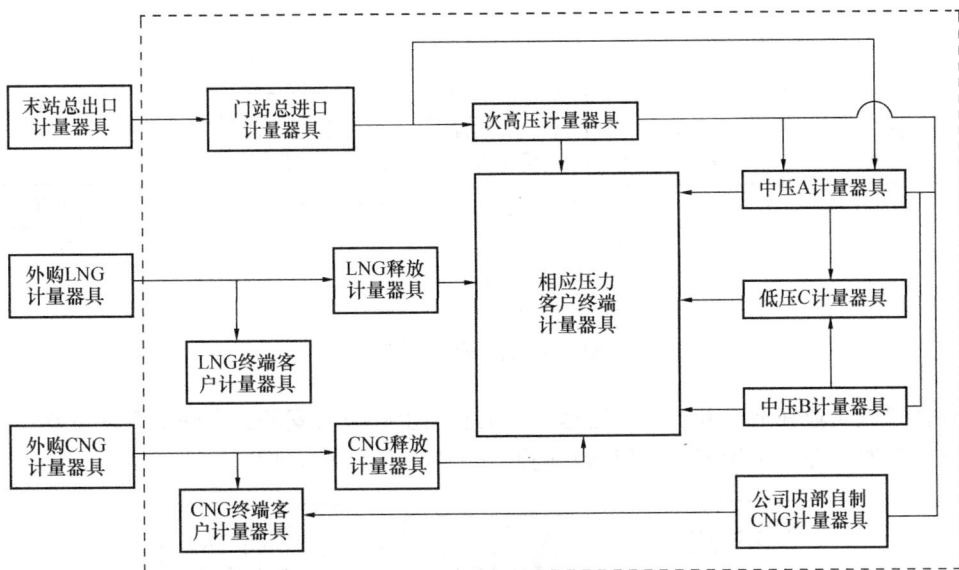

图 4-2 城市燃气管网计量流程示意图

① 源头供销差管理部门，监控末站计量器具与门站计量器具的数据误差；

② 主城区供销差管理部门，监控主城区燃气供销差管理；

③ 外围输供销差部门（可含 0.4MPa 以上压力用户），监控边远地区、开发区燃气供销差管理；

④ CNG 供销差管理部门（整合多个加气站），监控 CNG 的供销差管理；

⑤ LNG 供销差管理部门（整合多个加气站），监控 LNG 的供销差管理；

各部门燃气供销差率计算方法：

1）源头供销差率（图 4-3）

图 4-3 源头供销差

2）主城区供销差率（图 4-4）

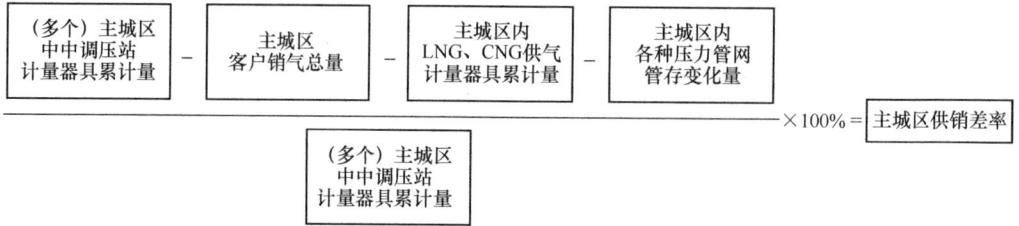

$$\frac{(多个)主城区中中调压站计量器具累计量 - 主城区客户销气总量 - 主城区内LNG、CNG供气计量器具累计量 - 主城区内各种压力管网管存变化量}{(多个)主城区中中调压站计量器具累计量} \times 100\% = 主城区供销差率$$

图 4-4　主域区供销差

3）外围供销差率（图 4-5）

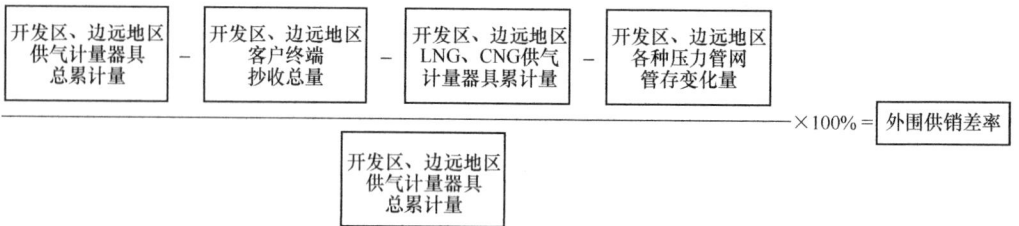

$$\frac{开发区、边远地区供气计量器具总累计量 - 开发区、边远地区客户终端抄收总量 - 开发区、边远地区LNG、CNG供气计量器具累计量 - 开发区、边远地区各种压力管网管存变化量}{开发区、边远地区供气计量器具总累计量} \times 100\% = 外围供销差率$$

图 4-5　外销供销差率

很多燃气企业在通往开发区、边远地区的管网上并没有安装独立的供气计量器具，计算供气总量时，需要利用末站（门站）的购气总量（图 4-6），即：

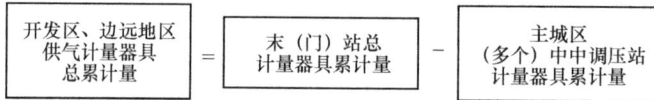

$$开发区、边远地区供气计量器具总累计量 = 末（门）站总计量器具累计量 - 主城区（多个）中中调压站计量器具累计量$$

图 4-6　开发区等地的供销差率

无论采取什么方式计算，整个管网都有自然损耗量（包括末站、门站的计量误差），不管大小，由某一个部门承担都不合理，建议按各部门销气量的多少，按比例分担。

气损分摊量＝（各部门销气总量/公司销气总量）×气损总量

计算供销差时，还应考虑供销差抄表时间段中压 A 级以上管网的管存燃气压力变化带来的气体体积变化。管存量大小的变化，是影响供销差率的一个重要因素，特别是新增管网长度增加置换用气，这个数据是购气量以后的数据，应体现在销气量中。

为了保证燃气客户正常使用天然气，部分燃气企业的低压管网末端成环状连接，或者各级压力管网之间没有安装计量器具，计算供销差无法按准确区域划分，需要（最高级别压力管网）寻找一个相对独立的区域，协调各部门，取一个相对合理的解决方法。

4）CNG 供销差率

① 当 CNG 为外购时（图 4-7）：

② 当 CNG 为公司内部自制时（图 4-8）：

5）LNG 供销差率（图 4-9）

如遇上游气源紧张，需要 CNG、LNG 释放补充管网，在计算民用、工业供销差率时，要把 CNG、LNG 释放到管网的气量加入到民用、工业供气总量中。

$$\frac{CNG外购总量 - CNG终端销气累计量 - CNG管网释放量}{CNG外购总量} \times 100\% = CNG输差率$$

图 4-7 CNG 为外购时

$$\frac{CNG自制供气总量 - CNG终端销气累计量}{CNG自制供气总量} \times 100\% = CNG输差率$$

图 4-8 当 CNG 为公司内部自制时

$$\frac{LNG外购总量 + LNG终端销气累计量 - LNG管网释放量}{CNG外购总量} \times 100\% = LNG供销差率$$

图 4-9 LNG 供销差率

综上所述，管道燃气企业总的供销差率（不含 CNG、LNG 部门供销差率）（图 4-10）：

$$\frac{(末站总出口总购气量 + LNG、CNG管网释放总量) - (终端客户总销气量 + CNG供气总量 + A管网以上管存变量 + 管网维修、置换损耗总量)}{末站总出口总购气量 + LNG、CNG管网释放总量}$$

图 4-10 燃气企业总的供销差率

（3）责任明确，考核落实

有了目标、就有了责任，制定管理细则，接下来就是落实。成立分管领导负责的供销差管理小组，全员参与，执行企业《供销差管理细则》管理，严格落实考核制度，奖罚分明，才能降低企业的燃气供销差。

2. 抄表因素

（1）城市燃气由于天然气用户数量庞大，工商业客户、民用客户等抄表数据不可能在同一天全部完成，是分阶段性进行的，与供销差数据抄表时间也不可能在同一天抄表，抄表数据周期与供气抄表数据周期的不同步，会造成供销差率数据计算不准确，不能给企业管理者提供准确的计算依据。这就要求计算供销差抄表数据时，至少要保证终端客户抄表数据在每个周期的同一天抄表，或者根据抄表日的不同，计算非供气周期内所有日的客户用气的暂估量，从而保证供销差抄表周期与供气周期的抄表周期有一个相对固定的时段，即保证销气抄表时间段，与供气抄表时间段相对一致。

【暂估量案例】

某燃气公司计算当月供销差时，终端客户（以 3 月份为例）用气量（含暂估日用气量）的计算（表 4-1）

某燃气公司终端客户用气量　　　　　　　　　表 4-1

序号	客户名称	抄表日	本月用气量	上月暂估量	本月暂估量	当月理论用气量	备注
1	客户 1	18	2543	243	636	2935	
2	客户 2	9	6003	676	1501	6828	
3	客户 3	12	22245	4223	5562	23586	
4	客户 4	15	1836	138	459	2157	
5	……						

说明：1. 客户实际抄表周期：2 月某号~3 月某号，即 28 天。

　　　2. 上月暂估量：2 月某号~3 月 1 日 8：00，（上月计算带入）。

　　　3. 本月暂估量：3 月某号~4 月 1 日 8：00，即本月用气量/用气天数×暂估天数。

　　　4. 当月理论用气量：本月用气量~上月暂估量＋本月暂估量，计算供销差率的周期数据。

　　　5. 供销差率抄表时间段：3 月 1 号~4 月 1 号上午 8：00。

（2）燃气计量抄表

1）对工商业及公福用户抄表周期不超过一个月，对用气量大于 5 万 m^3/h 的重点工业用户，则实行每半个月抄表一次的方式；

2）抄表人员不能随意更改工商业用户的每月抄表时间，前后两个月抄表时间不超过一天，便于供销差分析。

3）民用表按月正常抄表，同一户不同抄表周期时间点不能超过一天误差。

（3）抄表人员的责任心

企业中个别员工工作不作为会导致供销差增大。由于个别抄表员责任心不强，综合业务素质能力较低，会造成抄表不到位，漏报、瞒报，对空房户、报停封堵户缺乏管理、室内抄表不进户，这都是抄表不到位的主客观因素，会直接导致供销差的不正确。

抄表到位了，但催费不力，措施不强，欠费增多，会导致财务供销差增大，直接影响企业的财务供销差率和当期经济收益。

根据月度财务报表的分析，可以发现当月燃气用量有较大变化的客户，为此要安排抄表人员二次上门跟进，了解情况，分析异常，发现非正常情况客户用气量发生大的变化时要及时的反馈处理。

（4）"人情气"：因管理人员的岗位变动、工作移交、维修换表、客户过户等一些特殊情况，少数在企业内拥有一定调节气量、修改数据权利的管理人员、抄表人员，滥用职权，甚至以权谋私，随意减免客户"人情"气量，给企业带来一定的经济损失。所以不仅在制度上，而且在操作中要坚决杜绝"人情气"的产生。

3. 客户偷、盗气行为

虽然法律、法规对偷、盗气有明确处罚规定，但仍有少数用户铤而走险，其手法越来越隐蔽，花样越来越翻新。破坏表具，私接（私开）旁通等，甚至于串通燃气公司相关人员联合盗气，给企业造成一定的气量损失。一些关系户打通燃气公司内部相关人员，私自安装使用燃气，形成事实无户头（系统未建卡用户）的"黑户"，使燃气公司损失气量，深受其害。燃气企业要善于利用法律、法规的严肃性，严厉打击客户的偷、盗气行为，一经发现，从严处理，计算补足偷、盗气的气量。

（1）工商业及公福用户偷盗气重点稽查

1）重点稽查对象，历史气量规律与现在的用气曲线拟合性差、用气高低峰的符合性偏差大，以及受举报偷盗气的工商业及公福用户、民用户年度用气量低于所在地居民用户平均年度用气量50%，连续2次抄表气量为0，IC卡用户2年内购气量低于200m^3，以及受偷盗气举报的居民用户；

2）掌握用户相关信息，用户信息、用气合同、通气时间、购气记录、用气设备型号等；

3）参加稽查人员不得少于2人，同时对稽查用户信息、目的地保密；

4）静态检查，在用燃气表具、用气设备是否与台账记录一致，仪表外观及表嘴封卡（金属线锁）是否被破坏，模式表压盖封卡见图4-11，金属表锁、表扣见表4-12；

图 4-11　模式表压盖封卡

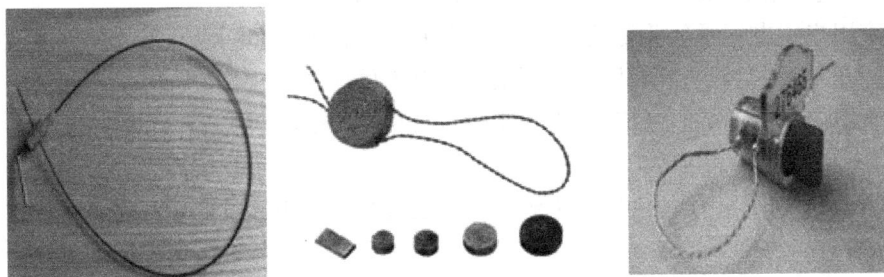

图 4-12　金属表锁、表扣

5）动态检查，使用秒表计时5min，记录计时前后仪表读数，然后换算为小时耗气量即为用气设备的瞬时流量。瞬时流量与用气设备的额定小时流量一致或接近为正常，如偏差过大，则可推定为表具异常。

6）动态检查后认为异常，应现场拆表检查，进一步检查仪表内部是否被破坏，如出气口打孔、割齿、旋转部分（叶轮、腰轮、齿轮、计数器等）插入异物等。现场无法判定的，送检；

7）稽查取证，对发现的偷盗气行为（含疑似偷盗气行为）应使用随身手机或其他设施拍照取证，取证内容如：是否存在无表用气、或绕过燃气表连接用气，使用磁铁等干扰物放置在仪表处、仪表编号、读数、受损部位及仪表安装位置，用气设备、设备铭牌与在用状态，用户讲话内容或用户在场图像视频，调压器到流量仪表间的管道走向与管道连接，数据远传采集装置破坏等情况；

8）现场采取停气措施，如用户不在场，应将燃气表包裹封存并拍照备案，粘贴停气告知单后停气；

9）确定有偷盗气行为必须报警，联系公安部门现场调查取证。

【案例】

居民用户偷盗气：在气费追缴中，当用户提出未在此地居住时，可通过用水、用电、用气记录进行曲线拟合，以判定用户解释的符合性（图 4-13）。

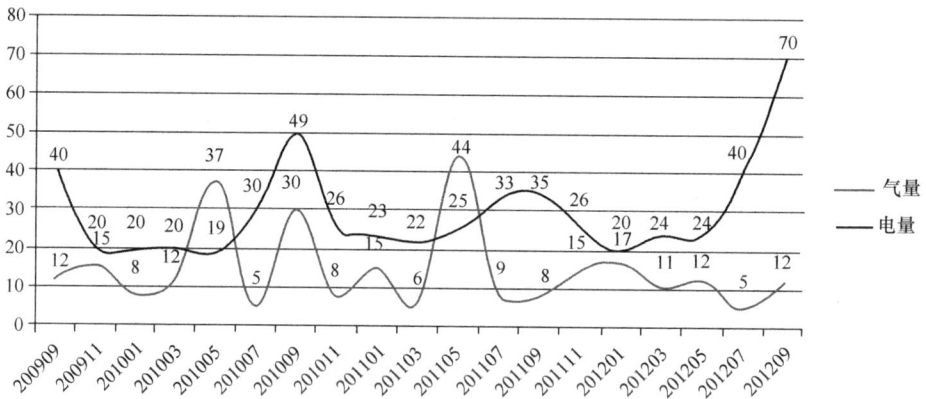

图 4-13　用气记录曲线

通过用气与用电记录曲线拟合，可看出以下问题：

① 该用户用电记录较为稳定，基本保持在双月电量在 200kW·h，在冬季没有用电供暖，在夏季使用空调，高峰明显，证明常年有人居住；

② 该用户用气记录不稳定，3 年来用气规律杂乱无章，用气环比差异大，冬季用气无高峰；

结论：该住址常年居住，用气不规律，无用气高峰，用气量低于月均、年均水平。

10）偷盗气现象形式

① 将燃气表反向安装，使表过气不计量，在抄表收费之前再将表恢复正向安装；在膜式燃气表的内部做手脚，比如将表的进口端内部打孔，形成气流旁通，使燃气表少计量或不计量，这两种方法在居民用户和小餐饮店中经常发现。还有的用户把计数器的面板铅封破坏，然后将内部计数齿轮卡住或者干脆去掉一部分齿轮的锯齿就能达到多过气少走数的效果，这样虽然破坏了铅封，但铅封在市面上也并不难找，因此这种窃气手段十分隐蔽，在表面上很难看出来。

②将工业用罗茨流量计内部的转子进行打磨，使转子和表内壁之间的空间加大，这样更多的燃气将从转子和内壁之间的空隙中流过而流量计不计量。在涡轮流量计叶轮处插入异物阻挡叶轮转动，造成用气不计量。调整计量表内部参数使气量偏小。

③绕越法定用气计量装置。这种方式常见于饭店、浴室等营业性用户，通过开旁通管道绕过燃气表计量，直接拖接燃气具，旁通管直接铺设在墙体内，隐蔽性较强。在计量表之前私接暗管与计量表后的某处连接。将暗管埋在地下的；有把暗管和主管道相连的地方盖在墙里的；还有在调压站内接明管然后派专人看管并在燃气公司人员要进来查看时迅速恢复原状的。2010年5月，某市梅川路841号"某兴坊"饭店被查出盗窃燃气，其窃气方式就是在正常燃气供应管道之外再私自相接旁通管道，安装在厨房内侧两处冰箱后面的夹墙内，十分隐蔽。

④卡表：破坏智能阀的传动机构，使之不能关阀，造成不购气，白用气。

⑤改装、损坏燃气表。这是目前发现最多的窃气方式，通过在燃气表上做手脚，例如对表打洞、开旁通、表反接、拆表框、放磁铁、燃气表计数器内插针插片、拨计量器数字等，使燃气表慢走、不走甚至倒走，从而达到不交或少交燃气费的目的。2009年12月28日，某市长桥四村81号X02室用户，私拆燃气表具，在表三通处打洞盗窃燃气，造成燃爆，房东被烫伤，楼道内居民门窗碎裂。

⑥使用未登记燃气计量表。由于国家并未规定燃气计量器具专营、专卖，也未明文限制买卖，致使一些不法之徒从中找到"空子"，使用被淘汰的旧燃气表或未在燃气公司登记的燃气表。由于没办理正规手续，不属于燃气公司用户，燃气公司没有该用户的任何信息，也无法向其收取燃气使用费。

⑦私接私装管线、设施。这种方式在居民用户中发现较多，通过在供气管道上私接管线、灶具用气，由于多采用橡胶管直接连接燃气引入管和灶具，存在较大隐患，往往会因为橡胶管脱落或者老化导致燃气泄漏而酿成事故。2008年7月23日，某市银杏路120弄14号X02室用户，私拆煤气总管，改装后接入自用管，造成2人中毒死亡。

⑧私挖地下管道相接支管。这种方法通常由不法施工人员操作进行，是最为隐蔽、最为野蛮且危险性最大的窃气方式。由于燃气管道均埋在地下极难被发现，加之非专业施工无法保证安全，一旦泄漏，危害极大。2005年9月，某市南大路160号A座上海XX餐饮有限公司"配餐中心"施工时在地下燃气管网上打洞相接燃气管道，直至2010年9月才被发现，给燃气公司造成极大经济损失和安全隐患。

⑧成品燃气调压柜在出厂时，为了维护、检修设备不影响客户正常生产，避免因维修停气给客户造成经济损失，一般都安装了旁通管道，用阀门控制。实际运行中，这些阀门都处于关闭状态，为了防范客户盗气行为，需要加装管道盲板，或加装安全锁，以切断计量器具的旁通管道，预防客户私自打开旁通阀门，造成无计量的燃气损耗，杜绝工商业客户从旁通管进行窃气的现象，防患于未然（图4-14）。

11）打击盗窃燃气犯罪行为法律分析和案例，

①天津市出台《天津市关于办理盗窃燃气违法犯罪案件适用法律问题的若干规定》。2002年，由天津市高级人民法院、市人民检察院、市公安局、市质量技术监督局、市司法局联合出台《天津市关于办理盗窃燃气违法犯罪案件适用法律问题的若干规定》为全国首例，经过多年的实施，目前，已有一批成功判决的案例和具体实施的经验。

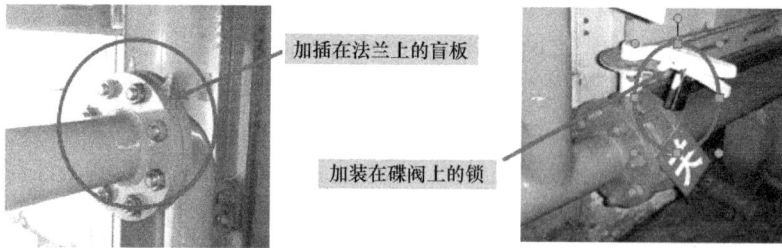

加插在法兰上的盲板

加装在碟阀上的锁

图 4-14　旁通管道

天津市是全国最早制定专项治理盗窃燃气违法行为的省市。该《天津市关于办理盗窃燃气违法犯罪案件适用法律问题的若干规定》对盗窃燃气行为规定了 6 种情形。

a. 在用气设施上，擅自接管用气的；

b. 绕越法定用气计量装置用气的；

c. 拆除、伪造、开启计量检定机构加封的用气计量装置封印用气的；

d. 改装、损坏法定用气计量装置、使其少计量或者不计量的；

e. 将预购气费卡钥匙非法充值后用气的；

f. 采取其他方式的。

几年来，经天津市燃气行政专业执法队伍的治理，取得十分显著的效果，积累了许多成功经验，据介绍目前已有一批成功的判例。

② 黑龙江省出台《黑龙江省关于办理盗窃燃气违法犯罪案件适用法律问题的若干规定》。

2009 年 4 月 13 日，黑龙江省高级人民法院、省人民检察院、省公安厅、省质量技术监督局联合出台《黑龙江省关于办理盗窃燃气违法犯罪案件适用法律问题的若干规定》，该规定实施以后，已经有了一批投案自首和正在查处的盗窃燃气违法犯罪案例，起到了法律威慑及教育作用，取得了良好的经济效益和社会效应。

继天津市之后，黑龙江省是全国第二个，由多部门联合制定《若干规定》专项治理盗窃燃气违法行为的省市。该"若干规定"对盗窃燃气行为规定了 5 种情形：

a. 在用气设施上擅自安装管线和设施用气的；

b. 绕越法定用气计量装置用气的；

c. 拆除、伪造、开启计量检定机构加封的用气计量装置封印用气的；

d. 改装、损坏法定用气计量装置的；

e. 采取其他方式窃气的。

③ 打击盗窃燃气行为相关法律问题

a. 相关法律规定和特点

在城市管道燃气供给及燃气供用气合同履行中，对于"不诚信用气和盗用燃气"行为，依照民事、行政、刑事及三者之间法律关系，根据法律法规规定及具体适用，燃气企业依法经营、燃气行政部门依法管理、司法部门惩处犯罪，目的确保城市燃气正常供及公共安全，构建诚信社会和维护社会正常秩序。

（a）民事法律关系

在履行燃气供用气合同过程中，对待"不诚信用气和盗用燃气"行为及燃气用户，燃气销售企业可以在民事双方平等主体关系上，依照行业备案文件或者营业章程的规定进行补收。具体表现形式及特点：对该"不诚信用气和盗用燃气"行为及燃气用户所造成的损失，燃气企业仅对其进行补收或者补偿这一部分的燃气使用费，体现了双方平等主体及契约关系，属于自行调整，自行救济的民事法律关系和具体表现形式。

（b）行政法律关系

具有代表性的是政府职能主管部门及燃气行业管理部门；具体执行是市、区各级"燃气管理处（所）"等。具体表现形式及特点：对于"不诚信用气和盗用燃气"行为的法人、自然人，燃气管理部门依照专项行政法律法规，如：《上海市燃气管理条例》等进行专业执法和管理。执行的主体是政府行政专业管理部门，客体是有"不诚信用气和盗用燃气"行为的法人、自然人；特点是行政执法具有强制力，双方主体地位不平等。

（c）刑事法律关系

代表的主体是国家机器和专政机关，如：公安机关、人民检察院、人民法院；具体表现形式及特点：主要依照《中华人民共和国刑法》、《中华人民共和国刑事诉讼法》司法解释或专项法律规定，依照法律赋予的权力，对有"不诚信用气和盗用燃气"行为的法人、自然人，以国家强制力进行打击和惩处；目的，惩治犯罪，保障社会主义经济秩序、公共安全和合法财产不受侵犯。

b. 相关法律关系和适用

（a）民事救济的利弊

在对应"不诚信用气和盗用燃气"行为中，燃气企业绝大多数是通过民事双方协商解决，优点是灵活及时，简便直接、行之有效，以较低的成本达到自行救济的最大利益，某燃气（集团）有限公司属下3家销售企业2008~2009年，两年间，查处"不诚信用气和盗用燃气"行为用户55864户，补收燃气费37524 340.54元，但在客观上存在着所依据的规定不够权威，执行的标准不够严谨等缺陷。

同时，民事法律关系如果没有行政、刑事法律作为强大后盾并予以及时的支持，在处理较大"盗窃燃气"案件时，往往显得孤立无援，力不从心，缺乏依法办事的严肃性，亟待行政、刑事法律强大威慑力作为保障。

（b）行政执法的作用

特别需要强调，在处置"不诚信用气和盗用燃气"的行为中，一定要充分依靠燃气管理部门的行政专业执法作用，在认定盗用燃气的事实与数量，核定具体金额，必须要具有法律赋予该项权利的专业机构来做出认定，在程序上具有合法性，权威性和公信力。

所以在处理"不诚信用气和盗用燃气"行为，在民事、行政、刑事三种法律关系中，燃气行政管理部门的行政执法作用是不可缺少的重要环节。

（c）刑法处罚的作用

最大限度孤立和打击"严重盗窃燃气"的犯罪行为，是刑事法律最根本和主要的使命；是民事、行政法律关系最强大的后盾，是规制违法犯罪行为的最可靠的保证和威慑武器。由刑事法律关系来处罚"盗窃燃气"行为，是一件极为严肃、慎之又慎的事情，不论是犯罪主体，处罚程序，相关依据均为惩罚和教育并举，威慑和规制并联。

c. 刑事法律及相关规定

刑事法律在打击盗窃燃气违法行为中的相关规定。

根据最高人民法院《关于审理盗窃案件具体应用法律若干问题的解释》（法释［1998］4 号）自 1998 年 3 月 17 日起施行。其中：

第一条：根据刑法第二百六十四条的规定，"以非法占有为目的，秘密窃取公私财物数额较大或者多次盗窃公私财物的行为，构成盗窃罪。……（三）盗窃的公私财物，包括电力、煤气、天然气等。"根据我国《刑法》第一百一十八条："破坏电力、燃气或者其他易燃易爆设备，危害公共安全，尚未构成严重后果的，处三年以下有期徒刑。"

第一百一十九条："…造成严重后果的，处十年以上有期徒刑、无期徒刑或者死刑。"

d. 依法治理

盗窃燃气违法行为所涉及的 3 种法律关系：轻微窃气行为，属于违反合同约定的民事侵权；一般窃气行为，除了具有民事侵权的特征外，还属于行政法规的处罚范畴；严重窃气行为，则兼有民事侵权、行政处罚和刑事规制的 3 种属性。现阶段在面对形形色色有"不诚信用气和盗用燃气"行为的庞大人群和具体案例，在对待不同的对象，不同的盗窃燃气行为，如何掌握和运用"民事、行政、刑事"不同的法律关系和特点，既可以单独使用，也可以合并使用，对待不同的对象和不同情况采用不同的方式，可以取得事半功倍的明显效果。

因此，在面对如此严峻的盗窃燃气违法行为时，如何准确、适时、合理的运用民事、行政、刑事及三者之间的法律关系，在实践中这 3 种法律关系，都有待于发挥最大实际效果和相互支持的作用。

【打击偷盗气案例】

【案例 1】"某人家"饭店盗窃燃气案

浦江镇"某人家"饭店盗窃燃气案（2011）闵刑初字第 471 号。

经法院审理查明：自 2007 年间，被告人田某在本市闵行区浦江镇浦驰路某号，无证经营"某人家"饭店。2010 年 5 月 1 日至 2011 年 2 月 21 日期间，被告人田某在未向燃气公司申请、未安装燃气计量表的情况下通过私接管道的方式，盗用被害单位上海燃气浦东销售有限公司的燃气用于饭店的经营活动。

经鉴定，被告人田某盗用的天然气共计价值人民币 92068.58 元。2011 年 2 月 21 日，被告人田某被公安机关抓获。

案发后，被告人田某的亲属已代为退出人民币 92068.58 元，并已由公安机关发还被害单位。

法院认为：被告人田某犯以非法占有为目的，秘密窃取公司财物，共计价值人民币92 000 余元，数额巨大，其行为已构成盗窃罪。被告人田某到案后能如实供述自己的罪行且其亲属向被害单位作退赔，……。为此。判决如下：被告人田某犯盗窃罪，判处有期徒刑 3 年，缓刑 4 年，并处罚金人民币 2 万元。

【案例 2】"某味坊"饭店盗窃燃气案

浦江镇"某味坊"饭店盗窃燃气案（2011）闵刑初字第 477 号。

经法院审理查明：自 2007 年底，被告人周某在本市闵行区浦江镇浦驰路某号无证经营"某味坊"饭店。

2010 年 6 月 18 日～2011 年 2 月 21 日期间，被告人周某在未向燃气公司提出用气申请、安装燃气计量表的情况下，通过私接管道的方式，盗用被害单位上海燃气浦东销售有限公司的燃气用于饭店的经营活动。经鉴定，被告人周某盗用的天然气共计价值人民币96138.03元。案发后，被告人周某的亲属已代为退出人民币 96138.03元，并已由公安机关发还被害单位。

法院认为：被告人周某犯以非法占有为目的，秘密窃取公司财物，共计价值人民币96138.03元，数额巨大，其行为已构成盗窃罪。被告人周某到案后能如实供述自己的罪行且其亲属向被害单位作退赔，……。为此。判决如下：

被告人周某犯盗窃罪，判处有期徒刑 3 年，缓刑 4 年，并处罚金人民币 2 万元。

【案例 3】"某风情"饭店盗窃燃气

浦江镇"某风情"饭店盗窃燃气（2011）闵刑

初字第 701 号案。

检察院指控：2010 年 5 月中旬起，被告人刘某在本市闵行区浦江镇浦驰路某号，经营"某风情"饭店时未获得相关许可的情况下，采用私接管道的方式窃取被害单位上海燃气浦东销售有限公司的天然气用于饭店的经营。经鉴定，被告人刘某盗窃天然气共计价值人民币 42136.71 元。案发后，被告人刘某的亲属已退赔被害单位人民币 42136.71 元。

法院认为：被告人刘某以非法占有为目的，秘密窃取公司财物，共计价值人民币 4 万余元，数额巨大，其行为已构成盗窃罪。被告人刘某有自首情节且亲属已退赔被害单位全部经济损失，可酌情减轻或从轻处罚。

判决：被告人刘某犯盗窃罪，判处有期徒刑 2 年，缓刑 3 年，并处罚金人民币 2 万元。

【案例 4】被告人赵某盗窃燃气案

被告人赵某，在江浦镇分别伙同三家餐饮店经营者共同盗窃燃气，（2011）闵刑初字第 1324 号案。经审理查明：2010 年 4 月至 6 月间，被告人赵某明知本区浦驰路某号某味坊饭店、浦驰路某号某风情饭店、浦驰路某号某人家饭店，在无经营许可，没有向燃气公司申请安装管道燃气的情况下，仍私自为上述饭店从附近小区接通管道燃气，供饭店经营使用，并向三家饭店经营者周某、刘某、田某（均已被判决）收取费用。至案发时共盗用上海燃气浦东销售有限公司天然气共计价值人民币 23 万余元，2011 年 8 月 1 日，被告人赵某向公安机关投案并如实供述上述事实。

法院审理过程中，被告人赵某亲属代为退缴违法所得人民币 3 万元。法院认为：被告人赵某分别与他人结伙，采用秘密手段窃取公司财物，价值人民币 23 万余元，数额特别巨大，其行为已构成盗窃罪。被告人赵某具有自首情节，依法可以减轻处罚；依据《中华人民共和国刑法》第二百六十四条、第六十七条第一款、第五十二条、第五十三条、第六十四条之规定，判决：

被告人赵某犯盗窃罪，判处有期徒刑 4 年，并处罚金人民币 3 万元。

被告人赵某的违法所得予以追缴。

【案例 5】"某酒家"盗窃燃气案

2008 年 10 月，外来务工人员靳某、林某夫妇在杨浦区长阳路 863 号，无证经营"某酒家"，在燃气销售公司尚未安装燃气计量表具、燃气尚未开通之前私自接通管道燃气，盗窃燃气达八个月之久，期间还将燃气提供给他人经营做早点，收取费用，坐收渔利。

案发后靳某、林某对犯罪事实及盗窃燃气金额均供认不讳，经专业机构鉴定，盗窃燃气费计人民币 8.3 万余元。2009 年 12 月 13 日，杨浦区人民法院对本案以盗窃罪判处靳某有期徒刑 3 年，缓刑 4 年，罚金人民币 2 万元；判处林某有期徒刑 3 年，缓刑 3 年，罚金人民币 2 万元。

此案为本市因盗窃管道燃气受刑事处罚的首例，具有标杆性的"第一案"，拉开了以刑事法律规制盗窃燃气违法行为的帷幕。

【案例 6】 阜新路某浴室盗窃燃气案

2009 年 4 月，外来务工人员王某承包经营阜新路某浴室。经营之初，王某让他人擅自在燃气进气总管道上，私自安装三通接口，通过私接塑料软管的方式绕开燃气计量表直接连接到浴室锅炉的进气管道，盗用人工煤气，用于浴室的日常经营。2009 年 12 月，王某之盗气行为被燃气公司查处，经专业部门鉴定，王某在经营期间盗窃人工煤气价值达人民币 4 万余元。

案发后王某向警方投案自首，如实供述犯罪事实并退赔全部赃款。

2010 年 11 月 9 日，杨浦区人民法院对本案以盗窃罪判处王某有期徒刑 2 年，缓刑 2 年，罚金人民币 1 万元。

【案例 7】 东新路某餐饮连锁店盗窃燃气案

2010 年 3 月，普陀区东新路某餐饮连锁店，因该连锁店员工擅自打开 J16 型燃气计量表外壶，撬动燃气计量表内的滑块，使燃气计量表失准，从而达到少计量的目的，公然盗窃燃气。事后，燃气公司对该用户进行燃气使用费的补收。

经报燃气行政主管部门会同有关专业部门，现场查证和测试后，对该连锁店做出行政处罚。

【案例 8】 梅川路某私房菜馆盗窃燃气案

2010 年 5 月，位于普陀区梅川路某私房菜馆，在燃气公司日常巡查中被发现有盗窃燃气行为。经查，该具体实施行为是在正常燃气供气管穿墙中安装 T 型管道，在暗墙中开旁通，绕越燃气计量表盗窃使用燃气。控制该旁通的燃气开关，安装在厨房内侧两处冰箱后面的夹墙内，开关自如，十分隐蔽，每日由该餐馆小工定时开关，盗窃时间长达 10 个月之久，金额达 10 万元以上。

燃气公司对该用户进行燃气使用费补收，该案目前仍在公安机关处理中。

【案例 9】 "团伙性"帮助用户盗窃燃气案

2010 年之初，户籍均为安徽省蒙城县的何某等多名外来人员，印制了几千张抬头为"上海市沪西节能公司"为名、化名"何洁"、"何来"的名片小广告，单独或合伙在本市普陀、长宁、闸北、浦东新区等地路边设摊等，宣传"节能新技术"，上门改装家用水、电、燃气表，公然盗用自来水、电力、燃气，从中牟利，收取"改装费用"，犯罪气焰十分嚣张。

2010 年 5 月 17 日，"东广新闻台"东方传呼节目，进行了现场报道，节目播出后引起了相关领导的高度重视，经公安机关多方侦查，一举打掉了这伙以提供"改装服务"为名，盗窃自来水、电力、燃气的犯罪团伙。

2011 年 2 月 22 日，普陀区人民法院公开审理，依法对涉案的 7 名被告人进行了有罪判决。

【案例 10】某餐饮公司中心厨房盗窃燃气案

2010 年 9 月 3 日，燃气公司工作人员，在宝山区某餐饮公司中心厨房例行调换燃气计量表时，发现系绕越燃气计量表"开旁通"盗用燃气。为此，燃气公司开挖地下进气总管，查实对方在地下 100mm 口径燃气进气管上打洞镶接 32mm 口径管道，绕越燃气计量表，以少计量的手段盗窃燃气。

经查，2005 年 9 月间在燃气初装工程施工中，餐饮公司经办人员经不住施工人员的游说，以节省燃气费为由，一念之差，为贪图小利，以极小的价钱，进行非法交易，盗用燃气。公安机关对该公司经办人员予以刑事拘役。嗣后，燃气公司进行了燃气使用费的补收，经报告燃气行政主管部门调查核实，对该餐饮公司做出行政处罚。

【案例 11】新二路某酒家盗窃燃气案

2011 年 7 月 23 日，经知情人举报，燃气公司工作人员在宝山区新二路，发现某酒家私自在燃气计量表外部安装封闭的不锈钢橱柜并加锁具锁上，经现场交涉，该酒家工作人员拒不打开橱门。遂向 110 报警，在警方责令下打开橱门后，发现橱内 J25IC 卡燃气计量表已被拆除，燃气器具直接与燃气管网镶接，公然盗窃燃气。

经该燃气计量表 IC 卡 60 天读数的记载，逢双休日、节假日、两次抄表间隔，燃气消费量时常为零。在确凿证据面前，该酒家经营者只能予以确认。根据该酒家实际经营实际情况，燃气公司对其补收了燃气使用费。

经报告燃气行政主管部门调查核实，对该餐饮公司做出行政处罚。

【案例 12】怀德路浴室盗窃燃气案

2010 年 12 月 9 日，燃气公司在日常巡查中发现杨浦区怀德路某浴室，私自安装"旁通"绕越燃气计量表盗窃燃气。

经查，2010 年 3 月该浴室经营者为"节约成本"，让他人擅自在燃气进气总管道上安装三通接口，直接连接到浴室锅炉的进气管道，盗用人工煤气，用于浴室日常经营。

2011 年 2 月 25 日，经燃气行政主管部门会同有关专业部门及杨浦区警方现场查证和测试后，认定该浴室盗用燃气近 4.6 万元。该浴室经营者对其私开"旁通"盗用燃气违法行为，供认不讳。

2010 年 9 月 20 日，杨浦区人民法院对该浴室经营者，以盗窃罪判处有期徒刑 3 年，缓刑 3 年，罚金人民 5 千元。

【案例 13】西谈家渡路某浴室盗窃燃气案

2011 年 2 月 14 日，由相邻居民举报，查获普陀区西谈家渡路某浴室经营者，私自开挖并相接地下燃气管网，公然盗窃燃气用于经营活动。

经查，该浴室经营者，对其私自开挖并镶接地下燃气管网盗窃燃气行为供认不讳。2011 年 2 月 17 日已被普陀警方采取"取保候审"强制措施。2011 年 2 月 25 日，燃气行政主管部门会同有关专业部门及普陀区警方，现场查证和测试后，初步认定该浴室盗窃燃气金额达近 10 万元。

目前该案已由普陀警方移交普陀区检察院，择日将提起公诉。

4. 预防第三者破坏

随着城市道路的发展，市政建设施工中，个别施工单位不了解燃气管网的布局，未经燃气公司许可，在城市燃气管网上方盲目机械施工，会造成对燃气管网的严重破坏。为预防第三方施工,对燃气管网造成破坏,燃气公司就要加大对城市燃气管网巡查、维护的力度,发现施工有可能对地下燃气管网造成危害时,必须制止,并要求施工单位到燃气管理部门,了解施工地点燃气管网的具体情况**(特别注意:因后期市政改造,原来燃气管网的信息可能发生变化,与燃气公司的图纸标注的可能不一样)**,办理施工手续,制定因施工《影响燃气管道设施保护实施方案》的应有措施。施工中燃气企业要落实《改造工程受影响燃气管道设施巡查保护工作方案》,派巡线人员在现场标明燃气管网走向,埋深度,告知施工单位说明管网的详细信息,并实行旁站监督制度,落实巡检工作的"两要"、"三必"工作方式:

"两要"即要按照企业标准《燃气管道设施信息管理规程》对位于施工工地附近的燃气管道设施进行全面排查,做到心中有数;要落实现场保护措施、警示标识等,并拍照留存。

"三必"即巡查人员经过地下疑似有燃气管网的施工现场,必停,检查和监督施工行为;必协调,与施工方必须定期协调燃气管道的保护工作;必问,必须询问施工进度情况,掌握下一步施工内容。同时加强现场信息交流,确保巡查人员清楚施工情况。

坚决杜绝管网被第三方破坏,在疑似有燃气管道的上方,要求施工单位人工开挖与管道方向横向的探槽,探明管道位置、走向、深度等信息,方可施工。必要时可以报警,或上报上级燃气管理部门,寻求警察和政府部门的帮助与支持。万一发生了破坏情况,一定追究施工方给予气损赔偿。气损的计算方式:

$$V = SPS't$$

式中 V——气损量;

S——管道表面被破坏的面积;

P——管道的压力;

S'——此压力下的气体流速;

t——漏气时间。

【资料分享】燃气管道设施巡查保护第三方工地燃气管道设施交底记录(表4-2)。

燃气管道设施巡查保护第三方工地燃气管道设施交底记录 表4-2

工程项目	名 称		地 址	
	施工负责人		联系电话	
交底时间			交底地址	
交底内容	(1) 对施工区域内的燃气管道信息(平面位置、埋深、拐点、三通、末端)是否清楚:_____ ; (2) 燃气管道准确位置要通过人工挖断面的方式确定; (3) 沿燃气管道两侧1m范围内严禁机械作业,施工作业只能人工进行; (4) 在将施工到燃气管道两侧6m范围时,施工单位要提前24h联系供气单位到场进行监督; (5) 施工区域内是否有顶管:_____ ,顶管信息是否告知清楚:_____ ; (6) 如在施工中的燃气管道影响施工,确需迁改的,须市政管理处提前办理相关手续,待燃气管道迁改后方可继续施工,不可在燃气管道迁改前继续施工; (7) 施工方应严格按照燃气管道保护协议及保护方案内容执行,供气单位及其他相关单位负责监督; (8) 其他注意事项:			
现场简图	注:简图内容仅供参考,管道位置以现场人工开挖断面为准			
参加人员				
备注	已对建设、施工单位相关人员进行安全宣传与培训,共_____ 人,发放海报_____ 份、宣传手册_____ 份,办事指南_____ 份			
制表:_____ 公司				

5. 加强基础管理，建立完善客户档案

客户档案管理既是一项基础工作，也是供销差管理的主要环节。将客户的档案信息，如：客户名称、地址、用气性质、工程安装资料、通气置换信息，及客户用气设备的变更、换表、销户、拆除等基本情况详细、准确地录入计算机客户管理系统，对客户进行分类管理，随时掌握重点客户、IC 卡智能表用户、封堵户、空房户的动态。对数据抄录、收费，表具管理、权限管理等各个业务流程要有明确规定和要求，为加强供气管理，规范客户用气行为，降低供销差能起到了良好的收效。

燃气表具档案管理

（1）建立工商业及公福用户燃气计量器具基本信息，包括名称、厂家、型号、量程、编号、投用日期、投用表底数、安装地址、用户名称、安装日期、下线日期、检定记录、检定单位等；

（2）保存工商业及公福用户燃气计量器具的出厂资料，包括：产品合格证、使用维护手册、质量保证书、出厂参数设置清单等；

（3）工商业及公福用户燃气计量器具技术资料，包括历次检定证书、维护改造记录等；

（4）建立工商业及公福用户燃气计量器具技术档案，实现计量器具的全面管理。

4.1.2 计量器具因素

重点在设计、选型、安装、故障、管理。

计量器具选型除了对计量设备有一定了解外，还需要对客户用气设备、用气规律有所了解，所以，不是只了解计量设备就可以有一个好的选型方案。

计量器具的选型一般满足以下三个要点：

（1）按照国家规范和技术标准进行选型设计。

（2）现场查勘，核实客户提供的用气参数，合理选用匹配的计量器具。

（3）满足客户需求，符合安装规范，计量数据准确，降低安装成本。

城市燃气的计量器具具有其特殊性，气质变化复杂，流量范围宽、压力范围大、仪表选择性广，燃气计量器具选用是否合理，对准确计量起到决定性作用，是提高计量准确性的第一步，所以研究燃气计量器具的设计、选型尤为重要。

计量器具选型前应详细了解用户燃气设施类型以及用气规律，综合考虑计量特性、流体特性、安装场所、环境条件和经济因素等，确定计量器具的类型，根据客户燃气设施流量范围，确定合适的计量器具型号、规格，并且使客户最大流量处于计量器具最大流量的 $60\%\sim80\%$ 之间，常用流量处于最大流量的 $20\%\sim80\%$ 之间，最小流量应大于计量器具的最小流量，使表具处于最佳计量范围。

根据目前市面在售国内外超声波流量计的口径、压力、流量，超声波流量计选型建议如下：

用气压力大于 1.6MPa，流量大于 $1000\text{m}^3/\text{h}$ 或口径大于 DN150 的城市燃气门站以及下游工商业用户适合选用进口多声道（四声道、六声道）超声波流量计，多声道超声波流量计在高压、超大流量范围内有较高的性价比，而且声道越多计量准确度越高。

用气压力小于 1.6MPa，流量在 $40\sim1000\text{m}^3/\text{h}$，工商业用户（大型工业燃气设施、锅炉、直燃机、餐饮）可选用进口双声道或者单声道超声波流量计，量程比宽最大可达 1∶250 甚至更高，可测流量范围完全覆盖传统罗茨以及 $DN200$ 以下的涡轮流量计计量范围。很好的解决了涡轮流量计量程比小，始动流量小、维护成本高的问题。

很多燃气公司为了降低用户开发成本，采用一块较大的涡轮流量计计量多台锅炉，锅炉同时开启时，可准确计量，但是锅炉单独开启 1 台并且小火时，用气量可能达不到涡轮流量计的计量下限，无法同时满足大流量和小流量的准确计量，但是采用宽量程的超声波流量计在大流量和小流量均可准确计量，而且很好解决了传统流量计维护保养成本高、防磁攻击性能差等问题。

客户供气压力低于 20kPa、流量小于 $40m^3/h$ 的商业用户可选用小型超声波流量计，体积小、质量轻，流量范围宽最高可达 1∶375，可替代膜式燃气表，解决传统膜式燃气表无温压修正、体积庞大等问题，特别是在分界流量点下的计量准确度，与膜式燃气表相比，有较大改善。尤其是一些餐饮用户，厨房内燃气设施用气量大小差异很大，传统膜式燃气表若想准确计量，需要进行分组计量，使用多块表具去计量，如果使用超声波流量计一块表便可准确计量小流量和大流量。

同时拥有燃气灶具和壁挂炉的居民用户，可选用量程比较宽的居民超声波流量计。以膜式燃气表 G2.5（$0.025\sim4m^3/h$）为例，在非取暖季，计量准确，在取暖季，由于燃气用量增大，计量显得力不从心。如果使用 G4（$0.04\sim6m^3/h$）的膜式燃气表，在非取暖季，表具选型偏大，在取暖季，计量时得心应手。使用居民超声波燃气表，由于自身具备量程宽、计量准确高等特点，无论是在非取暖季，还是取暖季，计量时，都会从容应对。

计量器具选型、设计前应详细了解用户的用气设施以及用气规律，并注意：

（1）客户用气类别，主要包括：餐饮客户、锅炉客户、工业客户等；

（2）客户用气设施情况，包括用气设施的数量、种类、用气单台设施负荷、用气设施额定工作压力、用气设施的负荷变化范围、用气设施地点等；

（3）客户用气规律，连续用气、间断性用气等；

（4）客户用气设施的建设情况，包括设施是否分期建设、建设是否为临时或永久等；

（5）应结合历史经验数据及用气设施的相关技术资料由客户书面确认；

（6）应根据所掌握的相关资料，结合流量仪表的特点进行设计选型。

1. 计量器具的设计、选型

计量器具的设计、选型一般需要客户提供燃气设备实际用气负荷（最大流量、最小流量、工作压力、客户用气量等）参数，依据参数设计人员进行现场查勘，设计燃气管网和图纸，切勿闭门造车，因为一旦用户提供的参数不准确，或私自变更用气设备，客户燃气运行状况与预期就会有大的出入，导致计量器具选型上的偏差。其结果，一是"大马拉小车"，用气量达不到计量器具的始动流量，造成小流量不计量或少计量，气量流失；二是"小马拉大车"，用气量超过计量器具的最大流量，不仅影响准确计量，而且会缩短计量器具的使用寿命。一般来说，流量超过表具满量程的 120%，连续工作 2h 以上，会造成流量计疲劳损伤，发生数次，肯定损坏流量计，计量就不准确，如果是超声波流量计，超出部分就不再计量。

综合各类流量计性能比较，选型流量计要从"满足客户需求、规范设备安装、计量数据准确，降低安装成本"等几个方面考虑，常用流量计选型，根据客户设备需求的压力、客户燃气使用性质，目前在城市燃气计量常用的计量仪表有膜式燃气表、腰轮流量计、涡轮流量计、超声波流量计、质量流量计等。大型客户、门站等如选用超声波流量计，或流量计算机则更佳。

燃气计量仪表的种类较多，各种表具的结构原理、计量性能、适用范围、安装要求各不相同。因此，选型、设计人员必须掌握各类表具的主要计量性能、适用范围，才能根据实际情况选择合适的表具。

（1）根据流量计的流量曲线，建议选型时，客户设备的最大流量，满足于所选流量计满量程的60%～80%为最佳，同时还要兼顾客户设备的小流量。一般来说，客户常用流量处于计量器具满量程的20%～80%之间为最佳选择。

很多客户的设备燃烧器没有标注流量，而是标明燃烧器的功率（kW/h），通过计算（天然气热值取36MJ，热效率90%），得出来它们的换算关系：

$$流量(Nm^3/h)＝0.114 功率(kW/h)$$

燃气计量仪表选型时必须同时考虑众多因素，才能选择合理、准确的计量仪表。选型时应考虑的因素具体如下：

1）用气负荷以及用气规律：计量仪表选型之前应该了解用户用气设施类型、用气负荷、用气变化规律。

2）仪表计量性能：精度、线性度、重复性、量程比、压力损失、始动流量、输出信号及响应时间、温度压力修正等。

3）燃气流体特性：温度、压力、密度、黏度、压缩性等，由于气体的体积随着温度、压力而变化，应考虑是否要补偿修正。

4）环境条件：环境温度、当地大气压、湿度、光照、淋雨、电磁场干扰、防爆及其安全性。

5）现场安装要求：压力范围、管道布置方向、上下游直管段、管径、维护空间、管道震动、防护性配件、防攻击破坏。

6）经济因素：安装费用、运行费用、检定费用、维护费用、备品配件费用、技术服务因素、仪表性价比。

（2）供气压力在3kPa以下的民用、工商业客户、餐饮客户，最大流量小于40m³/h，日用气量不大时，从客户安装成本考虑，可以使用膜式燃气表，在小流量范围内有较高的性价比。膜式燃气表不应多台并联安装，一台在线用膜式燃气表不能满足客户总流量需求时，办理增容手续，做换表处理。

随着计算机、电子技术及互联网、物联网技术快速发展，天然气计量正向着实时、在线及智能化靠近，并且依赖着网络技术有效实现了远程通信、管理及控制，对燃气公司的经营管理和服务提出了更高的要求，燃气企业对智能燃气表的需求不断提升，户内可优先选用无线远传皮膜表、物联网膜式燃气表实现远程抄表、远程缴费、远程监控、远程关阀等。

冬季气温较低或者全年平均气温远远低于20℃的地区，户外安装膜式燃气表，宜选用机械温度补偿膜式燃气表或者带电子式温度补偿智能仪表。

值得注意的是，膜式燃气表使用一段时间后会有一定误差。3 年以上的膜式燃气表平均差值慢 3％以上。超过使用寿命的膜式燃气表误差远远大于寿命周期内的膜式燃气表，最大差值达到了 20％。

家用膜式燃气表主要在居民家中使用，一般居民用户使用一台灶具和一台热水器，用气量一般不超过 $3m^3/h$，但随着人民生活水平的提升，燃气设备逐渐增多，如：干衣机、壁挂炉等，用气量甚至超过 $6m^3/h$。膜式燃气表的选用应保证用气安全，计量准确，燃气表的公称流量应略高于燃气设备的额定量，最小和最大流量都能覆盖在燃气设备的流量范围。

商用膜式燃气表一般为非居民用户使用，规格一般指 G6 以上的燃气表。商业用户选用燃气表规则与居民用户基本相同，此外还需要考虑工作压力、量程范围、环境温度等。

机械温度补偿膜式燃气表，根据气体状态方程，特别是在冬天，膜式燃气表误差很大。对于膜式燃气表不允许推行人工温度应力修正，最佳方法是用机械温度补偿膜式燃气表。温度补偿膜式燃气表主要是利用热敏双金属元件的热胀冷缩效应，通过改变皮膜的位移量实现回转体积的微小变化，进而调整示值误差。

（3）供气压力超过 3kPa 的工商业客户建议使用带有温度、压力修正补偿的计量器具。基表可选用腰轮流量计、涡轮流量计、超声流量计。

腰轮流量计适合用于用气量 $40\sim160m^3/h$ 工商业用户（食堂、餐饮、锅炉、直燃机、工业用户）。尤其用于计量负荷变动大的大型酒店、生产企业，可准确计量大流量和小流量。但是不易用于压力变化较大、频繁中断、强烈脉动流等流量急剧变化的场合，会造成表具损坏。

选择腰轮流量计时，应依据用户的实际用气量选择规格相匹配的仪表，使用户的实际用气量处于仪表上限流量的 60％～80％，且应选用带温度、压力修正的流量计。

腰轮流量计应采取无应力垂直安装，且需配备安装合适的过滤器，气体流动方向为上进下出。安装前注意检查转子转动是否灵活，初始安装是要检查过滤器，防止过滤器被损坏。安装后，运行前及时对前后油腔加润滑油，油位在中线上的 1.5mm 处。拆卸时，应打开放油孔，把润滑油全部放尽。

腰轮流量计使用注意事项：

1）新表投运前要吹扫管线，去除焊渣杂质等。

2）吹扫管线后，需做到有压启动，且在开始时缓慢打开阀门，使转子充分啮合运转。

3）新启用的流量计，过滤网容易损坏，试运行后要及时检查过滤网是否完好。在日后的管理维护中，可根据过滤器前后的压力差判断是否需要清洗。

4）腰轮流量计启用前必须添加润滑油，日常运行维护也需检查关注润滑油的存量。

5）使用腰轮流量计时，因转子有惯性作用，急剧流量变化将产生较大的惯性，应注意减少流量急剧变化的情况，避免损坏转子。

6）腰轮流量计周期检测或其他情况拆卸时，应放完润滑油。

对客户生产过程中不能停气，或突然停气会给客户带来重大损失的，不建议选用腰轮流量计，可选用涡轮流量计或超声波流量计，并且最好是一用一备。

涡轮流量计应依据用户的实际用气量选择规格相匹配的仪表，使用户的实际用气量处于仪表上限流量的60%～80%，应选用流量范围在160m³/h以上，（燃气锅炉、直燃机以及工业燃气设施），不宜用在流量变化频繁和有强烈的脉动流或压力波动的场合使用，压力突变可能会造成表具损坏，流量快速的周期变化会影响测量结果。

涡轮流量计的使用与维护：

1）不能轻易打开流量计表头前、后盖，不能轻易变更流量计中的接线和参数；

2）开启阀门时要缓慢打开，避免涡轮和轴承在过流量时受到冲击而损坏；

3）对需要加油的流量计，要定时加油，保证轴承的充分润滑，提高运行可靠性和使用寿命；

4）避免长时间超流量运行，超流量运行会严重影响使用寿命；

5）对于电子显示的流量计，要注意电池压力；

6）每台仪表的系数均由检定给出，谨防仪表系数的丢失；

7）长时间使用后，因轴承磨损原因，仪表系数 K 值会发生变化，要注意周期性调校检定。若无法调到准确精度，应更换涡轮机芯或流量传感器。

随着超声波计量技术的发展与普及，超声波流量计价格下降较大，并且种类较多，有用于压力为0～45MPa、流量测量范围4～10000m³/h的多声道超声波流量计；有用于压力为0～1.6MPa，流量测量范围1～1000m³/h的双声道超声波流量计；用于压力0～1.6MPa，流量测量范围0.7～2000m³/h的单声道超声波流量计以及工作压力为0～20kPa，流量测量范围0.016～40m³/h小型工商业、居民超声波流量计。

（4）对日用气量超过10000m³的大型商业、工业客户计量器具的选型，选用涡轮流量计、超声波流量计，建议安装2台流量计（一用一备），同时安装远程监控，上传数据到公司生产运营系统，实行实时监控管理。

工商业客户有多台用气设备，应做到：

1）用气压力级制不一致的设备不能采用同一个计量器具计量；

2）用气性质不一致的设备不宜采用同一个计量器具计量；

3）商业用户计量仪表不能为了扩大量程并联使用；

4）计量器具选型应仔细了解用气设备各流量点与流量计的匹配程度，选择合适的流量计、合适的规格，保证使用流量点均落在误差稳定区域。

（5）所有流量计的选型，建议选用双表头计量，因为电子产品元器件都有衰减期，修正仪使用5年后故障率较高，一旦发生故障，修正仪计量将产生误差，甚至于不计量。如此，可以根据基表记录的机械数据，通过天然气工况与标况的换算公式，得到客户的当期用气量。

（6）膜式燃气表和腰轮流量计属于容积式流量计，其对被检测气体的流态和状态敏感性较弱，适应性较强，使得该类型流量计对安装条件要求不高，流量计上下游不需要安装直管段，流量计上、下游的阻尼件对流量计的计量性能影响不大。

涡轮流量计属于速度式流量计，其对被测气体的流态和状态敏感性较强。该类流量计对安装条件要求高，流量计上、下游需要安装相应的直管段；特殊情况下流量计上游还需要安装整流器。各类流量计选型参考表见表4-3。

各类流量计选型参考表　　　　　　　　　　　表 4-3

流量计	膜式表	罗茨表	涡轮表
测量原理	容积式	容积式	速度式
测量范围（m³/h）	0.016～1000	80.4～400	5～25000
量程比	1：(30～160)	1：(20～40)	1：(1.5～20) 1：50(高压下)
准确度	±2%～±3%(A) ±1.5%～±3%(B) ±1.5%～±2%	±1% ±2%	±1%(±0.5%) ±2%(±1%)
上游直管段	无	无	2DN
下游直管段	无	无	1DN
压力损失(mbar)	<G10：200Pa G40：300Pa >G100：400Pa	200～300Pa	200～1500Pa
口径	D20～D100	D40～D150	D50～D600
过滤、整形	无	表前安过滤器	表前安过滤器和整流器
优势	流量小，长期稳定，压损低，量程比宽，价格低，大量用于低压民用	小流量至中流量对气质不敏感，价格适中，用于中压	流量范围大，温度影响小，精度高，量程比大，用于中高压
缺点	精度不高，规格大时，尺寸和重量大	噪声大，压力振动大，出现大振动时，出现大振动时，会停止供气，维护不便	关键件轴承磨损，价格相对较贵

（7）由于流量计对介质质量要求较高，安装时流量计前方必须安装过滤器，除腰轮流量计可以垂直安装（上进下出），不需要考虑前后直管段，其他流量计必须水平安装，并且满足流量计前后端直管段要求。考虑到流量计计量的相对准确性，管道有不同压力段时，在满足客户设备需求的情况下，建议流量计安装在低压端（计量精度相对准确），如流量计安装在中压 A 以上压力管道、调压器进口时，建议安装距离与调压器越近越好，但是一定要满足流量计前后直管段、调压器能正常工作的要求，否则会造成较大的计量误差。

（8）对于客户最大、最小流量相差很大，一台流量计的量程比范围不能满足要求，无法兼顾大、小流量，且客户生产时流量很不稳定，应仔细核算使用设备流量与计量器具量程范围，不能采取同一个计量器具计量时，可采用分路计量供气，安装一大一小两台流量计和电磁阀，通过自动化系统，根据流量的变化，自动调节电磁阀的开关，满足不同流量的计量要求。

【资料分享】《天然气计量系统技术要求》GB/T 18603—2014 选型摘要。

附 录 C
（资料性附录）
流量计选型指南

C.1 流量计选型指南

表 C.1 提供了常用流量计性能特征概要，它并不是一个用来选择某一用途流量计的严格执行的程序，而只是作为设计人员在设计气体计量站时应当注意的参考。在流量计选型时，应根据各种流量计的优、缺点以及流量计流量范围、操作压力、流动状态、介质洁净程度、特性参数、环境条件、检定条件和工程投资等因素综合考虑选用合适的流量计。所选用的流量计在正常的流量、压力、温度操作条件下，应性能稳定、计量准确。

流量计选型指南表　　　　　　　　　　　　　　　　　　表 C.1

应用因素	旋转式容积流量计	涡轮流量计	涡街流量计	超声流量计	科里奥利质量流量计	旋进旋涡流量计	孔板流量计
操作条件下的气体密度	影响不大	最小流量随密度增加而变得更低	最小流量随密度增加而变更低	在规定密度范围内不受影响	影响不大	影响不大	决定测量结果
气中夹带固体	可能堵塞叶轮，需要过滤器	可能有沉积物、叶片可能受损影响旋转，需要过滤器	可能有沉积物，非流线体可能受侵蚀，需要过滤器	一般不受影响，如果传感器孔被污垢阻塞，流量计功能会受到影响，建议增加过滤器；气体中有粉尘，对超声流量计换能器存在冲蚀影响	可能会有磨蚀，会影响仪表的长期使用，建议加装过滤器	有沉积，可能影响测量值需装过滤器	可能有侵蚀和沉积物需加过滤器
气中夹带液体	可能有腐蚀、结垢，结构材料会受影响	可能有腐蚀、结垢，润滑油被稀释，转子出现不平衡	测量导管内可能有液体沉积物，这会影响计量值	可能变坏的信噪比会影响功能，如果传感器孔受阻，流量计功能会受影响	影响不大	影响不大	由流量计腐蚀引起的磨损会造成流量误差，孔板端面和孔板取压孔内有沉积物会影响准确度

续表

应用因素	旋转式容积流量计	涡轮流量计	涡街流量计	超声流量计	科里奥利质量流量计	旋进旋涡流量计	孔板流量计
压力和流量变化	突然变化会造成损坏，因为转子的惯性，流量的突变会致使上游或下游管道内压力时高时低	压力突变可能造成损坏	不会造成损坏，但可能造成计量误差	影响不大	影响较大	增大测量误差	压力突变会造成损坏
脉动流	不受影响	流量快速的周期变化会使测量结果过高，影响取决于流量变化的频率和幅度，气体的密度和叶轮的惯性	准确度受影响。影响的程度取决于流量变化的频率和幅度	只要脉动的周期大于流量计的采样周期，就不会受影响	不受影响	准确度受影响，其大小取决于脉动频率和幅度	准确度取决于仪表响应速度。准确度要受影响
允许误差范围内典型的量程比	30：1	30：1密度越高，流量比就越大	30：1密度越高，流量比越大	30：1	30：1	12：1气体密度大测量范围大	10：1如果采用双量程差压计
过载流动	可短时间过载	可短时间过载	可过载	可过载	可过载	短时间超量程可以	可过载至孔板上的允许压差
增大公称设计能力	增大最大流量需要加大流量计、或增加气路或提高压力	可短时间过载	可过载	可过载	可过载	加大流量计的口径或增加计量回路或提高计量压力	增大最大流量需要加大孔板流量计内径或增加气路或提高压力
供气安全性	流量计故障可能中断供气	流量计故障不造成影响	可过载	可过载		加大流量计的口径或增加计量回路或提高计量压力	增大最大流量需要加大孔板流量计内径或增加气路或提高压力
流量计及其管道所需配管设置要求	依据 SY/T 6660，对上下游管道无特殊要求，遵照制造厂的说明，为保证连续供气需加旁通	依据 GB/T 21391，上下游需直管段长度	上下游需直管段长度，长度根据适用标准的安装说明而定	依据 GB/T 18604，上下游需直管段	上下游不需直管段	依据 SY/T 6658，对上下游管道无特殊要求，遵照制造厂的说明	依据 GB/T 21446，上下游需直管段长度

应用因素	旋转式容积流量计	涡轮流量计	涡街流量计	超声流量计	科里奥利质量流量计	旋进旋涡流量计	孔板流量计
典型直管长度： 上游 上游	（依据配置） 4D 2D	（依据配置） 10D 5D	20D 5D	（依据配置） 10D 5D		（依据配置） 4D 2D	（依据配置） 30D 7D

注1. 流量计最初用的型号过大会影响小流量的测量准确度。

　2. D 为流量计内径。

2. 计量器具的安装

计量器具安装管理

1）按设计文件和产品说明书安装燃气流量计、表前过滤器，且安装位置满足抄表、检修、保养和安全使用的要求；

2）计量器具不得安装在管道最低处，以免流量计内积水；

3）并联安装流量计，每台流量计进出口管道应安装阀门，燃气流量计直接净距满足安装、检查及维修要求；

4）计量器具（特别是罗茨表和涡轮表）安装管路及尺寸必须适合技术要求，能自然对准法兰及螺孔，不得使燃气流量计本体承受外力；

5）计量器具加装表嘴封卡、或金属表锁，防止燃气表具被破坏；

（1）膜式燃气表的施工安装

1）膜式燃气表必须有出厂合格证，距出厂校验日期或重新校验日期不超过半年，且无任何明显损伤。

2）室内燃气管道均已固定，管道系统严密性试验合格后，即可进行室内燃气表的安装，同时安装表后支管。

3）膜式燃气表的安装影响因素：

膜式燃气表的最小工作环境温度范围为 -10℃~+40℃，且适用工作介质温度变化范围不小于 40K，最小贮存温度范围为 -20~+60℃。工作介质温度范围不应超出环境温度范围，宜安装在室内干燥、通风良好又便于检修、查表的位置。

4）工业企业、公共建筑用气的计量装置，宜设置在单独房间内。膜式燃气表的安装要求：

① 严禁将明暗电线及电源插座装在燃气管线附近，应保持与燃气管线水平净距不小于 300mm。燃气表周边 100mm 内不能有电线及电器设备，灶具与气表水平距离不得小于 300mm；

② 严禁将燃气表安装在卧室、浴室、锅炉房以及存放易燃易爆危险品的房间；

③ 膜式燃气表只能水平放置在表托架上，不得倾斜，表的垂直偏差为 10mm；

④ 多表挂在同一墙面时，表与表之间的净距应不小于 150mm，表背面距墙净距 10~50mm。

5）膜式燃气表的安装高度：

① 高表位表底距地面大于等于 1.8m；

② 中表位表底距地面 1.4~1.7m；

③ 低表位表底距地面不小于 0.1m；

④ 居民用户燃气表的安装以高、中表位为宜；

⑤ 干式皮膜燃气表（$3m^3$＜流量＜$57m^3$）时，可安装在墙上，表下用型钢支架固定，表字盘中心距地面 1.4m 为宜；

⑥ 干式皮膜燃气表（流量≥$57m^3$）时，可安装在地面的砖台上，砖台高 0.1～0.2m。

6）膜式燃气表与下列设备的最小水平投影净距：

① 与砖烟囱 0.3m，与金属烟囱 0.6m；

② 与家用灶具 0.3m，与食堂灶具 0.7m；

③ 与开水炉 1.5m，与低压电器 1m。

7）膜式燃气表的安装注意事项：

① 膜式燃气表应装有表前阀，以保证换表维修、检查和计量部门周期检定，亦可以在必要时切断气源；

② 膜式燃气表接头管处应加铅封，防止私自拆动损坏造成危险，也可防止偷气；

③ 膜式燃气表的进出口管道螺纹连接要严密，管道弯曲后成圆弧形，保持管道口径不变，不应产生凹瘪；

④ 膜式燃气表低位表接灶水平支管的活接头不得设置在灶板内；

⑤ 膜式燃气表进出分别在表两侧时，应注意连接方向；

⑥ 膜式燃气表下端接表处须装橡胶密封圈，装置的橡胶圈不得扭曲变形，防止漏气。

8）膜式燃气表安装完毕，应进行严密性试验。并建立燃气表具、表嘴封卡、金属表锁等信息台账。

9）燃气表具安装管理：

① 居民用燃气表具安装后应横平竖直，不得倾斜；

② 北方地区及严寒地区不建议采用户外挂表的燃气表具安装方式；

③ 居民用燃气表具加装表嘴封卡；

④ 现场查看居民用燃气表具是否粘贴有检测单位出具的检定合格证；

⑤ 现场查看检定合格证，且合格证的有效期距表具安装时间不得小于 3 年；

⑥ 记录居民燃气表具信息和表嘴封卡编号。

（2）腰轮流量计的施工安装

腰轮流量计安装前，外表应整洁、美观、表面应有良好的处理，不应有毛刺、刻痕、裂纹、锈蚀、霉斑和涂层剥落现象，所有文字、符号和标志应清晰、不易脱落。

1）腰轮流量计的安装影响因素：

① 流量计周围不得有强外磁场干扰和强烈的机械振动。安装前应根据使用要求审核使用环境条件；

② 室外安装流量计时，上部应有遮盖物以防雨水浸蚀和烈日暴晒而影响流量计使用寿命，安装场应有足够的检查和维修空间。

③ 防爆场所安装时，流量计必须接地可靠，但不得与强电系统共用地线；在管道安装或检修时，不允许电焊系统的地线与流量计搭接。在任何情况下，用户不得自行更改防爆系统电路元器件型号和规格、连接方式以及任意改动各引线接口，引入电缆的外径为 $\phi8～\phi8.5mm$，同时多余的引入孔应用堵塞封堵，应严格按照《爆炸性环境　第 1 部分：设备通用要求》GB 3836.1，《爆炸性环境　第 2 部分：由隔爆外壳"d"保护的设备》GB

3836.2 的有关要求进行操作；要打开流量积算仪前盖时，必须先断开外接电源。

2）腰轮流量计的安装注意事项：

① 应正确吊装流量计，吊装设备的安全载荷及防护措施应符合有关规定，严禁在流量积算仪处用绳拴结起吊仪表；

② 管道及法兰连接要求"横平竖直"，进出口管道同轴度小于 2mm、法兰垂直度小于 0.5mm、法兰安装孔单边偏移小于 1mm；

③ 紧固连接螺栓时应对角均匀用力，避免壳体承受不正常应力。建议在仪表前或后加装刚性波纹软管，消除不正常应力；

④ 流量计上游须安装相应规格且合格的过滤器并定期清洗。实践证明，安装合适的过滤器，是流量计减少故障和延长使用寿命的有效途径。为了便于维护，过滤器应配有差压计；

⑤ 为不影响流体正常输送，可安装旁通管路。在正常使用时必须紧闭旁通管道阀门；

⑥ 流量计应与管道同轴安装，并防止密封垫片和黄油进入管道内腔。

3）腰轮流量计的安装方式

① 垂直安装（图 4-15）：垂直安装时，气体进口端须在上方，气流由上向下流动，即上进下出，垂直安装有助于转子对脏物的自洁能力。

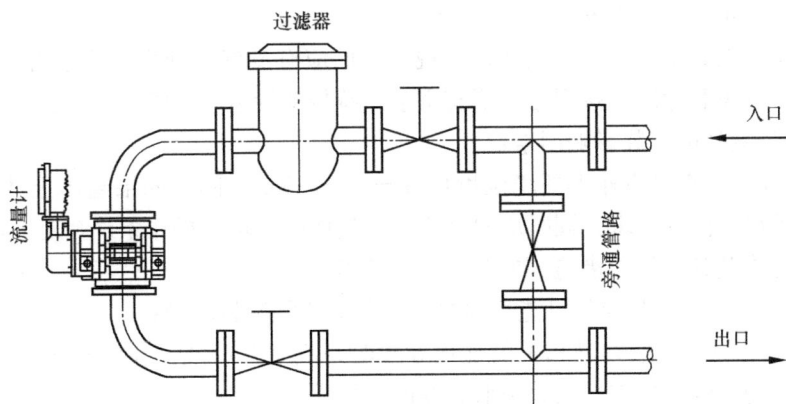

图 4-15　腰轮流量计垂直安装图

② 水平安装（图 4-16）：水平安装时，流量计进口端轴线应不低于管道轴线，以防止气体中的杂质滞留在流量计内，影响正常运转。同时应使流量计法兰与过滤器法兰直接对接。

③ 流向：现场安装时，应按流量计箭头指示流向安装。

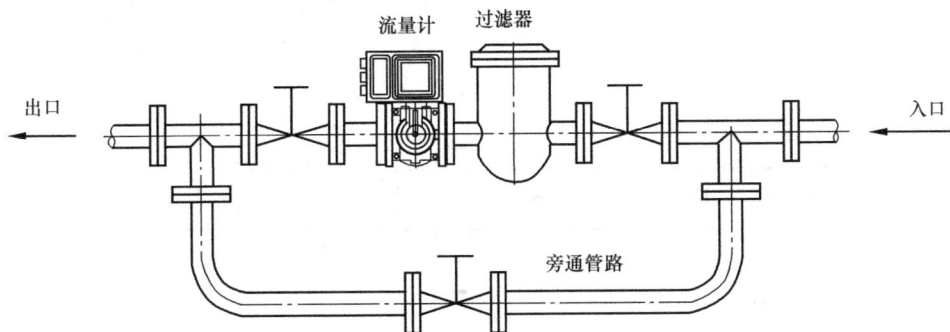

图 4-16　腰轮流量计水平安装图

④ 垂直安装或水平安装，都必须使传感器内的转子轴处于水平位置。

4）腰轮流量计的安装注意事项

① 腰轮流量计安装在新建管道或经维修后的管道上时，首先应清扫管路，去除所有堆积的杂物和焊渣、铁锈等。在清扫管路操作期间，应拆下流量计以免测量部件的严重损坏。

② 安装流量计和测量管道时，应使管道应力引起的流量计变形为最小。

③ 务必确保工艺管道与流量计的连接同轴。

④ 安装流量计时，严禁在流量计出入口法兰处直接进行电焊，以免损坏流量计内部零件。

⑤ 防止垫圈或焊缝突入到管道内。

⑥ 该产品为防爆产品，安装维修时应按有关防爆要求执行。

⑦ 安装后运行前，必须加润滑油，最大加油量不应超过示油镜的中心线。

⑧ 开启阀门时必须"先缓慢开启仪表前阀门再缓慢开启仪表后阀门"，使仪表在小流量运行几分钟，并倾听无异常的摩擦声音后，再将后阀门完全打开，以免瞬间气流过强冲击而损坏传感器内的转子。

⑨ 进行气密性检查时，其介质压力不得超过仪表最高工作压力的 1.5 倍（仪表铭牌上有工作压力指标），以免损坏流量计压力传感器。

（3）涡轮流量计的施工安装

涡轮流量计安装前，外表应整洁、美观、表面应有良好的处理，不应有毛刺、刻痕、裂纹、锈蚀、霉斑和涂层剥落现象，所有文字、符号和标志应清晰、不易脱落。

1）涡轮流量计的安装影响因素：

① 涡轮流量计使用的外界环境温度应在 $-25 \sim 55℃$ 之间，如果超出上述温度范围，应向生产厂提出专门的要求，同时应根据安装点具体的环境及操作条件，对流量计采取必要的隔热、防冻及其他保护措施（如遮雨、防晒等）。

② 涡轮流量计的安装应尽可能远离振动和脉动流的测量环境；

③ 涡轮流量计的安装及其相关的连接导线时，应避开可能存在电磁干扰或较强腐蚀性的环境，否则应咨询生产厂家并采取必要的防护措施；

④ 涡轮流量计的安装位置应便于流量计的维护及检修。

2）涡轮流量计的最小直管段长度：

① 直通式流量计的推荐安装方式见（图 4-17）。流量计上游宜具有最短 10D 的直管段长

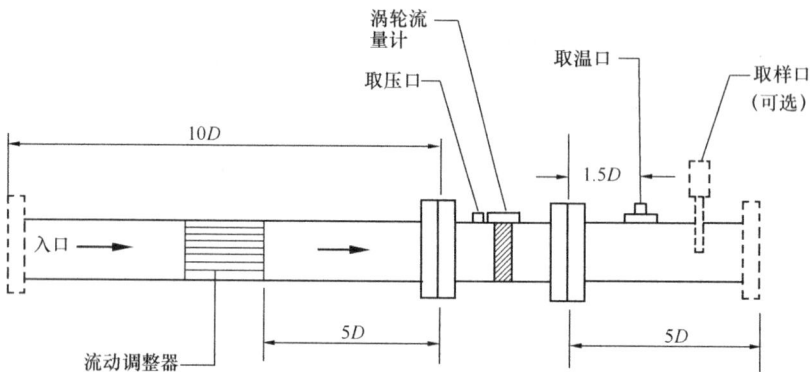

图 4-17　直通式涡轮流量计的安装配置

度，流动调整器出口到流量计入口的直管段长度为5D，流量计下游宜具有最短5D的直管段。

② 典型计量管路的推荐安装方式见（图4-18），上游配管或下游配管管径减少值应不大于1D。流量计运行过程中其上游阀门应全开，过滤器或过滤筛应保持清洁。

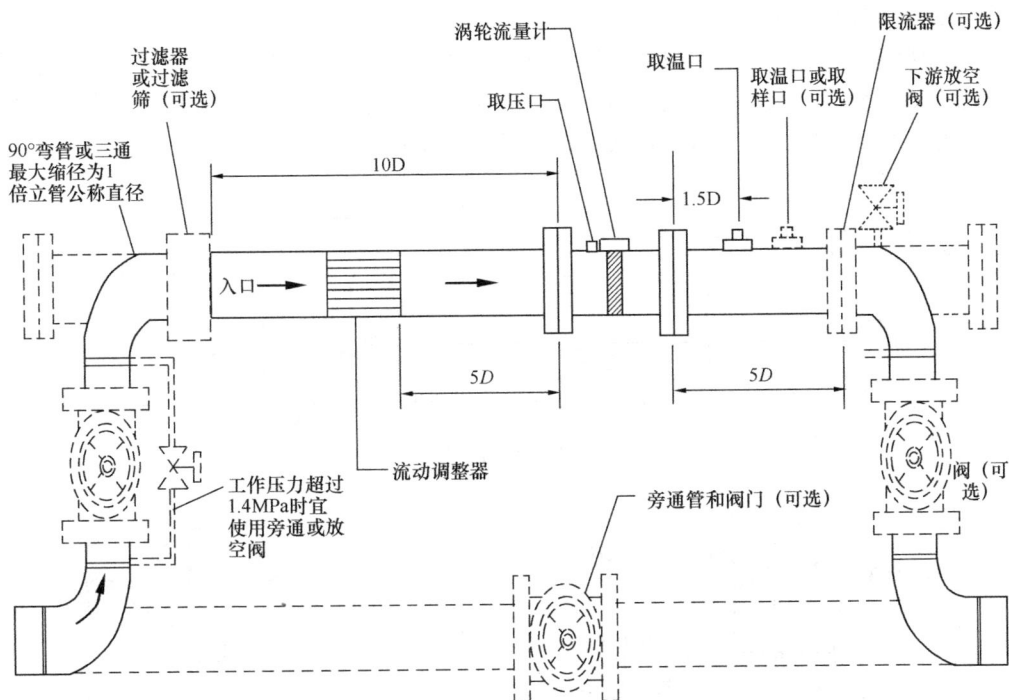

图4-18 带辅助设备的直通式流量计的安装配置

③ 当不能满足按图进行安装所需要空间的情况下，可按下述方式进行安装。如图4-19所

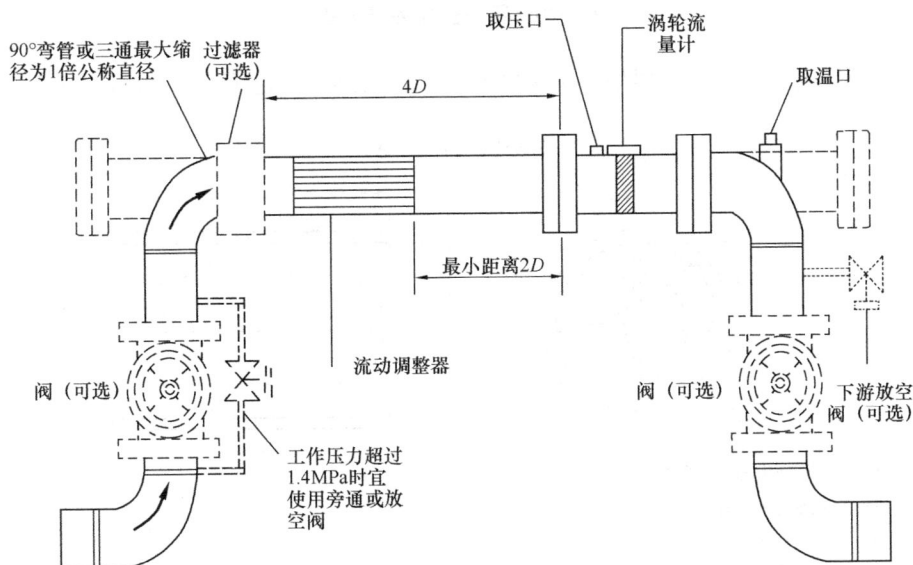

注：涡轮流量计应内置流动调整器。

图4-19 短管安装方式

示使用短管安装方式，流量计应内置一体化流动调整器。流动调整器安装在流量计上游，最小直管长度为 5D，流动调整器出口到流量计入口的直管段长度应不小于 2D。流量计可通过弯管或三通与立管相连，弯管和立管之间的最大缩径为立管公称直径的一倍。阀、过滤器或过滤筛可安装在立管上。

④ 如果空间受到限制，可如（图 4-20）所示使用紧凑连接安装方式。流量计应内置一体化流动调整器。流量计可通过弯管或三通与立管相连。弯管和立管之间的最大缩径为立管公称直径的一倍。阀、过滤器或过滤筛可安装在立管上。

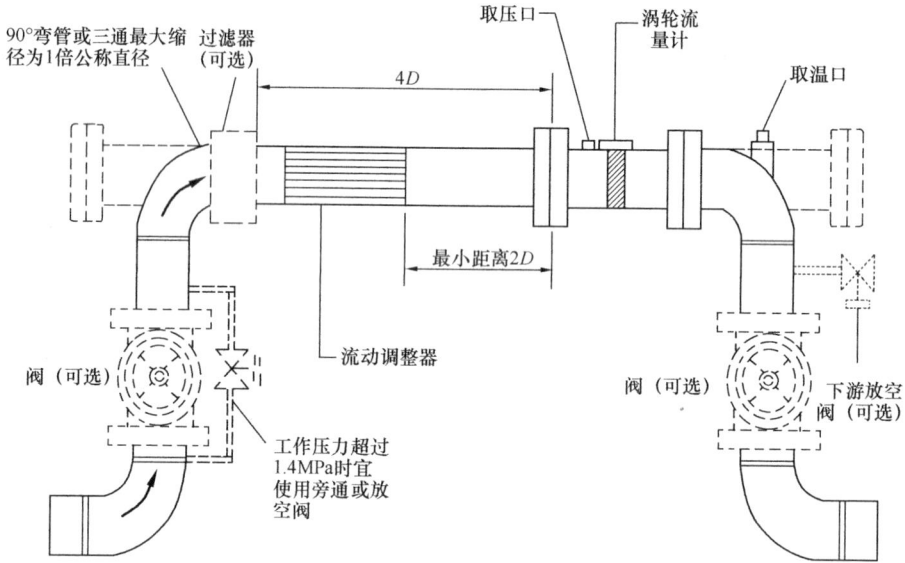

注：涡轮流量计应内置流动调整器。

图 4-20　紧凑连接安装方式

⑤ 流量计内置流动调整器如（图 4-21）所示。其结构满足 $H/D<0.15$，$S/L<0.35$。

内置流动调整器前鼻锥

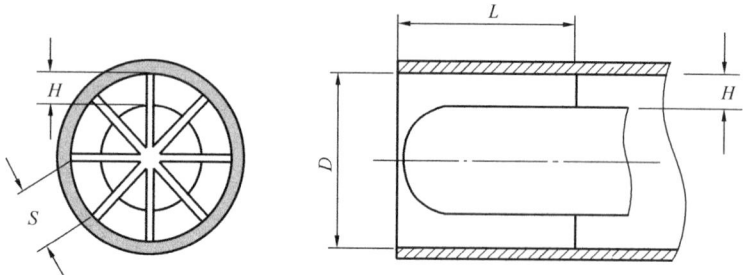

H——环形通道的径向高度；

D——流量计入口直径；

S——叶片间最大弦长；

L——叶片轴向长度。

图 4-21　内置流动调整器的尺寸参数

3）涡轮流量计的安装要求：

① 涡轮流量计的内径、连接法兰及其紧领的上、下游直管段应具有相同的内径，其偏差应在管径的 $\pm 1\%$ 以内；流量计及其紧邻的直管段在组装时应同轴，并保证其内部流通通道的光滑、平直，不得在连接部位出现台阶及突入的垫片等扰动气流的障碍。

② 与涡轮流量计匹配的直管段，期内壁应无锈蚀及其他机械损伤。在组装之前，应除去流量计及其连接管内的防锈油或机械杂质等附属物。使用中也应保持介质流通通道的干净与光滑。

③ 当涡轮流量计带有测温套、温度计套管或温度传感器时，应将其视为流量计的一部分。它们在流量计校准前应安装完毕，温度传感器应安装在流量计叶轮的下游端，其离叶轮的距离应小于 $5D$，伸入管道公称内径大约 $1/3$ 处，但长度不能超过 $150mm$。若流量计本体上不带有测温孔，推荐在流量计下游直管上测量温度，其离叶轮的距离宜在 $5D$ 内，尽可能靠近流量计，且在任何出口阀或限流器的上游。

④ 涡轮流量计宜水平安装并且进、出口不得反装，其他安装方式应咨询生产厂家。

⑤ 在气质较差的场合，应在流量计的上游安装效果良好的气体过滤器或过滤筛，过滤器的结构和尺寸应能保证在最大流量下产生尽可能小的压力损伤，并尽可能减少流态畸变。

⑥ 对于重要的计量回路，可设置备用计量旁通，并能够对旁通装置检漏。

⑦ 如果流量计下游安装有放空阀，其尺寸不得大于流量计公称直径的 $1/6$，以避免排气时叶轮超速导致流量计的损坏。

⑧ 在现场，当有足够的压力可以利用时，宜在流量计管线下游安装一台临界流孔板或者一台临界流文丘利喷嘴，并限制它的尺寸，使实际流速接近流量计最大额定速度的 1.2 倍，以避免流量计受到超高速天然气气流的冲击。

⑨ 在重要计量场合或供需双方有合同约定时，可预留在线实流校准口用于在线校准，在线校准标准表宜安装在被校表的下游，并留有适宜的空间。

⑩ 安装流量计和测量管路时应尽量减少管路安装时产生的应力。在有液体的地方，应采取措施防止液体积聚。

4）涡轮流量计的安装注意事项：

① 对直管段的要求：流量计必须水平安装在管道上（管道倾斜在 $5°$ 以内），安装时流量计轴线应与管道轴线同心，流向要一致。流量计上游管道长度应有不小于 $2D$ 的等径直管段，如果安装场所允许建议上游直管段为 $20D$、下游为 $5D$。

② 对配管的要求：流量计安装点的上下游配管的内径与流量计内径相同。

③ 对旁通管的要求：为了保证流量计检修时不影响介质的正常使用，在流量计的前后管道上应安装切断阀门（截止阀），同时应设置旁通管道。流量控制阀要安装在流量计的下游，流量计使用时上游所装的截止阀必须全开，避免上游部分的流体产生不稳流现象。

④ 对外部环境的要求：流量计最好安装在室内，必须要安装在室外时，一定要采用防晒、防雨、防雷措施，以免影响使用寿命。

⑤ 对介质中含有杂质的要求：为了保证流量计的使用寿命，应在流量计的直管段前安装过滤器。

⑥ 对安装焊接的要求：用户另配一对标准法兰焊在前后管道上。不允许带流量计焊接！安装流量计前应严格清除管道中焊渣等脏物，最好用等径的管道（或旁通管）代替流量计进行吹扫管道。以确保在使用过程中流量计不受损坏。安装流量计时，法兰间的密封垫片不能凹入管道内。

⑦ 流量计接地的要求：流量计应可靠接地，不能与强电系统地线共用。

⑧ 涡轮流量计在开始安装前，特别是安装在新管路或经维修的管路上时，首先应清扫管路，去除所有堆积的渣、铁锈及其他的管路碎屑。在进行所有流体静压试验和清扫管路操作期间，应拆下流量计或流量计机芯，以避免测量部件的损坏。

⑨ 涡轮流量计应缓慢加压和启动，快速打开阀门产生的冲击通常会损坏流量计和叶轮。

⑩ 涡轮流量计不宜用在频繁中断和/或有强烈脉动流或压力波动的场合。

（4）超声波量计的施工安装

超声波流量计安装前，流量计的外表应整洁、美观，表面应有良好的处理，不应有毛刺、刻痕、裂纹、锈蚀、霉斑和涂层剥落现象，所有文字和符号应鲜明、清晰，密封面应光滑，不应有损伤。

1）超声波流量计的安装影响因素：

① 制造厂应根据用户的实际工况要求提供满足温度范围要求的流量计，流量计的工作介质温度为 $-20\sim60℃$，工作环境温度范围为 $-40\sim60℃$。同时应根据安装点具体的环境及工作条件，对流量计组件采取必要的隔热、防冻及其他保护措施（如遮雨、防晒等）。

② 超声波流量计的安装应尽可能避开振动环境，特别要避开可引起信号处理单元、超声换能器等部件发生共振的环境。

③ 超声波流量计在安装及其相关的连接导线时，应避开可能存在较强电磁或电子干扰的环境，否则应咨询制造厂并采取必要的防护措施。

④ 超声波流量计的安装应尽量防止噪声对测量性能产生的不利影响。在调压计量站中，流量计通常应安装在调节阀的上游。

⑤ 超声波流量计应考虑在流量计附近可能存在的流动脉动，并采取适应的措施，尽量减小脉动导致的附加测量不确定度。

2）超声波流量计的安装要求：

① 如果流量计具有双向测量功能，并且也准备将其运用这种测量场合，那么在设计安装时，流量计的两端都应视为上游，既下游的管道配置形式和相关技术要求应与上游一致，并符合相关的规定；

② 为保证在流量计的全量程范围内，流量计的现场测量性能满足相关的要求，且安装条件引起的附加测量误差不超过 $\pm0.3\%$，制造厂应按照用户提供的流量计预期安装条件，推荐流量计上、下游直管段长度，以及是否带流动调整器。如果制造厂未提供流量计上、下游直管段长度要求和流动调整器的安装要求时，或者用户无法提供预期的安装条件时，不带流动调整器的情况下，流量计上游至少需要 $50D$ 的直管段；带有流动调整器的情况下，流量计上游至少需要 $30D$ 的直管段，且流动调整器宜安装在流量计上游 $10D$ 处。流量计下游直管段长度至少应为 $5D$；

③ 超声波流量计的内径、连接法兰及其紧邻的上、下游直管段应具有相同的内径，其偏差应在管径的1‰以内，且不超过3mm。流量计及其紧邻的直管段在组装时应严格对中，并保证其内部流通通道的光滑、平直，不应在连接部分出现台阶及突入的垫片等扰动气流的障碍；

④ 与超声波流量计匹配的直管段，其内壁应无锈蚀及其他机械损伤。在组装之前，应除去流量计及其连接管内的防锈油或沙石灰尘等附属物。使用中也应随时保持介质流通通道的干净、光滑；

⑤ 如果超声波流量计只是进行单向流测量，那么应将温孔和取样孔设在流量计下游距法兰端面2D～5D之间；如果流量计只是用于双向流测量，那么测温孔和取样孔应设在距流量计法兰端面3D～5D之间。多个测温孔不应呈直线排列，制造厂或供货商应向用户提供与流量计声道布置有关的最佳测温孔位置。制造厂应推荐测温孔相对于声道的安装方位。一般来说，测温孔轴线与管道轴线垂直。测温孔的安装应保证管道的热传递、测温套的附属组件和太阳的热辐射不影响气体温度的测量。温度计和取样器插入深度宜为1/3D，对于大口径流量计（DN300及以上），插入深度不超过125mm。应注意避免高速气流引起测温套的共振。当环境温度和气体温度差异很大时，宜在流量计上游管道至下游管道上最远的测温孔下游1D处加装隔热层，并在流量计上安装遮阳棚；

⑥ 超声波流量计是否安装流动调整以及安装哪种形式的流动调整器将主要取决于两个方面的因素：即所选择的流量计种类（单声道或多声道）及流量计上游速度剖面受干扰的严重程度。超声流量计宜安装整流板，整流板应符合相关要求；

⑦ 超声波流量计安装在气质较脏的场合，可在流量计的上游安装效果良好的气体过滤器，过滤器的结构和尺寸应能保证在最大流量下产生尽可能小的压力损失和流态改变。在使用过程中，应监测过滤器的差压，定期进行污物排放和清洗，确保过滤器在良好的状态下工作。

3）超声波流量计的安装注意事项：

① 超声波流量计应水平安装，其他安装方式应咨询制造厂。在设计和安装时，应留足够的检修空间。

② 超声波流量计应安装有符合安装要求的足够长的上下游直管段、测温孔、取样孔和任何流动调整器，该流动调整器能够保证在实验室测试时的气体流速分布与最终安装后的流速分布无明显不同，保证稳定、充分发展的紊流速度分布，不存在涡流和脉动流。

（5）靶式流量计的安装

靶式流量计的投用工作要小心谨慎，因为靶式流量计的靶片受力是流量计介质前后的压差，属于一个较小的压力范围，而流量计安装的管道中流体的静压力常常很大，远远大于流量计正常使用中靶片受力，因此在流量计投用时一定要小心，防止巨大的流体压力冲击造成靶片受力过大导致杠杆机构变形报废。

标定及检测：

靶式流量计的测量原理看，流量与受力的开平方成正比。因此流量计的校准应该按照流量计最大流量时的受力进行校准。最普遍的校准方法就是挂重法校准。挂重法校准是使用标准砝码模拟流量计靶片受力，校准流量计输出的信号。校准过程要拆卸流量计离线校准，先把拆卸的流量计清洗干净，然后对照流量计使用的最大流量及介质的密度，靶片大小、流量计通径、流量计的流量系数和流量公式进行准确的计算，换算出最大流量对应的靶片受力，然后使用标准砝码进行挂重校准（注意校准时靶片的重量也要计算在内），调整靶式流量计的满度旋钮使其输出为最大信号。

1）流量计的干式标定采用挂重法，按水平方向夹持在台虎钳上，靶面应水平向上，调整靶与管道同心，然后拧紧靶上的螺母，在特殊螺钉尾部的小螺孔挂砝码盘，保证受力点通过靶的中心线，否则影响校验的精确度。

2）接上电源，调整好仪表零位（4mA），然后用手压砝码盘，使输出达到20mA，松手后，输出应回复到零位（4mA），反复多次观察零位的稳定。

3）将砝码置于砝码盘上，砝码的重量由所计算的靶上所受最大力的各均分点所决定（4mA、8mA、12mA、16mA、20mA）。

靶式流量计是一种结构简单的在线检测仪表，虽然测量原理简单但调校比较麻烦，特别是流量计满度的校准，需要拆卸采用砝码挂重方法，如果在砝码计算过程中数值出现偏差，那么校准的精确度会大大降低，因此其燃气应用中精度较差，大规模使用的燃气企业也较少，一般只作为过程检测控制使用。

深圳市某燃气公司曾在2000年左右大规模使用近800只靶式流量计，使用过程期间曾多次下令停用，如表4-4所示，因靶式流量计故障率较高、精确度较差、电池耗电快等因素，于2016年全部更换为罗茨流量计。

靶式流量计故障统计 表4-4

公司名称	1分公司	2分公司	3分公司	合计
检测数量（块）	395	15	130	540
不合格数量（块）	170	8	38	216
流量表不显示数量（块）	6	0	0	6
检定合格率	56.96%	46.67%	70.77%	60.00%

（6）靶式流量计的施工安装：

靶式流量计安装前，流量计的外表应整洁、美观，表面应有良好的处理，不应有毛刺、刻痕、裂纹、锈蚀、霉斑和涂层剥落现象，所有文字和符号应鲜明、清晰，密封面应光滑，不应有损伤。

1）靶式流量计的安装影响因素：

① 靶式流量计分为常温型、低温型、高温型流量计视不同工况采用水平、垂直或倒置式安装（以出厂校验单为准），常温型流量计一般采用水平安装，显示部分位于管道上方；

② 靶式流量计口径与相连的管道口径尺寸尽量相同，以减少流动干扰，造成计量误差；

③ 靶式流量计安装时，应注意法兰之间密封垫片内孔尺寸大于流量计和工艺管道通径6~8mm及否同轴，以避免因其产生干扰而影响计量精确度。插入式流量计安装时，将短管及法兰焊到管道上时必须确保流体正对着靶片受力面，焊接短管高度在100mm（从管道内壁至法兰密封面的距离）。

2）靶式流量计的安装要求：

① 为确保流体通过流量计时具有稳定的流场，必须保证流量计直管道要求，否则有

可能造成测量误差或波动。1、2、3 分别为前后阀和旁通阀；4 为流量计，$L \geq 10D$ 和 $L \geq 5D$ 分别为前后直管段长度见（图 4-22），D 为管道公称直径；

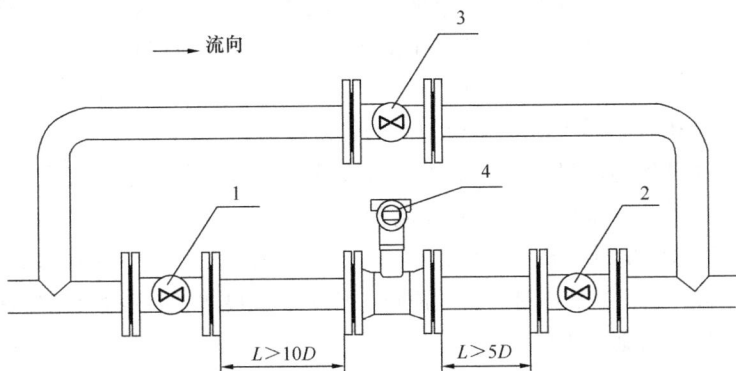

图 4-22 靶式流量计前后直管段

1—前阀；2—后阀；3—旁通阀；4—流量计

② 为避免靶式流量计在安装后形成漩涡流，应仔细地检查密封件和管道保证同心的安装；

③ 靶式流量计的安装不允许直接在流量计测量管道前后端安装阀门、弯头等极大改变流体流态的部件。如果需要在流量计前后管道安装阀门、弯头等部件也应尽量保证在流量计前后直管段长度之外；

④ 靶式流量计的安装应按流量计箭头所指向方向为流动的正方向、靶式流量计安装管道系统有较强的振动，要求在两侧的管道上加支撑；

⑤ 为了避免干扰，信号线与电源不要敷设在同一根钢管中，平行走线时，不要靠得太近，应保持一定的距离。

3）靶式流量计的安装注意事项：

① 靶式流量计安装在新建、改建的工艺管道上，应先进行吹扫后再安装流量计；

② 靶式流量计的两端法兰与外壳距离有限，连接螺栓应从管道侧穿入。所以，要求与流量计连接管道法兰处有足够的空间；

③ 靶式流量计被测流体温度低于 -30℃ 时，应对流量计测量管外壁进行保温处理以便满足测量精度要求；

④ 靶式流量计的安装、使用和维护应同时遵守产品使用说明书，《爆炸性气体环境用电气设备 第 15 部分：危险场所电气安装（煤矿除外）》GB 3836.15—2000 及《爆炸危险环境电力装置设计规范》GB 50058—2014 的有关规定。

4）计量设施投用前的验收

由计量管理部门及相关单位、部门带设计图纸到现场进行验收，验收检查项目为：

1）检查仪表检定证书应在指定的机构检定、时间应在有效期内；

2）仪表封印位置是否正确，印记是否符合要求；

3）仪表显示的电池电量、压力、温度应正常；

4）安装（水平或立式）方式、方向应正确，管线无应力变形、无不合理变径情况；

5）仪表前后应加装阀门；

6）仪表前后直管段应符合相关标准规定；

7）过滤器应安装在仪表的上游，过滤器的过滤精度应满足仪表运行的需要；

8）仪表的安装位置应满足防盗和安全的需要，不应有无计量的旁通；

9）计量装置应全部进行防腐处理；

10）计量装置和过滤器不应参与投用前的管线吹扫；

11）核查用气设备的数量及用气能力，仪表的检测范围和计量方式应满足相关规定；

12）需要做保温的计量设施，应有保温措施；

13）数据上传系统的计算机终端应连续、正确显示流量、压力、温度等参数，各数据线连接牢固，有可靠的电气屏蔽，对异常的流量、压力、温度等监控参数有提示报警功能。

（7）孔板流量计的施工安装

孔板流量计安装前直管段内部保持清洁，除掉污垢，管道内壁上的复式硬皮也应除掉。

1）孔板流量计的安装影响因素：

①孔板流量计测量气流经孔板以前，其流束应与管道轴线平行，气流流动应为充分发展紊流且无漩涡，管道横截面所有点上的漩涡角小于 2°，即认为无漩涡；

②孔板流量计节流装置用的直管段应该是直的。当与管道直线的偏移不超过其长度的 0.4％时，则认为管道是直的，通常情况下只需目测检验。上下游直管段上管段对接引起管道直线的偏差也应不超过其长度的 0.4％；

③直管段圆度在孔板上下游侧距取压孔沿测量管轴向长度上各为 0.5D 的范围内，应实测。测结果，其测量管内圆柱表面圆度公差应满足要求。

2）孔板流量计的安装要求：

①孔板流量计节流装置应安装在两段具有等直径的圆形横截面的直管之间，在此中间，除了取压孔、测温孔外，无其他的障碍和连接支管。直管段毗邻孔板的上游 10D（D 为上游测量管内径，下同）或流动调整器后和下游 4D 的直管部分需机加工，并符合相关规定。

②表 4-5 列出了各种阻流件要求的最短直管段长度，但在孔板上游安装流动调整器时可以缩短，但需满足相关要求。对于其他任何阻流件（特别是汇管），推进在阻流件的下游设置流动调整器，以缩短直管段长度。

各种阻流件要求的最短直管长度　　　　表 4-5

直径比 β	上游直管段												下游直管段
	在任一平面上单个 90°弯头两个 90°弯头（S>30D）	在同一平面上的两个 90°弯头，S 形状（30D≥S>10D）	在同一平面上的两个 90°弯头，S 形状（10D≥S）	在垂直平面上的两个 90°弯头（50D≥S≥5D）	在垂直平面上的两个 90°弯头（5D>S）	单个 90°三通或无延伸部分 90°管	在同一平面上的单个 45°弯头两个 45°弯头，S 形状（S>22D）	同轴的渐缩管在 15D 到 3D 的长度内由 2D 变为 D	同轴的渐扩管在 D 到 20D 的长度内由 0.5D 变为 D	全孔球阀或闸阀全开	对称骤缩异径管	温度计套管或插口直径小于 0.03D	其他任何阻流件（所有种类）	
0.20	6	10	10	19	34	3	7	5	6	12	30	5	70	4
0.40	16	10	10	44	50	9	30	5	12	12	30	5	145	6

直径比 β	上游直管段													下游直管段
	在任一平面上单个90°弯头两个90°弯头（S>30D）	在同一平面上的两个90°弯头，S形状（30D≥S>10D）	在同一平面上的两个90°弯头，S形状（10D≥S）	在垂直平面上的两个90°弯头（50D≥S>5D）	在垂直平面上的两个90°弯头（5D>S）	单个90°三通有或无延伸部分90°管	在同一平面上的单个45°弯头两个45°弯头，S形状（S>22D）	同轴的渐缩管在15D到3D的长度内由2D变为D	同轴的渐扩管在D到20D的长度内由0.5D变为D	全孔球阀或闸阀全开	对称骤缩异径管	温度计套管或插口直径小于0.03D	其他任何阻流件（所有种类）	
0.50	22	18	22	44	75	19	30	8	20	12	30	5	145	6
0.60	42	44	42	44	65	29	30	9	26	14	30	5	145	7
0.67	44	44	44	44	60	36	44	12	28	18	30	5	145	7
0.72	44	44	44	44	75	44	44	13	36	24	30	5	145	8

注：1. 表列数值为位于孔板上游和下游的各种阻流件与孔板上下游端面之间所需的最短直管段长度，应在最近（或仅有）弯头的弯曲部分或三通的下游端或者渐缩管或渐扩管锥形部分的下游端测量直管段。

2. 弯头曲率半径 $R=1.5D$。

3. 对于 $\beta<0.20$ 的值按 $\beta=0.20$ 的值。

4. 对于其他任何阻流件，特别是汇管和复杂管路，推进安装流动调整器。

5. S 为两弯头之间的距离，是从上游弯头的弯曲面下游端到下游弯头弯曲面的上游端测得的。

③ 装配和夹紧的方法均应该保证孔板安装在正确的位置上，且保持不变。当孔板装在法兰之间时，要允许它自由热膨胀以避免孔板翘曲和弯扭。

④ 密封垫片应尽量薄，设计采用的垫片厚度应考虑取压孔位置。垫片安装后不得突入孔板夹持器腔内，也不得挡住取压孔及引起取压位置的改变。

⑤ 夹紧环应按下述原则选择配合：若夹紧环材质的热膨胀系数大于法兰材质的热膨胀系数，夹紧环的法兰为凸面并与夹紧环的凹槽配合时，则应采用过盈配合；反之则应采用间隙配合。

⑥ 孔板应垂直于测量管轴线，可有 1°的偏差，当采用夹紧环时，应该注意对中，夹紧环的任何部位不得突入测量管内。

⑦ 为了满足安装要求，应将孔板、夹紧环和上游侧 10D（包括配对法兰）及下游侧 4D（包括配对法兰）的测量管部分先行配套组装，检验合格后再装入管道与直管段长度不足的部门连接，所产生的沟槽应受到限制。应沿着直管段轴线平行方向测量沟槽长度，当轴向长度小于或等于 6.35mm 时，不受深度限制；当轴向长度大于 6.35mm 沟槽深度应小于或等于 0.02D。

3）孔板流量计的安装注意事项：

① 新安装孔板流量计测量管路系统应在管道吹扫后再进行孔板的安装。

② 应注意孔板在孔板夹持器中的安装方向，使气体从孔板的上游端面流向孔板的下游端面。

3. 计量器具的准确度检定

计量器具对准确度有一定要求，目前使用的膜式燃气表、流量计的准确度在 1.5 级以内，建议大型客户、重点客户选准确度小于 1.0 级的计量器具。

要保证计量器具的准确度，根据《中华人民共和国计量法》相关条款，必须对燃气计量器具进行首次强制检定和周期检定。强制检定可以排除计量器具使用前的仪表故障，保证计量器具正常运行。周期检定可以发现在线计量器具的故障情况、修正仪参数的异常变化，可以及时采取预防措施，从而保证计量器具计量的准确性。

① 燃气计量器具必须经检定单位进行首次强制检定，合格后方可安装使用；

② 使用满十年的流量小于 $10m^3/h$ 的燃气计量器具必须进行更换，更换拆除的燃气及计量器具做报废处理；

③ 编制年度燃气计量器具更换计划，对不能及时实施更换的计量器具，要采取有效的监控措施，做好记录，及时补换；

（1）膜式表计量检定

1）检定依据：《膜式燃气表》JJG 577—2012。

2）检定用标准器及配套设备：

设备主要包括标准装置（钟罩）、倾斜式微压计、温度计、大气压计、湿度计等。

3）检定环境条件及注意事项

① 检定温度：$q_{min}\leqslant10m^3/h$ 的燃气表，$20\pm2℃$；$q_{max}\geqslant10m^3/h$ 的燃气表，$20\pm5℃$；

② 大气压力：$86\sim106kPa$；

③ 相对湿度：$45\%\sim75\%$；

④ 燃气表应在检定环境内放置 4h 以上方可检定，检定介质为空气。

4）检定周期：

① 对于最大流量 $q_{max}\leqslant10m^3/h$ 且用于没有结算的燃气表只做首次强制检定，限期使用，到期更换。以天然气为介质的燃气表使用期限一般不超过 10 年。以人工燃气、液化石油气等为介质的燃气表使用期限一般不超过 6 年。

② 对于 $q_{max}\geqslant16m^3/h$ 燃气表的使用周期一般不超过 3 年。

（2）腰轮流量计的检定

1）检定依据：《气体容积式流量计检定规程》JJG 633—2005。

2）主要检定方法（表 4-6）。

主要检定方法　　　　　　　　　　　　　　　　　　　　　　　表 4-6

传递方法	标准器	检定方法
比较法	标准流量计	动态
体积法	活塞式气体流量标准装置	动态或静态
	钟罩式气体流量标准装置	动态或静态

3）流量计的最大允许误差（表 4-7）。

流量计的最大允许误差　　　　　　　　　　　　　　　　　　　表 4-7

准确度等级	0.2	0.5	1	1.5	2	2.5
最大允许误差（%）	±0.2	±0.5	±1	±1.5	±2	±2.5

注：若以分界流量（q_t），把流量范围划分为高区和低区，则 $q_t\leqslant q_{max}$，低区的最大允许误差不超过 2 倍的高区允许误差。

4）检定周期：

准确度等级为 0.2 和 0.5 级的流量计，检定周期为 2 年，其余等级的流量计检定周期 3 年，若按《气体容积式流量计检定规程》JJG 633—2005 公式（6）（此时 K 取上次检定证书中给出的流量计系数）计算所得的示值误差超过最大允许误差，而按《气体容积式流量计检定规程》JJG 633—2005 公式（7）计算得到的示值误差符合要求，则检定周期为 1 年。

（3）涡轮流量计的检定

1）检定依据：《涡轮流量计检定规程》JJG 1037—2008。

2）检定设备：临界流喷嘴气体流量标准装置。

3）气体涡轮流量计准确度等级（表 4-8）。

气体涡轮流量计准确度等级 表 4-8

准确度等级		0.2	0.5	1.0	1.5
最大允许误差%	$q_t \leqslant q \leqslant q_{max}$	±0.2	±0.5	±1.0	±1.5
	$q_{min} \leqslant q \leqslant q_t$		±1.0	±2.0	±3.0

4）气体涡轮流量计分界流量（表 4-9）。

气体涡轮流量计分界流量 表 4-9

量程比	5:1	10:1	20:1	30:1	≥50:1
q_t		$0.20q_{max}$	$0.20q_{max}$	$0.15q_{max}$	$0.10q_{max}$

5）检定周期

涡轮流量计的检定周期一般为 2 年，准确度等级不低于 0.5 级的检定周期为 2 年。

（4）超声流量计检定

1）大型超声流量计检定依据：《超声流量计检定规程》JJG 1030—2007。

检定项目表（表 4-10）。

检定项目表 表 4-10

检定项目	首次检定	后续检定	使用中检定
随机文件及外观	+	+	+
密封性	+	+	+
流量计参数	－	－	+
示值误差	+	+	+
重复性	+	+	－
流量计系数修正	+	+	+

注：＋表示需检项目，－表示不需检项目

2）检定周期

检定周期一般不超过 2 年，对插入式流量计，如流量计具有自诊断功能，且能够保留报警记录，也可每 6 年检定一次并在使用现场进行使用中检验。

3）小型超声流量计目前只有重庆、浙江、上海、江西、河南等地方检定规程，国家检定规程仍在制定中。

（5）热式质量流量计检定

1）检定依据：《热式气体质量流量计检定规程》JJG 1132—2017。

2）检定项目：首次检定、后续检定和使用中检查的项目。

热式质量流量计检定项目表（表 4-11）。

热式质量流量计检定项目表　　　　　　　　　　　　表 4-11

检定项目	首次检定	后续检定	使用中检定
随机文件及外观	＋	＋	＋
密封性	＋	＋	＋
相对示值误差或引用误差	＋	＋	＋
重复性	＋	＋	＋

注：＋表示需检定、检查。

3）检定周期：流量计的检定周期一般不超过 2 年。

（6）远传表

远传表的检定分为两部分：

一是基表的检定，检定依据与膜式燃气表相同；

二是远传表性能的检测，其检定项目一般包括如下内容：

① 系统准确性实验；

② 一次抄读成功率试验；

③ 数据抄读总差错率实验；

④ 数据安全试验；

⑤ 主站安全试验；

⑥ 主站断电试验；

⑦ 开路试验及短路试验。

燃气计量器具的定期检定，按公司所属客户状况，年初制定年度工商业及公福用户计量器具检定计划，按计划提前通知工商业及公福用户，双方确认具体检定时间，及拆卸表和周转表数据（型号、编号、底数等），并签字留存。使用带温度、压力补偿修正仪，应对温度、压力、流量传感器进行检定，检定合格后再安装使用，检定周期不超过 2 年。

4. 常见计量器具管理问题及故障

燃气计量器具的维护保养内容：

① 擦拭外表，保持计量器具外观清洁；

② 过滤器清洗，一般当过滤器差压接近管道压力 1/10 时，对过滤器滤网进行清洗；

③ 注意观察运行情况，判断计量器具的运行状况；

④ 检查修正仪电池是否馈电，及时更换电池；

⑤ 根据计量器具的要求，检查基表油位，及时加注润滑油；

（1）常见计量器具管理问题（表 4-12）。

常见计量器具管理问题 表 4-12

序号	问题类型	发现的问题	正确做法	问题图示
1	设计环节	涡轮流量计直管段长度不足，或未加直管段，影响流量计准确计量	涡轮流量计前后均应采用直管段连接	
2		计量表具前未设计过滤器，管道内杂质和灰尘直接进入表体，造成表具损坏	流量计前应设计过滤器，过滤精度应不小于 $50\mu m$。公称直径小于 $DN100$ 的流量计宜选用 Y 型过滤器，大于等于 $DN100$ 的宜选用 T 型过滤器	
3		设计安装环境不佳，造成表具锈蚀、老化	燃气表具应当设计安装在遮风、避雨、防曝晒、通风良好、震动少、无强磁干扰、温度变化不剧烈、无腐蚀性气体、便于检修抄表的地方	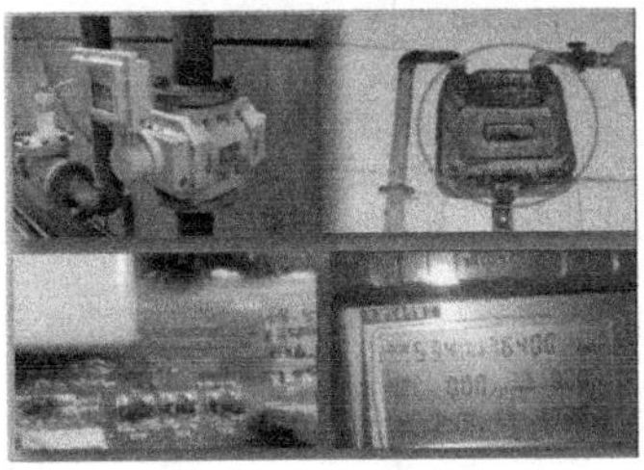
4		管道走向与涡轮流量计进气方向相反，涡轮流量计反向安装后，油杯位置贴墙，无法加油维护	涡轮流量计进气方向为左进右出，管道设计走向应与表具进气方向一致	
5		变径不合理，天然气流动不稳定，影响计量准确性	选择与管道同口径的流量计，保证前后管径一致	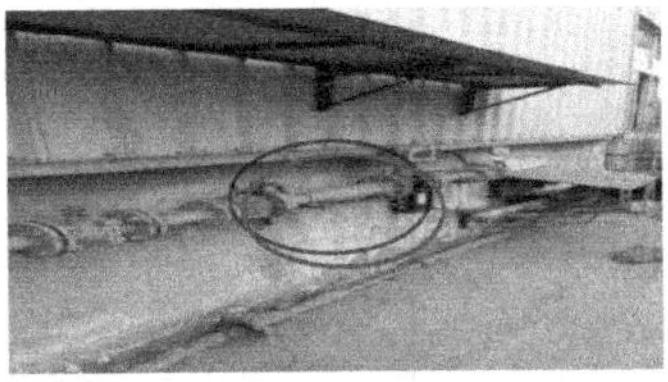

序号	问题类型	发现的问题	正确做法	问题图示
6	表具选型	流量计选型不当，计量器具与用气设备不匹配	根据用户设备，选择合适计量仪表。设计流量应处于流量计最大量程的 20%～80% 之间	
7		设计在户外的膜式燃气表未使用机械温度补偿表	在户外的膜式燃气表应设计使用机械温度补偿表，减小低温对供销差的影响	
8	施工安装	计量仪表随管道进行强度试验及气密性试验	在安装工商业用户流量仪表前，应预制与仪表相同尺寸的管段，代替仪表进行安装。待焊接法兰、吹扫、打压、试漏等所有工作完毕后，再拆下管段，换上仪表	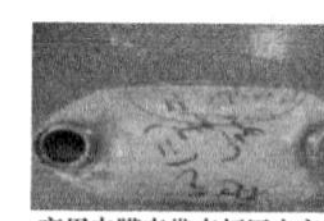 商用皮膜表带表打压未变形 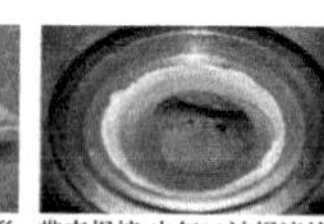　带表焊接，出气口被焊渣灼透 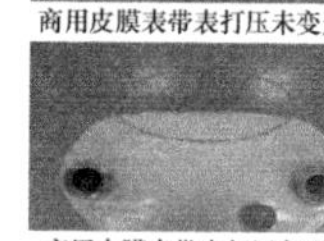 商用皮膜表带表打压变形 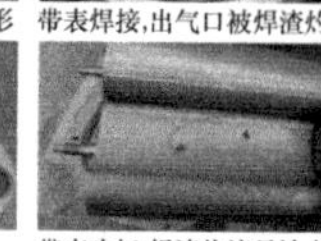　带表吹扫，焊渣将流量计卡死
9		管道不同轴，安装应力过大，造成表具损坏	安装时应保持仪表法兰盘或接头与管道同轴等距安装，不得强力对接	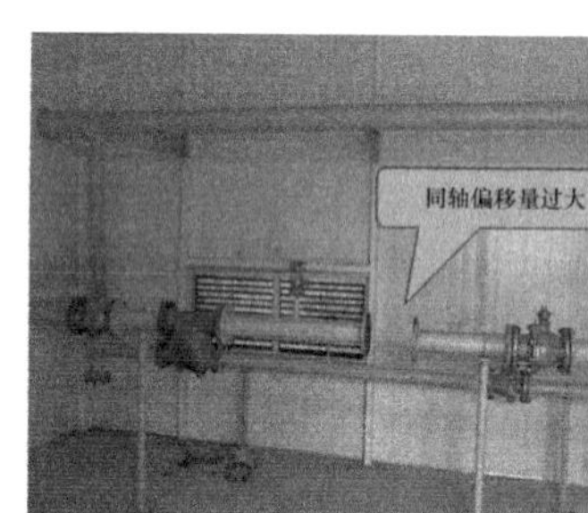 同轴偏移量过大
10		安装前未按要求检查仪表运行情况	流量仪表安装前应认真检查仪表的运行情况，检查腰轮流量计、涡轮流量计里面的运动部件是否运转正常，检查膜式燃气表的字轮是否能运转	

序号	问题类型	发现的问题	正确做法	问题图示
11	施工安装	流量计安装后未加油，表具长时间无油运转，轴承磨损，计量失准	腰轮流量计安装后，运行前及时对前后油腔加注专用润滑油。腰轮流量计加油时注意观察油标视镜，油位在中线上 1.5mm 处	
12		表具安装后未加装金属表锁，存在管理漏洞	施工完成后，及时对流量仪表加装防护封等防护装置	
13		碰管施工时焊渣、水分、杂质未能清理干净，造成过滤器和表具损坏	碰管作业时及时清理焊渣、水分、杂质，新通气用户在一个月内清理过滤器，现场查看表具运行状态，保证表具正常运行	
14		通气置换时，开启关闭阀门过快，瞬间气流冲击造成表具损坏	表具投入运行时应先缓慢开启阀门，然后缓慢开启后阀门，在小流量下运行 1～2min，仪表运行正常后再全部打开后阀门，关闭阀门时应先缓慢关闭后阀门，切勿突然关闭	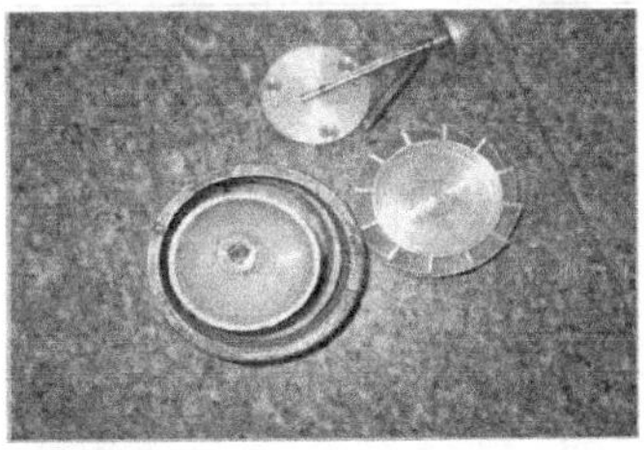
15	运行维护	表具超期未周检	依据相关计量法规要求，计量器具应及时进行周检，确保计量准确性	
16		流量计带病工作，油杯损坏、缺油无油，造成轴承非正常磨损，计量失准	定期巡检应对涡轮表及时加注润滑油，观察腰轮表油位状态，缺油无油时及时加注	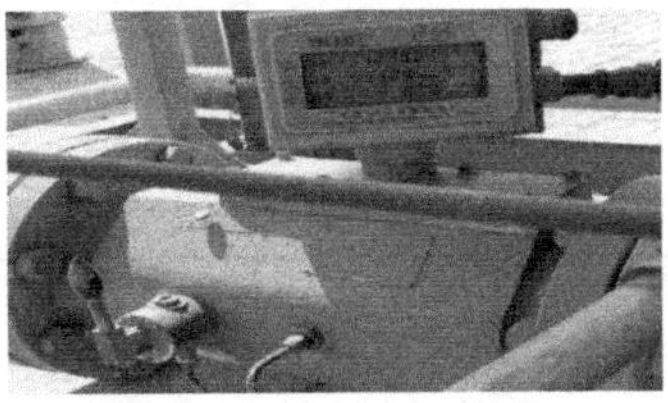

续表

序号	问题类型	发现的问题	正确做法	问题图示
17	运行维护	单纯记录参数，未进行动态核准，表具故障不能及时发现	记录表具运行状态，观察温度、压力、瞬时流量、累积流量等参数。与压力表进行比对，压力参数应保持一致，开启设备，瞬时流量应与设备用量保持一致，工况、标况经换算应保持一致	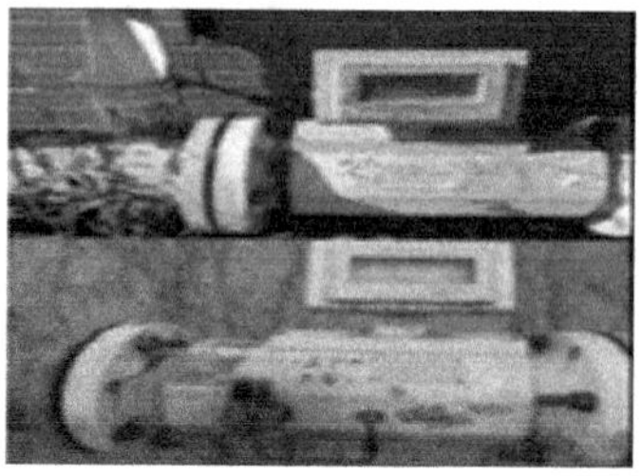
18	运行维护	市区管网受到外力破坏后，大量杂物进入管道，下游未及时清理，造成过滤器拥堵，计量表具损坏	相关部门建立信息联络机制，发生外力破坏后，及时对下游调压器、过滤器及计量表具进行清污维护，确保设备正常运行	
19		设计为一用一备的计量表具同时开启，造成表具并联使用，造成计量失准	定期巡检，确保用户一路供气	
20		远传装置在计量表具周检回装后未及时恢复，信号传输中断，线路外露，积算仪进水	带远传装置的流量计周检后安装时应恢复线路，封闭接线盒，保证信号传输	

（2）常见计量器具故障（表4-13）。

常见计量器具故障 表4-13

序　号	故　障　现　象	产　生　原　因
1	修正仪无显示	电池馈电
		主板电源故障
2	基表停走	计数齿轮卡死
		涡轮、腰轮卡死
		磁耦齿轮故障
3	基表走，修正仪停	流量传感器故障
4	温度、压力、流量异常	传感器、主板故障

【流量计故障案例】

2015年8月某日，燃气公司计量人员对客户调压计量柜内燃气流量计进行维护保养时，发现某公司计量柜内南路燃气流量计压力显示为 70kPa，管道上的压力表也显示 70kPa，该员工判断南路燃气流量计存在问题（因为管道压力为 70kPa，流量计显示的压力应该加上当地大气压，至少是 170kPa），分析是该流量计压力传感器出现故障，随即切换到北路燃气流量计比对运行，并上报公司计量管理部门。

8 月 23 日，燃气公司召集技术管理办公室、管网部、流量计厂家相关人员，现场检查，同意计量人员的分析观点，由于压力传感器的损坏，导致流量计计量失准，更换了压力传感器，并读取表内存储数据。通过数据分析，发现自 2015 年 6 月 3 日至 8 月 23 日该流量计压力多数情况下是 70kPa，与客户协调，客户补交 110632.2 元，为燃气公司挽回气量损失。

5. 计量器具的管理

计量器具的管理重点在巡检、监控、记录、比对。

计量器具的巡检，主要是对在线运行的计量器具进行定期或不定期的检查。检查内容包括基表运行情况、油位、修正仪电池损耗，记录工况、标况流量、温度、压力、C 值等。基表按规范进行周期检定，没有特殊情况，一般来说不会产生大的误差，较为准确。修正仪则不同，受自身元器件衰减、环境条件、数据通信干扰等因素影响，计量会产生较大误差，主要表现在元器件损耗导致计量偏差、（南方）春天易遭受雷击、无气体流动产生流量自激现象等。巡检就是要及时发现异常，分析异常原因，处理异常故障。

新安装的流量计，建议调取并记录修正仪内部参数，特别是涉及到计量计算的参数，记录在册，很有必要。巡检时比对原始记录，能及时发现流量计内部数据是否有漂移和改变。

（1）燃气计量器具巡检内容：

1）燃气表具安装是否规范；

2）观察表具外观，表外壳是否有损坏变形；

3）查看表具运行状况，通气后，燃气表计数器转动是否流畅，有无异响或停行现象，位数能否进位；

4）表具的表压盖封卡是否存在被破损的痕迹；

5）无线远传燃气表，通过系统查看有无电池报警信号，查看燃气机械表与手抄机抄读数比对，判断两数是否相等。

巡检的方式"一听二看三算"。

"听"管网的过气声音，判断基表运行是否正常，利用已有的工具，"听"基表内部件运行有无异常声音；

"看"计量器具显示是否正常，修正仪是否馈电，基表油位是否达标，用现场管道温度、压力值，比对修正仪显示的温度、压力值，检查修正仪显示参数是否有漂移现象；

记录工况、标况流量，"算"修正仪运算是否有偏差，简单的计算用标况瞬时流量与工况瞬时流量的比值，比照修正仪 C 值，误差不大，说明修正仪运行正常（注意环境温度的影响），否则需要检查修正仪的技术参数。必要时可引用天然气计算公式（需要查找此时间的压力、温度条件下的压缩因子参数），确保计算的准确率。

记录基表数据"算"同一时间段基表累计量与修正仪工况累计量是否相同,以观察、判断流量传感器是否故障。

对于无修正仪显示纯机械计量的计量器具巡检,可以利用秒表,记录 5min 或 10min 基表的运行量,计算瞬时流量,结合客户日用气量,来判断计量器具的准确性。

巡检的另一种方式,就是查看远程监控数据。对大型商业客户、工业客户安装远程监控,实时上传瞬时流量、累计量、温度、压力等参数,在燃气管理平台,观察客户计量器具数据的变化,通过分析能及时发现计量器具的异常情况,便于及时处理,以减少因计量器具故障发生的计量纠纷,提高计量的准确性。

巡检后以上数据要及时整理存档备查,并进行前后数据的比对,如客户用气量发生大的变化,要及时了解其生产状况,判断、排除非计量器具故障,引起用气量的变化。

(2)计量表具巡检管理

1)定期对燃气工商业及公福用户计量表具进行巡检,巡检周期不超过 3 个月,并有巡检记录;

2)开展工商业及公福用户用气规模普查,并与在用计量器具计量量程进行比对,客户的常用用气量点,满足计量器具满量程的 60%～80%范围内;

3)现场采集计量器具数据,通过计算,初步判断计量器具运行状况;

(3)计量表具巡检内容

1)观察燃气计量器具外观,表外壳有无损坏变形;

2)查看燃气计量器具运行状况,小火通气时,流量计计数器转动是否流畅,有无明显的响声或卡顿现象,位数是否进位;

3)检查燃气计量器具计数器及金属表封铅是否完好,是否存在破损痕迹;

4)轻微摇动计数器,看计数器是否有松动现象;

5)检查燃气计量器具是否有严重锈蚀或漏气,观察使用周边环境,排查产生故障的原因;

6)检查基表油杯内润滑油是否低于油标刻度线;

7)检查 IC 卡智能表剩余气量和基表读数以及是否有报警信息。

6. IC 卡表在燃气供销差管理中的注意事项

燃气计量是以基表的机械(或修正仪标况)数据为计量数据(主动计量),IC 卡表的产生是燃气发展过程的需求,解决了燃气行业抄表收费难的弊端,但也给燃气企业在抄表收费上带来一定的困扰。安装 IC 卡表具后,很多燃气企业完全信赖于 IC 卡控制器,由于技术的成熟性、产品质量的稳定性,造成客户在用气过程中,IC 卡表少扣量、不扣量、无预存量不关阀等诸多现象,给疏于管理完全依赖(多月不上门抄表)IC 卡表的燃气企业造成一定的气费损失,加大了财务供销差。多月不上门抄表,也很难发现燃气表和 IC 卡表的故障,建议加强 IC 卡表的管理,定期上门巡检、抄表,减少因 IC 卡故障丢失的燃气气量。

IC 卡客户当期的购气预付款不同于实际用气款,多(少)出来的部分,计算财务供销差时可起调节作用,是控制供销差管理的一种手段。

如何有效管理 IC 卡表具,重点从以下几点着手:

(1)新户包装时,在与客户签订《供用气合同》中,要明确燃气计量的表具型式,及发生故障时的燃气计量的计算方法。

（2）加强 IC 卡的抄表管理，不能因为终端客户安装的是 IC 卡表具就不抄表，至少要定期抄表，记录基表表数、IC 卡的剩余存量、累计使用量等相关数据，录入公司抄表管理系统，通过系统比对，很容易反映出客户使用量与购气总量的误差，及时发现问题，及时处理解决。

$$剩余存量＝购气总量－使用量$$

（3）管理人员要充分熟知燃气基表、IC 卡控制器的工作原理，了解基表和 IC 卡控制器之间的关系，以便在 IC 卡出现故障时及时向客户说明情况，及时追补气量损失，避免因误差较大，时间较长，客户难以接受，造成不必要的气量纠纷。

（4）在安检工作中，计量器具的安检应该是主要内容之一。安检时要同时检查 IC 卡的电池使用情况，记录表数、IC 卡的剩余存量、累计使用量等，正常情况下，IC 卡的累计使用量＝表数，说明现场 IC 卡系统没有问题，回单位后比对系统中客户的购气总量，计算理论剩余量，很容易发现客户是否存在超用问题。

（5）选用合格、正规的 IC 卡厂家生产的表具，同时满足售后服务的必要要求，督促厂家产品的技术改进。有条件的可以要求厂家设点来保证售后服务。

安装 IC 卡表具的客户，燃气企业不能放而不管，听之任之，更要加强巡检、安检、抄表管理。发现问题及时处理，避免产生不必要的计量纠纷。随着智慧城市的发展，基于 NB-IoT 技术为代表的智慧燃气表将取代 IC 卡表具，必将得到广泛应用与发展。

【IC 卡管理案例 1】系统外购气

2011 年 11 月，某燃气公司在燃气稽查过程中，发现某小区客户系统外购气的情况比较严重，经过对系统外用的调查，发现该起案件涉及面广，影响巨大，随即报警，并配备市特巡警支队调查，锁定了一个有 10 余人组成的非法贩卖天然气的犯罪团伙。

根据调查该团伙组织主要成员周某，原系燃气公司职工，2000 年因违规出售天然气，被燃气公司查处、开除。离开公司后，周某利用在公司原岗位上掌握的 IC 卡表具充值知识，利用维修表具中的"工具卡"，以及一台老式燃气 IC 卡表具，非法进行无限制临时卡的方式收集、存储天然气预存量，以 1 元/m³ 不等的价格，分别制作的天然气卖给下线，再由下线人员以 1 元以上的价格卖给居民用户，从中牟取差价。

目前，3 名主要嫌疑人已被批准逮捕，其余 6 名嫌疑人批准监视居住；已追回该案所涉及的盗窃赃款 25 万余元。同时燃气公司对公司运营系统进行升级，将原有的工具卡全部收回销毁，重新制作新型管理卡、工具卡，发放到专人手中，组织掌握管理卡、工具卡的员工，认真学习重新制定的《燃气 IC 卡管理办法》，从员工思想上重视 IC 卡的管理，工作中严格执行《燃气 IC 卡管理办法》，杜绝 IC 卡管理上的漏洞。

【IC 卡管理案例 2】法院文书

这是一个关于供用气合同下燃气公司与用户的计量纠纷，在实践中不少见。本案争议焦点在于是否应该按照葫芦岛某燃气有限公司主张的依据燃气表机械部分读数计算燃气费用。

当事人信息：

上诉人（原审原告）：葫芦岛某燃气有限公司。

被上诉人（原审被告）：王某。

审理经过：

上诉人葫芦岛某燃气有限公司与被上诉人王某供用气合同纠纷一案，不服葫芦岛市龙港区人民法院（2013）龙民二初字第 00098 号民事判决，上诉至本院。本院依法组成合议庭公开开庭审理了本案，上诉人葫芦岛某燃气有限公司的委托代理人、被上诉人王某到庭参加了诉讼。本案现已审理终结。

一审过程：

原审法院查明：王某为葫芦岛市龙港区书香家园 A 区 1 号楼 4 单元 602 室住户，2013 年 1 月 10 日原告葫芦岛某燃气有限公司工作人员至该住户家中进行正常维护检修过程中，发现该住户家中的燃气表存在问题，故予以更换，当时填写维修业务工单。在该业务单上填有该住户的地址、新表及旧表的气表品牌、钢号等，在用气量一项填有"新表 0.6、旧表 9846"，维修内容一项填有"大厅核气换卡，表不关阀换表，私接采暖炉"的内容，在该业务单上有维修员及用户王某的签字。

葫芦岛某燃气有限公司提交用户总购气量表一份，用以证明书香家园 A 区 1 号楼 4 单元 602 室住户在 2008 年 1 月 27 日至 2012 年 6 月 20 日期间共购买燃气共计 656m³。葫芦岛某燃气有限公司称在王某家换下的燃气表是民用的 IC 卡燃气表，该表分电子和机械两部分，机械部分是对燃气累计数量的显示，电子部分是对剩余燃气数量的显示，该燃气表机械部分无故障，但电子显示部分有故障，造成该表在取下电池后仍能正常使用，也就是电子部分不显示，但机械部分正常走字。在该燃气表上方粘贴有换表登记卡，上面记载了换表日期为 2013 年 1 月 10 日，表钢号以及在维修员位置签有"昂"字，在备注部分标有"表不关阀"，但无用户签字，在庭审过程中，经王某辨认，其对该表是由他家卸下的旧表并无异议，但王某称该表已从他家中卸走一年多，对于表上的数字是怎样形成的并不知情，而且葫芦岛某燃气有限公司认可该表存在故障，对于一块故障表，即使机械部分标有数字，也不能按照这个数字主张用户实际使用的燃气数量。

原审法院认为，王某是葫芦岛市龙港区书香家园 A 区 1 号楼 4 单元 602 室住户，从葫芦岛某燃气有限公司处支付相应价款购买燃气进行使用，葫芦岛某燃气有限公司负责供给燃气，应从以下几方面予以分析：

一、从用户王某家中使用的燃气表种类来看，该燃气表为民用 IC 卡燃气表，该表上部是机械计数部分，中部是电子显示屏部分，下部是卡槽及安装电池部分。IC 卡燃气表是预付费用方式使用的，即由用户持燃气卡至燃气公司处购买燃气，用存在燃气卡中的燃气充值到燃气表内使用，购买燃气使用完毕后燃气自动切断不能使用。从燃气公司提供的用户购买燃气量表中可以看到自 2008 年至 2012 年期间，王某购买燃气量为 656m³，因此，从正常情况来看王某使用燃气量上限应为 656m³。

二、从燃气公司的职能来看，燃气公司作为提供燃气、表具的服务单位，其应负责燃气的供给、燃气表的日常维护、校对、检测、管理等，燃气公司在安装燃气表时就应该选用合格的产品，安装以后应该定期检查，发现问题及时维修，如果认为表不准，及时校正，如果没有及时校正出现问题、产生损失应由燃气公司来承担，而不能转嫁给消费者即王某身上。

三、关于燃气表的计数问题，葫芦岛某燃气有限公司称本案所涉的燃气表电子显示屏处有故障，机械部分无故障，主张按照机械部分的读数收取燃气费，葫芦岛某燃气有限公司对该项主张负有举证责任，既然葫芦岛某燃气有限公司认可该燃气表是一块故障表，那么在存在故障的前提下，电子计数和机械计数哪个计数是准确的并不清楚。同时，该燃气表于 2013 年 1 月 10 日由燃气公司换走后，直至庭审时才提交至法庭，该表在换下时并没有进行有效的封存，葫芦岛某燃气有限公司的此项主张事实依据及法律依据不足，因此，葫芦岛某燃气有限公司依据该表上机械部分的计数主张燃气费用的诉讼请求，不应予以采信。

综上，依照《中华人民共和国合同法》第六十条、第一百七十六条、第一百八十条之规定，《最高人民法院关于民事诉讼证据的若干规定》第二条、第七十六条之规定，经原审法院审判委员会研究决定，判决：驳回葫芦岛某燃气有限公司的诉讼请求。案件受理费 474.00 元，由葫芦岛某燃气有限公司承担。

原审宣判后，葫芦岛某燃气有限公司不服，提起上诉，请求发回重审或依法改判。理由是：原审法院认定的事实错误。本案原审中已经认定了王某家燃气表的液晶显示部分有故障，从而导致其联通管理的阀门不能正常关闭，即不充值燃气卡也可以正常使用燃气，故不能认定王某购买了 656m³ 燃气就说明其只使用了 656m³ 燃气。另外，燃气表分成电子液晶显示部分和机械部分，并且两部分分工并不相同，电子液晶显示部分是燃气卡充值后显示的余气，机械部分显示的才是该燃气表使用燃气的真实总量，所以计算使用立数应以机械部分为准。王某作为燃气的使用人和受益人理应按照该机械表显示总量给付燃气费。

被上诉人辩称：

被上诉人王某口头答辩称：原审判决正确，二审法院应予以维持。因为我作为一个普通市民，只知道拿卡去买气，我使用的每 1m³ 天然气都是花钱在燃气公司买来的，至于燃气公司的表损坏，造成表多走了与我不发生任何关系。

本院审理查明的案件事实与一审查明的事实一致。

裁判结果：

本院认为，葫芦岛某燃气有限公司作为供用燃气合同的燃气供给方及民用 IC 卡燃气表具的提供方，不仅是燃气的供给者，还是每个燃气用户的燃气表具的安装、校对及日常检测、维护的管理者。即每个燃气用户与供气方葫芦岛某燃气有限公司达成供用燃气合同后，用户的燃气表具由供气方葫芦岛某燃气有限公司提供，并负责表具的安装、校对及日常检测维护，理所当然，燃气表具的质量及日常检测维持与用户无关。

且该燃气表具属 IC 卡燃气表，该种燃气表是只有预先支付燃气费用后才能使用燃气的表具，从上诉人葫芦岛某燃气有限公司提供的该用户购气量表看，王某家自 2008 年 1 月 27 日至 2012 年 6 月 20 日期间共购买燃气 656m³，且每两个月就去燃气公司买一次天燃气的记录亦说明被上诉人王某并不知情该表有问题。另外，因燃气表具故障原因造成的电子显示部分与机械计量部分不一致，也难以认定该表的电子计数和机械计数哪个计数为准确计数，上诉人葫芦岛某燃气有限公司亦没有充分的证据证明机械计量是绝对准确的用气量。

综上，葫芦岛某燃气有限公司上诉主张的应当按照机械部分的计量交纳燃气费的请求及理由不能成立，本院无法支持。原审判决并无不当，应依法予以维持。依据《中华人民共和国民事诉讼法》第一百七十条第一款（一）项规定，判决如下：

驳回上诉，维持原判。

二审案件受理费 474 元，由上诉人葫芦岛某燃气有限公司承担。

本判决为终审判决。

审判长　　张国军

审判员　　刘　伟

审判员　　唐金荣

2014 年 8 月 25 日

书记员　　杨　雪

笔者观点：燃气公司的责任，平时没有对客户进行安全检查，完全依赖 IC 表的功能，对 IC 卡表失去管理，每次对客户进行安全检查时，没有检查燃气表，或者说该户是安检无人户。发现问题拆表时，没有完整保全证据（无客户签字确认证据），无视频影像记录，也没有充分的向法庭说明 IC 卡表电子显示与机械表的关系。最重要的，可能与客户签订的《供用气合同》中没有明确表具产权款项，及燃气表、IC 卡出现故障后燃气计量的方法。

4.1.3　管网因素

管网因素：主要是指管网的"跑、冒、滴、漏"，以及在燃气管道置换、抢修、接驳等过程中损失的气量。

随着城市燃气用气规模扩大，燃气管网不断的延伸，特别是老、旧、未改造的铸铁管网，燃气出现泄漏的概率很大，导致供销差加大。老的城区管网，燃气管线的强度、韧性、抗压抗震性等，随着时间的推移，性能不断的下降，或者说在外力作用下（重车碾压、地基下沉、市政施工等），可能会造成老旧管线损伤，导致燃气泄漏。新安装管线安装过程中由于材料质量、工程质量、管线埋深度不够等不合格因素，也容易引起燃气泄漏。

美国波士顿大学研究员 Nathan Phillips 利用具有 GPS 功能的甲烷检测车对城镇低压管网做过泄漏检测，其中波士顿检测 1263km，发现 3356 个泄漏点，华盛顿检测了 2414km，发现 5893 个泄漏点，泄漏值在 30ppm 以下。

英国燃气公司为了对城镇燃气管网泄漏进行量化评估，分别在 1992 年（NLY1992）和 2002 年（NLY2002/3）对城镇低压管网进行泄漏测试检查，得出评估结果：在所有的管道中，PE 管的评价泄漏率最低，仅有 $0.009m^3/(km \cdot h)$，除 PE 管外，其他管道口径越大，泄漏率越高，二次相比，球磨铸铁管和钢管的泄漏率有所增加，其他管道泄漏率有所降低。评估还发现管网的泄漏率基本上与管网压力成正比例关系。结果显示城镇管网是整个燃气输配系统中泄漏率最大的环节，由此提出"按需调压是一种减少管网泄漏的主要技术途径"。

城镇燃气管网天然气泄漏的原因主要是：

（1）施工质量问题，施工人员施工不当，管理不严；

（2）管道、材料问题，燃气管道受腐蚀后损坏、沙眼、裂纹、老化等；

（3）管网维护不及时、违章操作、人为破坏等；

（4）阀门阀芯、盲板、法兰、管道接头连接密封不严；

（5）管网压力控制不当等。

1. 管网的泄漏

（1）地下管的泄漏

地下管的泄漏因其不易察觉，潜在的危害性大，应特别引起重视。PE 管道具有良好的机械性能和抗腐蚀性，泄漏情况较少。地下管泄漏主要集中在城市老管网中的球墨铸铁管和钢管上，涉及到 4 种类型：

1）铸铁管破裂：铸铁燃气管道存在机械性能较差，抗拉强度、抗弯曲、抗冲击能力低和焊接性能差，容易断裂等缺陷。当管道上方的路面常有载荷时，若管道埋深不足或雨后地面松软，可能导致燃气泄漏；由于城市的快速发展，地下的相邻管道如电缆、污水管道等，如果铺设的距离与燃气管道距离太近，那么这些相邻管道一旦出现沉降，势必会对燃气管道造成损坏产生漏气。

2）铸铁管的管道接口处容易泄漏：采用机械接口的铸铁管相对于采用焊接、法兰连接的钢管，在管道接口处更易出现泄漏情况，容易因热胀冷缩或机械振动而导致接口处漏气。

3）老旧管网腐蚀漏气：通气在一定年限以上的燃气户外管网和燃气户内管道不同程度的存在老化现象，发生漏气的情况也明显增多。其中漏气中因腐蚀漏气的比例较大，因为土壤的含水量、酸碱度等都会加剧管道腐蚀，最终导致管网漏气。

4）对于 PE 管燃气管道，出现较多的问题是电熔配件泄漏，如电熔焊机外接电压不稳，则会出现 PE 管道和电熔配件因电压过低未能充分熔接，或电熔配件因电压过高导致过热、短路造成喷料冒烟等问题，若未进行返工处理，则形成泄漏隐患。热熔焊缝泄漏的情况虽然较少，但也有 PE 管道热熔焊缝在投入使用后发生脱落，产生泄漏的个别案例。

（2）立管的泄漏

立管的泄漏容易发生在活接头和引出管等处。零件质量、安装质量、密封胶圈老化都会导致立管的活接头处泄漏。另外，地基下沉等因素会引起引出管变形或穿孔，从而导致立管泄漏。对于镀锌燃气钢管，早期螺纹连接的密封采用"麻丝＋厚白漆"施工工艺，在使用干燥的天然气后，密封填料会脱水、干裂，使接口密封性能下降，最终导致泄漏。另外，由于埋地钢管防腐层质量低劣、穿越下水道时未加保护套管、采用冷镀锌钢管等问题造成管道严重锈蚀、穿孔泄漏的情况也有不少。

（3）调压器和阀门处的泄漏

阀门泄漏主要由本身质量问题和阀芯密封不严，密封螺丝没上紧这三方面原因导致。调压器的接口位置也易出现泄漏。

（4）管网意外破损

管网意外破损事件主要指外单位野蛮施工造成的第三者破坏。城市建设快速发展，各种地下管网相互交错，由于第三方施工单位未与燃气企业做好作业沟通，对作业现场燃气管位不熟悉，第三方施工单位野蛮施工挖断燃气管线导致燃气泄漏的情况也时有发生。

（5）管道放散用气

在管道维护修理工程或天然气置换工程中，经常因工艺要求需现场放散管道内遗留的原有燃气。

（6）燃气管网施工质量差

少数新敷设的供气管线因未严格按照设计施工规范操作，而出现漏气，存在防腐未做、埋深过低、焊接不实等安全隐患。究其原因一方面是施工单位将燃气工程转包，对具体施工单位监督管理不到位。另一方面施工人员职业素养不高，质量意识不强。

2. 管网供销差治理

（1）管网检漏与维修改造工作。

1）加强管线泄漏检测，提高泄漏自查率，保证管线安全，减少燃气泄漏，建议在条件许可的情况下，燃气公司应制定计划对年代久远、泄漏严重、风险较高的铸铁管进行改造更换，逐步取消管网中的铸铁管，未更换前采取定期的管网检漏制度，对铸铁管区域每三个月一次检漏，其他管网每六个月一次检漏，立管每年挂压查漏一次。沿管线可先用微量燃气探测器进行探测，如该仪器有所显示时，再用可燃气体探测器确定燃气的存在。发现管网泄漏后，燃气公司应立即采取措施制止泄漏，维修或更换该管段。

2）阀门、调压设施定期检漏及记录。

建议地下阀门井和放散井每半个月检漏一次，每半年进行一次全面维护保养；维护内容包括查漏、检查开关灵活性、清理井内杂物；调压站及调压箱每一个月检漏一次，每半年进行一次全面维护保养。调压设施维护内容包括查漏、检查压力、检查锁压、检查安全阀放散压力等。发现阀门、调压器泄漏后，燃气公司应立即采取措施制止泄漏，进行维修或更换。

3）防止管网受第三者破坏意外破损。

加强第三方破坏管理：燃气企业应加强燃气管道的巡线力度和巡线频次，及时掌握市政等第三方施工动态，强化工程施工前现场安全协议的签订和工程施工过程的监控，防止操作不当造成燃气大量泄漏。

4）加强放散管理、减少放散。

在保证安全的前提下，燃气管道及附属设施进行例行的维修、检修时，尽量减少置换、放空及放散作业的燃气损耗量，合理安排施工作业，加强施工组织，同一片区的停气施工作业尽可能一次性完成，减少重复停气次数。加大新技术、新设备的使用，提高不停气施工与不停气维修、维护作业的比例，减少燃气放散量。

（2）日常管线维修、抢险、接驳（碰头）等工作中，管网会有必要的泄漏，工程量越多，泄漏量越大，积少成多，也是一笔可观的气损。因此施工中，要优化工艺流程，确定施工方案，实行工作证许可制度，降低管网燃气的放空量，缩短施工时间，减少燃气泄漏量。

【资料分享】维修、抢修、接驳工作《一般工作许可证》（表4-14）。

（3）要严把新建管线质量关。

新建管线应从原材料采购、施工人员的技术水平和责任心、施工机具的配套以及施工过程的监督等方面把关。特别是计量仪表安装，质量管理人员一定要到现场监督，不合要求，坚决返工。大流量用户的计量器具安装后一定要严格验收后方能投入运行。

（4）新增管网、客户置换用气，特别是中压 A 级以上管网，安装长度增加，投入使用时需要用天燃气进行置换，赶走新管道内空气用掉的天燃气、置换后存留在新管网内的气量，都属于购气以后的量，应在销气量中有所体现。

一般性工作许可证　　　　　　　　　　　　表 4-14

部门：工程技术部　　　　　　　　许可证编号

(一) 申请部分（工程负责人填写）　　姓名：　　　组别：　　　职位
(1) 工作时间、地点及内容： 时间： 地点： 内容： (2) 存在的风险及应采取的安全防范措施： 风险：1.　　　　2.　　　　3. 措施： (3) 需用的个人防护装备：

(4) 气体测试（是□　　否□）

测试	初试	复试	测试时间	测试人	负责人签署	日期
易燃气体	（%）LEL	（%）LEL				
氧气	%	%				
其他						

(二) 签发部分（授权人或委任人）

本人批阅此许可证，同意所要执行的工作和所必须采取的防范措施。经检查已符合要求。本人也会确保属下员工遵守安全措施。不会进行其他非本许可证注明之工作。

签发人（授权人或委任人）：　　　　　　　　　　日期：

(三) 接受部分（施工现场负责人或承包商负责人）：

本人已阅此许可证，同意所要执行的工作和所必须采取的防范措施，本人也会确保属下员工遵守安全措施，不会进行其他非本许可证注明之外工作。

施工现场负责人：　　　日期：　　　承包商负责人：　　　日期：

(四) 转移：

本人声明已将上述工作交与新负责人(　)　施工现场负责人（原）：　　　日期：
本人愿意接受上述工作并同属下员工遵守许可证之安全规定，不会进行非本许可证注明之外工作。

施工现场负责人（新）：　　　日期：
本人批准转移此工作许可证。　　　签发人（授权人或委任人）：　　　日期：

(五) 暂停及测试：

本人已通知属下员工停止工作并告知所有员工安全措施已撤销。　　工程负责人：　　　日期：
本人声明本许可证及其副本已被暂时取消。　　　签发人（授权人或委任人）：　　　日期：

续表

（六）还原： 本人声明暂停取消。经检查已符合安全要求。此许可证再次生效。 　　　　　　　　　　　　　　　　　　　　签发人（授权人或委任人）：　　　日期： 本人声明接受许可证之安全规定，履行职责。 施工现场负责人：　　　日期：　　　　　　　　　承包商负责人：　　　日期：
（七）撤离： 上述工作：已完成□；未开始□；已开始未完成。场地内工具和设备已清理。人员已离开。 施工现场负责人：　　　日期：　　　　　　　　　承包商负责人：　　　日期：
（八）取消： 本人声明所有设备仍被隔离□；已解除隔离□。此工作许可证及副本已被取消。 　　　　　　　　　　　　　　　　　　　　签发人（授权人或委任人）：　　　日期：

4.1.4　环境因素

环境因素：包括客户用气结构、温度、压力、上游计量。

（1）客户用气结构。

客户用气结构指的是民用客户用气量与工商客户用气量的比例，工商客户越多，用气量越大，供销差就越小。最佳用气结构是工商业客户用气量占整个客户用气量的75％以上。所以大力发展工商客户使用天然气，是燃气公司缩小供销差的重要工作。

（2）天然气结算是以标准状态（101.325kPa，293.15K）为依据结算。无温度、压力补偿时，当气温下降，就会造成计量偏低，这也是冬季输差特别大的因素之一。

温度的影响（每变化3.3℃，产生1％影响），新增用户尽量选型安装带有温度、压力补偿的计量器具，减少机械皮膜表的使用。实现温度和压力自动补偿，达到科学计量的目的。

压力影响（每变化1kPa，产生1％影响），在调压器选型时要考虑客户燃气设施的最大流量和最小流量，及今后可能增加的燃气设施情况，调压器设计流量应适当放宽20％～30％的富余量，这样可以使调压器后设定压力尽量低，减少计量器具的计量损失，随着温度的变化，建议可以季节性调整低压管网的供气压力，在确保满足客户需求的情况下尽可能地降低供气压力。

调压器出口压力对天然气供销差的影响：调压器出口端压力越高，其计量的体积就减少得越多，天然气公司在结算时供销差越大。公司和上游供气单位及下游用户贸易计量标准为20℃，101.325kPa。如果计量器具无压力补偿，按照气体状态方程计算，压力升高1kPa时计量损失为1％左右。适当调整调压器出口设定压力，降低灶前压力，只要符合国家标准，并且满足末端燃具正常使用即可，不宜偏高。对于调压器流量不能满足燃气设施要求的，适时进行改造，更换为较大流量的调压器，降低调压器后出口压力。有数据表明，降低管网压力，可以有效的减少管网泄漏率，当管网压力从3kPa降低到2kPa时，管网泄漏率约可以降低 18.4%。

（3）监控上游计量，建议在接收燃气的门站与上游压力相同的管道上，安装一台与上游流量计同型号、同规格，最好是同厂家的计量器具，每日记录流量计数据台账。加强与门站计量点数据的比对。落实专人与上游末站人员沟通，记录上游末站、公司门站各个计量点（与购气量有关）每日数据的统计，做好数据横向和纵向的对比，如果发现数据波动异常，查明原因及时协调处理；同时建议参与上游末站的计量器具检定工作，时刻观察上游末站的计量设备是否稳定运行。

总之，控制供销差是一个艰巨、复杂的系统工程，只有"全员参与、领导重视，管理到位、制度落实、责任明确、考核分明"，才能更好地挖掘各个环节的人员潜力，降低燃气供销差，提高企业核心的竞争力，为企业的发展，创造更大社会效益和经济效益。

4.1.5 控制供销差的管理措施

（1）全员参与，高度重视，制度落实，共同管理；

（2）加强与上游末站的联系沟通，参与末站计量器具的管理工作；

（3）加强计量器具的选型、管理工作；

（4）提高抄表人员的抄表准确率、及时率、同时性；

（5）加强管网巡线、查漏工作，杜绝管网第三方破坏；

（6）坚持客户巡检、安检制度，杜绝客户盗气现象发生；

（7）针对冬季气温变化的影响，建议组织人力，对全部城市燃气管网室外地上燃气设备、管网进行一次专题性安全大检查，查违章、查盗气、查黑户，查跑、冒、滴、漏。

4.2 门站贸易供销差

门站贸易计量供销差是指门站上、下游交接输差，计算上游和门站接收的计量值的差而得到。计算公式：

供销差＝（上游计量值－门站进站计量值－门站与上游之间管储量的变化）

供销差率(%)＝100%×(上游计量值－门站进站计量值－门站与上游之间管储量的变化)/上游计量值

门站贸易交接输差不包括输气管线及设备正常施工、置换和维修放空量以及计量不符合双方签订的协议引起的差值。

供销差参考指标：门站贸易交接供销差率要求不大于1%。

4.2.1 与上游进行气量的交接

（1）交接计量执行与上游签订的《燃气供销合同》中的有关计量条款，同时执行《原油天然气稳定轻烃销售计量管理规定》的有关规定。

（2）确认与上游进行气量交接的方法：企业计量管理人员与上游单位计量人员按约定共同抄表，填写《交接计量数据现场确认单》确认燃气交接量。当以上要求无法实现时，燃气交接计量器具所在辖区的企业计量管理人员，应在结算时间抄录相关的数据，上报企业计量管理部门。企业计量管理部门依据计量管理人员上报的数据与上游计量管理部门进行计量确认。

（3）进气交接供销差率控制在±1％以内。

（4）及时收集上游站计量检测设备的检定证书和流量计相关资料，详细了解上游站的工艺流程和工艺操作情况。

（5）交接计量监督、监察项目：

1）计量管理人员每天接收并确认上游的计量数据，核查门站贸易交接供销差，出现供销差报警要及时查找原因并上报企业生产运营部。每周计量管理人员要核查上游流量计标况读数、工况读数等相关计量数据。

2）企业定期（每月）对交接计量进行一次监督检查，经常与上游进气站及上游燃气公司计量主管部门联系，对燃气流量计量处理方法要全面了解。

3）对异常供销差必须尽快查明原因，予以处理，检查项目及要求主要有：

参数设置与计算方法、仪表示值检查及运行范围、流量计运行报警情况、气量计算和积算（工况与标况转换，现场表头工况与流量计算机中工况核查）。

4）对于供销差产生原因复杂，无法查处的，要及时上报企业生产运营部，生产运营部及时组织人员协助解决问题。

5）在与上游签订的供销合同中，要求有明确的计量交接管理详细条款，不完善的，要与上游补签计量交接条款，确保交接在平等、公平、公正的环境下进行，实现对上游的计量器具的监督。

4.2.2　计量方案设计、审核

企业新、改、扩建的项目中涉及燃气交接计量器具口径不小于100mm的项目，计量设计与选型方案应由企业最高计量管理部门组织专家论证、审核、批准。

负责对计量方案进行审核的人员应为企业计量专业主管领导或专家、计量管理部门的专业技术人员和其他相关计量专业技术机构的专家。审核方式为：项目所在企业的计量专业管理人员进行初审，然后报企业最高主管部门会审，会审的专家应不少于5人。

城市天然气门站计量设计选型时综合考虑各种流量计量仪表的优点、缺点和贸易计量的法制性要求，气体涡轮流量计、标准孔板流量计和气体超声流量计成为城市天然气门站计量仪表的首选。

1. 气体涡轮流量计

气体涡轮流量计的主要特点是高准确度、高重复性。准确度一般为±1％，特殊要求下可以达到±0.5％。重复性最高可达到0.05％～0.2％。因此，在正确安装使用的前提下，保证经常校准，或者是在线校准，将会得到很高的精度。用于天然气门站计量的气体涡轮流量计，一般配有机械计数器和体积修正仪，有各种气体状态的显示及各种信号输出接口。中大口径气体涡轮流量计的流量测量范围一般为20：1～40：1，气体涡轮流量计的流量测量范围一般为10：1。产品整体性好，安装使用方便。

但是，气体涡轮流量计也是一种易受现场条件干扰的流量计。流体物理性质的变化将直接影响气体涡轮流量计的测量准确度。天然气密度发生变化会影响到涡轮流量计的测量下限，密度变大时测量下限值将变小，反之测量下限值将变大。在选择气体涡轮流量计作为门站计量仪表时，应根据所测量天然气的温度和压力对密度的影响，重新换算流量计的测量下限值。脏污、结垢、粉尘等流体性状的变化，将会改变管道粗糙度、流通面积、叶轮轮廓，使流量计的计量性能受到严重影响。旋转、脉动、畸变等流体流动特性的影响也会使流量计的计量结果发生偏移。

作为门站贸易计量的计量器具，气体涡轮流量计的标准是比较完善的。《封闭管道中气体流量的测量 涡轮流量计》GB/T 18940—2003 规定了涡轮流量计的尺寸、范围、结构、性能校准和输出等特性。《用气体涡轮流量计测量天然气流量》GB/T 21391—2008 结合天然气测量现场的实际使用情况，提出了许多有针对性的技术规定。《涡轮流量计检定规程》JJG 1037—2008 为产品的型式评价和使用中检定提供了依据。

2. 标准孔板流量计

标准孔板流量计的主要特点是检测部件标准化，可以准确复现，产品结构简单，无可动部件，性能稳定，使用寿命长，性价比很高。孔板流量计有着悠久的发展历史和深厚的理论基础，孔板流量计的标定可以采用干标的方法，即流量计无需实流标定，配合高级可换孔板阀的使用，使得高压力、大流量在线使用的孔板流量计周期检定成为可能，进一步满足了作为贸易结算用天然气流量计量仪表的法制性要求，因此具有很强的可操作性。

随着电子电路和计算机技术的高速发展，二次仪表的性能有了质的飞跃，宽量程智能差压变送器的出现，解决了差压信号宽范围测量的精度问题，流量计算机的出现解决了流出系数和可膨胀性系数在线实时修正计算的问题，这样的组合使孔板流量计的范围度很容易达到 10∶1 以上。研究表明，使用多台高性能智能差压变送器的组合，可以使孔板流量计的范围度达到 120∶1，而且此项技术已经在工程实践中开始应用。

标准孔板流量计虽然具有上述公认的优点，但还有很多不足。孔板锐角钝化带来流出系数偏离标准值的问题是本质的缺陷，只能采用系数修正和定期检测更换的方法加以解决。另外，标准孔板流量计压损相对较大是它的另外一个本质缺陷。对于安装要求前后直管段较长的问题，应该认真分析并通过科学的计算加以应对，例如通过计算，控制直径比 β 值在 0.6 以内，可以有效缩短直管段的长度。选择合理的计量系统精度也是缩短直管段长度的手段之一。

从 1930 年的美国 AGA No.1 报告到现代的 ISO 5167—2003E，国际上很多学术组织和研究机构对标准孔板流量计的研究不断深入完善，技术标准涉及到产品的生产制造、安装使用和检定校准等方面。我国为适应天然气工业的实际发展需要，也制定了天然气流量测量的行业标准《用标准孔板流量计测量天然气流量》SY/T 6143—2004（已废止），并于 2008 年由中国石油天然气集团公司提出并编制国家标准《用标准孔板流量计测量天然气流量》GB/T 21446—2008，标准采用国际先进标准内容并充分考虑我国天然气计量工作长期的实践经验。

3. 气体超声流量计

20 世纪 90 年代，气体超声流量计的出现引起了人们的强烈反响。它突出的优点在于：流量方程简单可靠；测量范围很宽，可达到 100∶1；准确度高，作为贸易计量的四声道以上产品，准确度一般为 ±0.5%～±0.2%；无可动部件；无压力损失。高度智能化的强大数据处理单元，在测量流量的同时还能同时监测流体流动特性的变化（流场畸变、旋转流等）、流体物理性（密度）的变化等，并对流量测量的结果随时进行修正。气体超声流量计由于其本身的工作原理及特点，决定了它是继孔板流量计之后有可能实现干标的另外一种流量计，这对于该产品日后的推广和使用有着非常积极的影响。

近年来我国随着气体超声流量计使用量的增加，现场实践经验日趋丰富，科技工作者也加大对其现场影响因素的研究，并且已经暴露出许多深入的问题，具体如下：

（1）噪声的影响。噪声是此类流量计特有的影响因素，超声流量计是基于换能器发射和检测声脉冲进行计量的，而在计量现场的工艺管道中存在大量的噪声源，流体通过阀门、整流器、各类管件时会产生一定的噪声，并且由于流量、温度、压力等工况的变化，噪声也是随时变化的。如果噪声的频率和流量计的工作频率范围一致，就会产生较大的干扰。

（2）气体中杂质对流量计性能的影响。天然气中含有水分、硫化铁粉末及其他脏污杂质，对管道内壁、超声探头会产生影响。内壁粗糙度改变会使速度分布发生变化，测量的准确度和稳定性都会降低；脏污杂质腐蚀管壁使管道截面积增大，则流速相应降低；探头的污染造成声波传输障碍。目前部分厂家提供先进的自诊断软件，可对上述变化进行监测，但效果还有待观察。

（3）标定手段的影响。按照我国贸易交接用流量计量仪表的法制性要求和国家标准《用气体超声流量计测量天然气流量》GB/T 18604—2014 的要求，"气体超声流量计在出厂使用前、修理后和使用达到检定周期时应进行实流校准"。但就目前国内的实际情况来看，具备检测能力的检测机构少之又少，其设备检测能力远不能满足现有气体超声流量计的实流校准需求，造成许多在用的气体超声流量计无法定期进行实流校准，其计量性能状态不得而知。

我国参照 AGA No.9 报告制定了气体超声流量计的应用标准《用气体超声流量计测量天然气流量》GB/T 18604—2014。制定了检定规程《超声流量计检定规程》JJG 1030—2007，用于以时间差法为原理的封闭管道用超声流量计的型式评价、首次检定、后续检定和使用中的检验。

燃气集中外输的加臭站，燃气交接计量器应设计、安装在架臭装置前端。

4.3　LNG 贸易供销差

4.3.1　设备及工艺对供销差产生的影响

（1）设备制造水平有待提高。

LNG 真空绝热储罐、真空泵池等设备在目前工艺水平下无法达到绝对的真空绝热状态，因此这些设备会与外部会发生缓慢的热交换，形成 BOG 气体；加气站流量计多数质量流量计，质量流量计有零点漂移，在零以上时便会造成加气时实际加气量比计量加气量多，而造成加气站的隐性损耗。

（2）工艺设计不合理。

1）加气站设计过程中工艺管路比较长及阀门、弯头、法兰数量较多，LNG 在管路流动过程中遇到到阻力会比较大，产生热量；

2）保证泵的正常运行，需要 LNG 潜液泵池及 LNG 柱塞泵头进液充分，工艺管路如果设计不合理，会造成进液及回气的阻力加大，加气站设计储罐出液口与潜液泵进液口正压小，以至于潜液泵池入口的正压头不足造成潜液泵进液不足，启动潜液泵，瞬间出液量大于进液量，泵池内产生气相空间，导致泵跳停。跳停后，泵池内气相空间压力加大，需要排泵池气相，降压引流，导致损耗；

3）LNG工艺管道保冷设计中采用绝热材料保冷或者是真空管道，绝热材料包覆结构形式基本可靠，但是在选择材料时应严格按照《设备及管道绝热技术通则》GB/T 4272—2008，很多加气站采用的绝热材料是用于保温而不是保冷，由于保温材料使用的温度一般在−50℃以上，而LNG最低温度在−162℃，所有保温材料在应用与LNG管道保冷中寿命短，效果差。对于真空管道，目前没有可执行的技术规范，很多厂家都是按照自己的企业标准设计生产，生产制造质量不高，导致真空度寿命低，最长约在2年左右，有的甚至运行数月就失效，并且现场抽真空难度大，效果差，前期加气站建设中用的比较多，现在使用的比较少。

4.3.2 加气站运行及加气计量环节对供销差产生的影响

（1）加气机定期检定。

由于气源产地不同，LNG的密度、热值、汽化率、温度会稍有差别，加注量略有波动，不影响加气计量的准确性。LNG加气设备按照国家标准，定期由国家计量部门定期检定，确保计量的准确定。

（2）加气机气动阀行程杆位置偏高，有部分液体未计量便充入气瓶。

由于液相气动阀没有彻底关闭，在将加气枪插到车载气瓶上时，真空箱内的液体将进入车载气瓶，越长时间没点加气按键，进入车载气瓶的液体越多，这将造成部分损耗。

（3）储罐压力较低，有时在加气时需打开溢流口排空阀辅助进液。

储罐液位较低时，由于气体进入潜液泵较多，需打开溢流口，排空辅助液体进入，保障正常加气。在卸车即将结束时，由于槽车液位较低会有气体进入潜液泵，为了保障能够将槽车卸干净，此时需打开溢流口排空，确保液体进入储罐。

（4）回收用户储气瓶内的BOG。

加气时用户储气瓶内的BOG回到储罐里，有利也有弊。当加气站售气量较大时，气瓶回气可以被冷凝而再次利用，从而降低供销差。当加气站售气量较小时，却会因用户气瓶大量回气，导致储罐压力上升加快，增大供销差。加气站日售气量的大小，对供销差的影响较大。售气量大，储存周期短，排放小，对应的供销差必然小。

（5）气源温度和压力的影响因素。

1）气源温度较高时，LNG的冷凝效果较差，加气时要求用户的储气瓶压力较低，必须对其进行排放或者回气。

2）气源温度较高时，LNG的升压较快。对于刚投产LNG加气站，售气量较小时，LNG温度较高不便于储存。

3）气源温度高时，卸车后槽车内储罐余压较高。槽车返回液化场站后，又将余压排放。如此反复造成供销差高。

由于卸车需要，槽车卸车完成后，仍然带有0.4～0.6MPa压力。而装车时这部分压力需排掉，损失在200kg左右。这部分气体一般在站内过磅时，押运员已经要求排掉，因此损失的BOG气体全部计入站内供销差。

（6）跑冒滴漏现象对供销差的影响。

为杜绝跑冒滴漏现象，要求工作人员每 2h 进行一次设备巡检，发现问题及时处理，保障安全和减小损耗。

（7）加气站产能率过低

许多加气站运行之初，加气车辆太少加气量达不到设计规模，导致 LNG 储存时间过长，加气间隔较长，管道内液体滞留时间长，吸热多，下一次加气时，打循环后这部分热量回流的储罐，造成储罐升温快，压力上升快，而时间越长，造成排放越多。

4.3.3　人员操作的影响

人员操作主要体现在以下 4 个方面。

（1）卸车操作不得当，卸车需要将槽车压力增压到高于储罐压力时才能进行，但储罐经过一段运行后一般压力较高，通常能达到 0.8MPa 以上，而槽车压力一般较低，约为 0.2MPa 甚至更低，如果直接对槽车增压，对储罐排放将会增加大量排放，另外卸车完毕后槽车压力直接排出，或与储罐上进液进行压力平衡，使槽车泄压不到位，造成卸车损失。另外如卸车过程中泵的频率过高（要求不超过 95Hz），在卸车后期时容易造成泵池进出液流量不平衡，引起泵池排空。

（2）加气完成的系统处理，加气完成后，泵会停止运行，这时候，泵池及管道中会有许多残留液体，这部分液体汽化速度相当快，基本通过泵后回流管回到储罐的气相空间，造成储罐压力快速上升，被迫排空储罐。

（3）加气频率过高，储罐压力又比较高时会造成加液压力过高，导致加液安全阀起跳从而造成气损。

（4）防控管理不严格。储罐压力达到排放压力需进行放空时，操作人员不严格监控，压力降到正常值时不及时关闭放空阀，造成浪费。

4.3.4　供销差统计分析

全年因 LNG 卸车前后损失、LNG 汽化率理论值与实测值间差异的综合作用产生的供销差率 δ_1 的计算公式为：

$$\delta_1 = \frac{V_{L,\text{sup}} + V_{L,\text{dif}} + V_{L,\text{unl}}}{V_{\text{ann}}} \tag{4.3-1}$$

式中　δ_1——全年因 LNG 卸车前后损失、LNG 汽化率理论值与实测值间差异的综合作用产生的供销差率；

$V_{L,\text{sup}}$——全年因 LNG 供应商计量误差产生的燃气损失，m^3；

$V_{L,\text{dif}}$——全年因 LNG 槽车超压放散产生的燃气损失，m^3；

$V_{L,\text{unl}}$——全年因 LNG 卸车不充分产生的燃气损失，m^3；

V_{ann}——根据各供应商 LNG 出厂过磅量和相应理论汽化率计算出的全年燃气供应总量，m^3。

全年燃气供应总量 V_{ann} 的计算公式为：

$$V_{\text{ann}} = \sum_{i=1}^{n} (m_{\text{sup},i} \varphi_{\text{sup},i}) \tag{4.3-2}$$

式中　n——全年到站 LNG 槽车总数；

　　　i——到站 LNG 槽车的顺序号；

　　$m_{\text{sup},i}$——LNG 供应商提供的第 i 车 LNG 出厂过磅量，t；

　　$\varphi_{\text{sup},i}$——LNG 供应商提供的第 i 车 LNG 的理论汽化率，m^3/t。

全年燃气实际卸车总量 V_{uul} 的计算公式为：

$$V_{\text{unl}} = \sum_{i=1}^{n} (m_{\text{act},i}\varphi_{\text{act},i}) \tag{4.3-3}$$

式中　V_{unl}——全年燃气实际卸车总量，m^3；

　　　n——全年到站 LNG 槽车总数；

　　　i——到站 LNG 槽车的顺序号；

　　$m_{\text{act},i}$——第 i 车到站 LNG 实际卸车量，t；

　　$\varphi_{\text{act},i}$——第 i 车到站 LNG 对应的实测汽化率，m^3/t。

全年因 LNG 卸车前后损失、LNG 汽化率理论值与实测值间差异的综合作用产生的供销差的计算公式为：

$$V_{\text{L,sup}} + V_{\text{L,dif}} + V_{\text{L,unl}} = V_{\text{ann}} - V_{\text{unl}} \tag{4.3-4}$$

将式（4.3-2）～（4.3-4）代入式（4.3-1），则 δ_1 的计算公式为：

$$\delta_1 = 1 - \frac{\sum\limits_{i=1}^{n}(m_{\text{act},i}\varphi_{\text{act},i})}{\sum\limits_{i=1}^{n}(m_{\text{sup},i}\varphi_{\text{sup},i})}$$

式中　n——全年到站 LNG 槽车总数；

　　　i——到站 LNG 槽车的顺序号。

4.3.5　供销差控制措施和解决方案

1. 日常控制方法

（1）控制储罐及管道的排空次数，及时对失真空的设备进行修复，保证储罐及管道的真空度，使储罐和真空管道达到最好的保温效果。

（2）更改卸车方式，通过手动模式进行卸车，随时观察潜液泵的电流，能降低槽车内余留的液体数量，以及控制排空时间等措施，是最有效控制损耗的方法。

（3）按时按要求做设备巡检，第一时间发现跑、冒、滴、漏及时处理可避免不必要的损失。

（4）储罐系统在管线多处设有管道安全阀和手动放空阀，建议在关闭任意管线前后阀门，形成封闭区间时，手动放空管线中残余液、气体，避免安全阀频繁启跳。

（5）卸车过磅时需派专人跟车，监控过磅过程，严控卸车过程中影响卸车数据的因素，必要时要应留有影像。

（6）增加加气站的销量，是减少气损的重要途径。

2. 设备方面

由于目前的真空设备制造技术条件，设备无法达到绝对真空状态，只有尽量的采取措施来控制，主要有以下几个途径：

（1）设备尽量采用绝热效果好的设备，如用真空缠绕储罐代替珠光砂填充的 LNG 储罐。

（2）要定期检验真空设备及真空管道的真空度，不合格时重新抽真空，使设备处于最佳工作状态。

3. 人员操作方面

（1）规范加气站各项工艺流程相应的操作规程，加强加气工作人员的培训，提高人员操作水平和技术能力。

（2）卸车时必须平压，而且平压操作时，必须使储罐气相与槽车液相连接平衡压力，气体进入槽车时可以液化平压完成后，储罐会稳定在一个较低压力值上。严格执行采用储罐气相气体对卸车管线进行置换三遍的方式。

（3）卸车后期，在槽车内 LNG 卸完时，通过倒阀门，储罐进液方式由上进液改为下进液，把槽车内的 BOG 卸至储罐，此方法可以使槽车的压力降至 0.3MPa 上下，可以减少卸车损耗约 80kg。

（4）合理安排进液计划，杜绝出现三个站及以上数量的加气站合卸一车的情况出现。

（5）卸车后期根据泵池进液情况，将潜液泵频率调整到 80Hz 左右，降低潜液泵出液流量，来保持泵池的进出液流量平衡（潜液泵频率最高不得高于 95Hz）。

（6）在液温较低（-140℃以下）而储罐压力又较高时进行"液-泵-上进液"的打循环操作，使气相空间部分气体降温再液化，以此达到降低储罐压力的目的，减少排放次数。

（7）定期检查加液控制阀是否内漏，检查方法为空枪加液，如显示屏显示有加液量，可判定为阀门内漏，需更换阀门主垫片或阀芯。加液时，如果加气控制阀在未起跳时加气软管会有吱吱的声音，也可判定为内漏。

（8）在放空时，放空阀需缓慢开启，现场必须留人看守，压力降至正常值时及时关闭放空阀。

4. 优化工艺设计

（1）合理布置总图方案，在符合规范安全距离要求的情况下，尽量保证储罐与泵管口的管线最短，最好在 3m 以下，泵到加液机的管线长度在 30m 以内，最长不超过 40m。

（2）严格保证潜液泵的进液压差，设计时抬高储罐标高，使储罐出液口与潜液泵进液口的高差不小于 1.2m，1.5m 最适宜。

（3）尽量减小管线阻力，避免压力损失；

1）合理选用管线，选用内壁较光滑的管件、管道，严禁波纹软管的使用。

2）合理布置管线走向，储罐与潜液泵之间，应保证潜液泵进液管道有一定的坡度，潜液泵池和加液机到储罐的回气管线，禁止出现上翻下翻的状况，避免形成低洼处，造成回气不畅。

3）合理选择保冷形式，除泵撬内管线以外现场安装的管线保冷，根据几年的运行效果，真空管道制造质量难以保证，使用寿命低，不仅成本，且后期维护费用较高，不适用于 LNG 加气站，当前多数加气站采用的 PIR 材料，价格低，再加上合理的施工方法，能够有效的起到保冷效果。推荐使用 FLEX 保冷材料。

5. 选择高品质气源

LNG 品质的含义即为其性价比。同等价格水平下，高品质 LNG 的汽化率不仅理论值高，而且实测值与理论值的差距也小。因此，对于以 LNG 为主气源的燃气企业，LNG 品质的高低对全年供销差率的影响至关重要。

若能大幅度地提高汽化率高的高品质 LNG 在企业全年燃气供应量中的比例，将会在降低燃气供销差方面产生积极的影响。

6. 降低卸车损失

（1）坚持对到站 LNG 槽车进行卸车前、后的过磅称重，一方面可以获取 LNG 的实际卸车量，对卸车情况有一个真实、直观的了解；另一方面可以对供应商提供的 LNG 出厂票据上的数量进行复核，如果两者数据相差较大，可对其索赔以挽回部分损失。

（2）在卸车方面，与 LNG 槽车连通的燃气主管网压力越低，LNG 槽车内残留的气态天然气进入到燃气管网内的数量就越多。例如，某市 LNG 汽化站内设置了中压 A、中压 B 两条出站燃气管道，连通 LNG 卸车台、LNG 储罐的 BOG 管道与运行压力较低的中压 B 级市政燃气管网（压力为 0.025MPa）相接，在用气高峰期间，通过一系列操作可以将 LNG 槽车内残留的液态、气态天然气通过 BOG 管道、经 BOG 加热器加热后卸入市政燃气管网，最终 LNG 槽车内压力与管网压力相等，均为 0.025MPa，并达到无液态 LNG 残留的程度。

7. LNG 运营阶段控制要点

LNG 站外输计量中，其日常运营需要完整的控制体系，主要包括以下内容：

（1）LNG 贸易交接计量设备管理程序，包括计量器具管理细则、使用、维护保养、维修等制度、台账。及计量器具技术资料、原始数据、相关第三方检定证书等。

（2）对无、误计量的处理程序，即详细记录无、误计量发生的时间、地点以及导致的数据差异，对事件进行详细描述、报备，采取的纠正行动等。

（3）制定计量系统的检定、监控，以及计量审计的相关流程。

根据国家计量检定标准，LNG 接收站计量系统配套仪表应遵循相关的检定要求。对于运行中的天然气贸易交接计量站，流量计、温度变送器、压力变送器、同样重要，只有控制好每个单件设备的精度，才能保证整个计量系统在设计精度范围内使用。

4.4 CNG 场站供销差

4.4.1 运营管理的原因

（1）设备在正常使用中因功能需要进行净化、排污等，会产生一定量的气损。如储气井的排污（井中的油、水），压缩机的排污、超压排放、干燥撬的干燥功效等；

（2）设备设施出现故障可能产生内漏，如压缩机、设备、阀门等的内部泄漏，设备的超负荷运行可能产生意外泄漏；

（3）设备的调试、大修作业时，会进行压力排空置换，导致气损产生；

（4）人员的不规范操作或事故形成的泄漏，导致气损产生。

（5）购气量与实际卸气量存在偏差（CNG 子站）。产生气差的原因往往有上游母站加气柱与下游子站卸气柱气体密度参数设定不一致，母站充装时与子站卸气时存在温差变化、上游母站加气柱与下游子站卸气柱计量标定误差等原因造成的，特殊情况下还存在 CNG 撬车设备故障出现"跑冒滴漏"的现象。

4.4.2　计量器具的原因

（1）进站计量表存在计量偏差（CNG 标准站）。CNG 标准站存在流量计的计量精度不统一、计量器具不统一的问题。CNG 标准站进站计量撬使用的通常是涡轮流量计，计量的气体体积是含水和各种杂质的，而加气机的流量计是质量流量计，计量准确高而且是纯天然气的值，质量流量计的累计量会偏小。

（2）加气机的流量计计量漂移。在实际运行中，受气质、环境温度等因素的影响，加气机运行中存在流量计计量漂移的情况，一般规定每六个月由当地计量管理部门进行定期计量检定。

（3）结算方式不同。目前 CNG 加气站绝大多数都使用科里奥利质量流量计进行计量，与客户结算时需通过气体密度换算按立方米收费。

（4）科里奥利质量流量计，是运用流体质量流量对振动管振荡的调制作用为原理，实现质量流量的测量。同时具有根据温度参数对质量流量和密度测量进行补偿、修正的功能。除可直接测量流体的质量流量外，还可直接测量流体的密度和温度。

4.4.3　采购环节的原因

（1）设备选型时需考虑零排放功能设计，以及设计压缩机启停排放气回收系统，以尽量减少浪费；

（2）与上游供应商进行贸易结算时，需在合同中明确约定供销差标准，以及产生偏差后的解决方案或补偿方案。

4.4.4　运输环节的原因

（1）工业撬与 CNG 子站撬的混合使用。由于不同终端用户用气压力机制不同，导致 CNG 卸气余气压力不等，如工业撬与 CNG 子站撬的混合使用，容易导致 CNG 子站气损偏高，不利于结算计量；

（2）撬车的定期排污，会产生一定量的气损。

（3）撬车阀门关闭不严（内漏）及外漏造成供销气差率升高。CNG 撬车运输因一直处于颠簸状况，因此车上的阀门、接头等容易损坏，外漏直观，但阀门的内漏不易觉察且危险性稍小，往往被忽略，但此情况也会致使供销气差率升高。CNG 撬车前期采用 166 或 116 阀门，此阀门由于密封圈问题使用期限很短即导致内漏，建议逐渐更换为质量稍可靠的 MHN 阀门。

4.4.5　CNG 场站供销差控制措施和方案

CNG 场站供销差率计算公式。

CNG 标准站/母站供销差率＝〔（当期上游门站进气量±库存气量差值－销气量）/（当

期门站进气量±库存气量差值)]×100%

CNG 子站供销差率＝[(当期母站进气量±库存气量差值－销气量)/(当期母站进气量±库存气量差值)]×100%

1. 设计环节

(1) 建站时应按规范要求设置压缩机进气缓冲罐，并设于进气计量与压缩机之间，以使流经流量计的气流处于稳定流状态。

(2) 正确选用进气流量计，合理配置，避免机器运转时震动影响流量计的正常工作。

(3) 建站时宜设置废气系统及回收罐，尽量回收部分排放的气体。

2. 采购环节

(1) 制定标准合同文本，将计量偏差范围纳入采购合同；

(2) 在保证公司 CNG 供应的情况下，根据各供应商的进卸差情况，调整供气结构，重新甄选优质气源供应商。

(3) 定期对在用供应商气质情况进行跟踪评估，以保证公司获得优质的气源供应。

(4) 加气机应准确置入标准状态下（20℃，101.325kPa）所使用的天然气密度并经常关注天然气的密度变化。

(5) 气量采购部门要及时掌握上游密度调整情况，并做到及时跟进。此工作对供销气差率控制起到至关重要的作用。

例如，上游密度由 0.705kg/m³ 调整为 0.695kg/m³，加气站如不及时跟进将导致供销气差率直接增大。(0.705～0.695)/0.705×100%＝1.42%。

国标《压缩天然气加气机》JJG 996—2012 规定，加气机最大允许误差为±1.0%。

3. 计量环节

(1) 收集、整理国家相关计量的法律法规。

(2) 加强员工相关法律、法规的宣贯及计量器具的使用维护培训。

(3) 制定计量器具使用、维护管理制度。

(4) 加气机为国家强制检定的计量器具，应严格按照检定周期进行加气机的检定。积极开展计量器具定期检测，明确待检器具检测计划，建立备忘机制，周期性跟进。每年对在用计量器具进行 2 次普查，建立健全计量仪表台账，补充修订完善计量仪表信息及用户燃气设施信息。

(5) 对出现的燃气泄漏、检修放散等情况及时统计、汇总。

(6) CNG 撬车在卸气结束后，撬车内压力不允许超过 3.5MPa。

(7) 制定年度供销差监督检查计划，按照计划对供销差控制工作开展情况进行监督检查。

(8) 与上游和下游签订用气合同时明确计量器具故障期间计量办法。

(9) 在设计时尽可能选择合适的计量器具，最好与用气量相配。

(10) 加强与计量检测单位沟通，定期交流，做好关系维护。最大限度地考虑公司利益与用户利益的平衡。加气机的检测过程中，国家允许的误差范围为±1.0%。通过国家法定计量机构的定期检定，才可保证将加气机误差控制在正常范围内，在客户利益和公司利益之间寻找到平衡点。

（11）计量器具应严格按照计量法规的要求加强管理，使之始终处于受控之中，始终保持良好的运行状态。

（12）加强加气机流量计的日常巡检。采用瞬时流量、流量计累计显示及电脑显示系统核查机制，加强对加气机流量计的日常巡检和巡查。使用内部用流量计检测仪对有异议的加气枪进行预检，如果自检结果异常，应及时提请检定部门进行复检。计量不准确或加气机流量计后管路微漏及电磁阀关闭不严，均能在数据中反馈以便及时维修，并杜绝人为偷气现象。

4. 运输环节

（1）制定一套工业用户与 CNG 站交替转供的管理制度，在签订合同的初期，杜绝不利因素的构成。

（2）实行运输定撬的原则，自运车辆分用户种类运输，委托外运车辆要定车使用；无法避免混合使用时，需落实结算的补偿条款。

（3）制定撬车维护保养规范，强化维保监督，减少故障率。

（4）撬车需要进行排污作业时，应在卸气完成后，进行低压排污。

（5）站点及时统计单车的亏涨情况，发现亏气达到 1.5% 以上及时汇报并查找原因。

5. 运营环节一泄漏检查

（1）每日早班接班对输配系统各接点，阀门阀体、放空口进行查漏，一经发现，立即处理。

（2）开展年度检验，每年对输配系统做定期做气密性试验。

（3）压缩机密封件每班做检测，及时发现能及时处理。

（4）每日核对供销差，分析进、出气量数据。

6. 运营环节一燃气排污

（1）储气井排污必须在 10MPa 以下进行，排污时要控制流速和压力，要让排出的气体至回收罐后再返回压缩机进气管道，避免排出气体放空。要合理安排排污的周期。

（2）回收罐排污，先关闭进调柜的进气球阀，由压缩机将全管线压力吸收至压缩机最低进气压力时方可进行（回收罐降压减少浪费）。

（3）过滤器排污，关闭上游球阀，由压缩机将全管线压力吸收至压缩机最低进气压力时方可进行（过滤器降压减少浪费）。

（4）加气机排污，选择在加气高峰过后，高中低压的相对压力较低的时候进行，并关闭前端球阀，既增加了操作的安全系数，还节省了气量。

（5）由于各个加气站的实际供应量不同，以及根据各个季节销售情况的变化包括受到温度、湿度的影响，加气站的排污不以厂家设定的技术指标为准，而是参考该设备的技术指标，根据实际情况调整排污的时间间隔，最大程度减少了气损情况的出现。

（6）技措技改，排放回收减少损耗。一般情况下，标准站的供销差会比子站略高，究其原因主要是由于管道长、接口多，造成了漏点多、气损增大；另一方面就是由于设备的运行特点决定了，在增压机每次启动时需要排放掉一定量的天然气。因此可对增压机排污管线进行改装，并加装"二次气动阀"，将每次增压机启动时排放的天然气进行收集后，输入回收罐送回管网。

7. 运营环节—燃气放空

（1）压缩机放空前，必须先排污降压，直至没有气流通过的声音后，压缩机内的压力与管网压力达到平衡后，方可放空，尽量减少放空量。

（2）容器、管道维修放空，先由压缩机将压力吸收至压缩机最低进气压力，分段关闭维修点前后的阀门后，再进行放空。

（3）储气井放空，先按排污的程序对气井进行降压，调整好排污流速，在回收罐处确认压力后，由压缩机将储气井内的压力降至最低后（5MPa 以下），再进行放空。

（4）后置脱水装置倒塌时，停机排污易引起低压管路安全阀放空。应完善操作流程，尽量减少或杜绝这一放空现象。

8. 运营环节—设备维护

（1）建立健全设备维护、保养制度，完善信息反馈流程，强化考核。

（2）坚持开展定期与不定期相结合，对设备的完好、正常使用情况进行抽查，发现问题及时解决。

（3）提升维修及时率，并对信息进行跟踪。

（4）根据各类设备的不同工况、性能以及试运行期间的具体情况，合理制定出排污的时间、频率，以及超压排放参数的设定。

（5）定期检测加气机电磁阀工作情况，发现故障，及时处理。

（6）严格执行每小时一次的巡查制度，发现问题及时解决。

（7）结合设备供应商以及技术部门制定出一套详细、便于熟练掌握的操作规程，强化上岗前的人员培训，坚持持证上岗。

（8）合理安排压缩机的运行，减少启动次数；合理安排排污周期。若采用前置脱水可适当延长压缩机排污周期。压缩机排污若手动操作时，应缓慢开启阀门，以尽量避免低压管路系统安全阀放空。

（9）加强设备与管路系统的维修保养，杜绝外泄漏的发生。加大设备维护保养力度，认真巡检、检查、紧固，维修、报修及时准确（包括管道、注回油字母头、活节、球阀漏油漏气及时修复，无法处理的报维修员处理）。

（10）合理设定安全阀起跳压力，定期检查维护安全阀，杜绝内泄漏的发生。

9. 运营环节—运营管理

（1）建立健全一套完整的设备维护、保养制度，完善信息反馈流程，强化考核；

（2）长期坚持开展定期与不定期相结合，对设备的完好、正常使用情况进行抽查，发现问题及时解决；

（3）加强维修，及时对信息进行跟踪；

（4）根据各类设备的不同工况、性能以及试运行期间的具体情况和同行的成功经验，合理制定出排污的时间、频率，以及超压排放参数的设定；

（5）长期坚持严格执行 CNG 加气站每小时一次的巡查纪录，不能流于形式，发现问题及时解决；

（6）结合设备供应商以及技术部门制定出一套详细、便于熟练掌握的操作规程，强化上岗前的人员培训，坚持持证上岗；

（7）根据制定、执行的制度与流程，加强对员工的考核。

（8）提高人员素质，严格执行计量法，避免有意或无意的人为因素影响。

4.4.6 CNG液压子站供销差管控措施及方案

1. 严禁手动回油

手动回油的直接结果就是气瓶内的天然气对空排放。根据部分数据及实践经验，$DN25$的管道，压力1MPa对空排放每秒钟排放量约0.2Nm³，压力开关动作时间为5s，则每次手动回油排放量为：$5 \times 8 \times 0.2 = 8$Nm³。可将第一次回油与第二次回油时间间隔延长，使液压油二次回油充分。

2. 压力开关调整

密切关注压力开关动作时间，压力开关反应时间太长会导致气瓶内天然气直接对空放散时间加长，放散量相应增大，此时间最好调整到5s内，经验数据油箱压力在1200Pa左右，压力开关动作。每3个月清洗压力开关一次，特殊情况特殊处理。

3. 油位控制

将撬体介质油调整到合理油位，根据气瓶取气率的95%～98%核算高液位与回油油位差值，油位过高易将液压油打入加气车辆内，且影响压力开关动作时间；油位过低回油时压力过大，会造成余压过高、放散量过大、冲击油罐、运输效率低等。

4. 车升位角度控制

一般控制在8°～11°为佳，此角度取气率正常且利于液压油回油，角度过高会造成顶升装置受力过大。

【经验值】：车升位角度的控制：三节油缸升至2节半。

5. 采用节能换车流程

换车前将卸气高压软管中的天然气串入已打完的其他任意瓶中。操作步骤为：

（1）关闭子站撬体卸气手动阀，将卸气软管内的高压气体串入CNG撬车1～7任意一瓶中，将气体串入撬车的方式：可在控制柜处进行如下操作：主菜单→手动排气→输入密码→打开1～7任意一瓶前仓气动阀，待高压气体串入后点击"关闭"；

（2）通过29号气动管与卸气阀控制气管束连接，打开CNG撬车前仓1～7任意一瓶气动阀，待高压气体串入后，从卸气阀控制气管束卸下29号气动管。最后关闭撬车总卸气手阀和注油手动阀。此操作每车可节省0.6Nm³。

4.5 运用DMAIC方法管理供销差

精益六西格玛是精益生产与六西格玛管理的结合，其本质是消除浪费和降低变异。精益六西格玛管理的目的是通过整合精益生产与六西格玛管理，吸收两种生产模式的优点，弥补单个生产模式的不足，达到更佳的管理效果。精益六西格玛不是精益生产和六西格玛的简单相加，而是两者的互相补充、有机结合，精益六西格玛的实施。

精益六西格玛最重要、最经典的管理模型就是DMAIC（定义、测量、分析、改进、控制）。

将精益管理方法DMAIC应用到供销差管理中，发掘改善供销差率的关键因子。下面列举典型案例，验证改善关键因子的效果。阐述供销差率评价的启发和建议。

1. 引言

燃气集团某公司，成立于1986年，2000年完成改制，由事业单位转为企业，2009年成为燃气集团的成员企业。2013年，公司已拥有136多万居民用户，4000多户工商业用户，20000多辆CNG汽车用户；5000km燃气管网，14座CNG/LNG加气站，年销气量达8亿多立方米。其销气量和用户规模占集团燃气整体的比重较大，有着举足轻重的地位。

推行"精益管理"是燃气集团实现增长方式由要素投入向效率提升这一根本转变的必然选择，也是燃气集团确保"十二五"战略目标达成的重要举措。

为了贯彻落实集团精益管理理念，实施精益管理工作，加强精益文化建设，切实转变燃气集团增长方式，全面提升各个成员公司精益管理水平，逐步实现向价值创造型企业转变。2013年，某燃气公司通过学标杆、找差距，发现2012年的全年供销差率比集团平均值高出0.54%，与集团标杆值还有很大的差距，反映出公司在供销差管理上需进一步提升。

同时，通过某燃气公司近几年的供销差率走势分析（图4-23）。

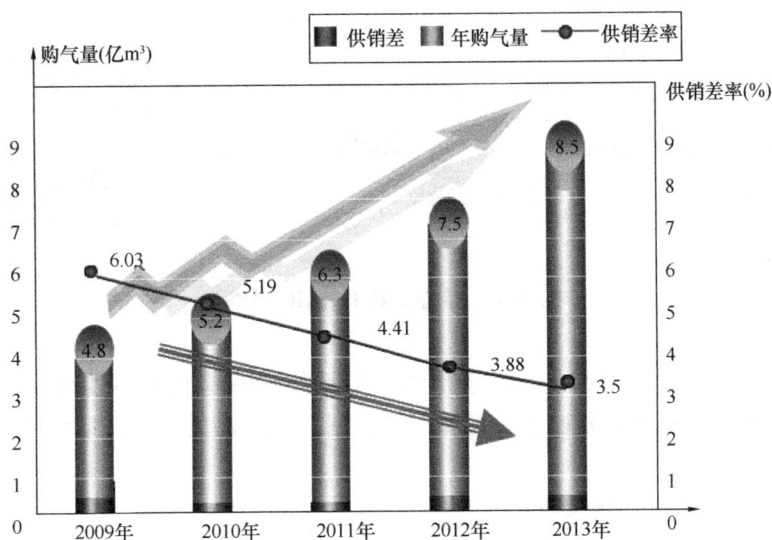

图4-23 2009～2013年供销差率走势图

可以看出，若2013年供销差率降低1%，全年销气量8.5亿m^3，按照平均气价3.1元计算，将给公司带来约2700万元的经济效益。因此，降低供销差率势在必行！

2. 项目核心工具DMAIC（图4-24）

项目开展使用的DMAIC工具的整体思路是：收集内外部客户的需求以及企业的战略需求，将最终需求转换为公司需提升的管理主题，进行项目立项；通过宏观流程图SIPOC（供应商—输入—过程—输出—客户）分析，界定项目涉及的范围。对项目范围中涉及的流程能力进行MSA（测量系统分析）分析，并对测量系统和流程能力进行评估，找出影响项目改进的各类因子；通过因果矩阵、FMEA（潜在失效模式和后果分析），筛查出最需要处理的核心因子和快赢因子；对核心因子进行深层次分析，应用柏拉图、相关性

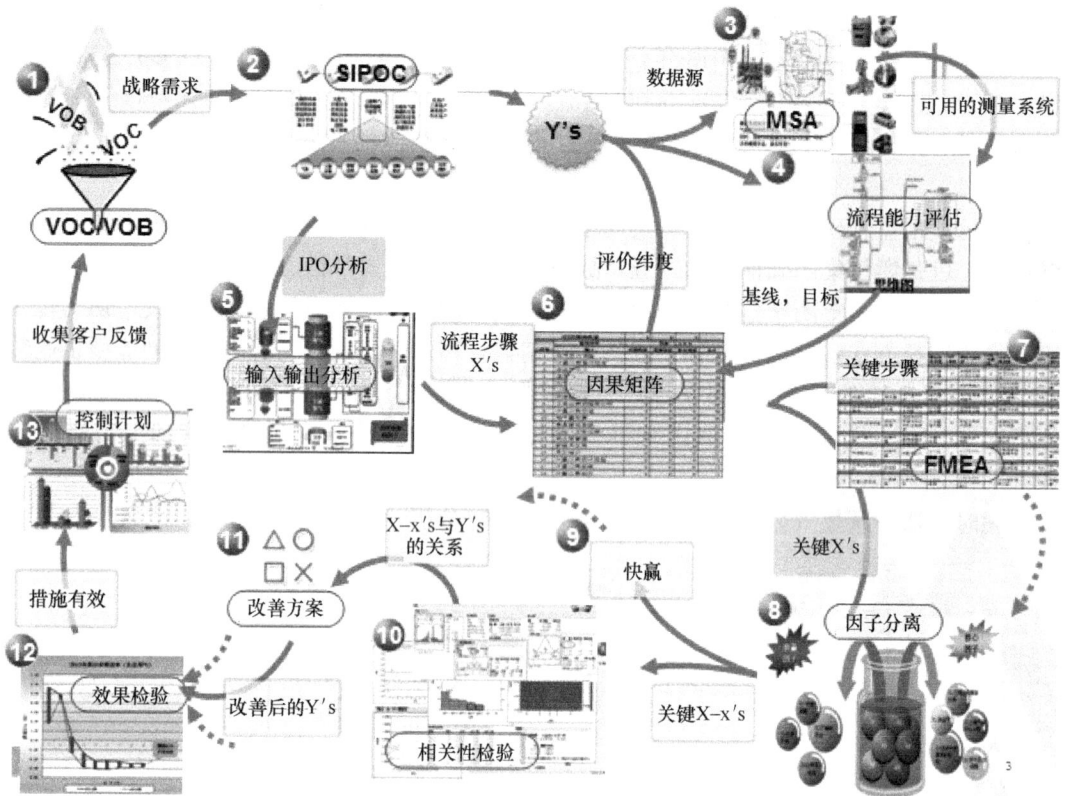

图 4-24 核心工具 DMAIC 思路

检验、控制图等工具对大量数据进行分析后，找出影响供销差的根本性原因，再制定实施改进方案，对改进效果进行检验后，最终实施控制计划，固化成果，最终反馈客户需求，形成持续改进。

（1）D（Define）——定义阶段

定义阶段主要目的是将控制供销差率的问题进行量化，并确定要达到的目标。

在这个阶段，通过宏观流程图（SIPOC）界定控制供销差涉及的范围，并定义了供销差率的计算公式为：

Y＝（当期进气量＋期末库存气量－期初库存气量－自用气－销气量）÷（当期进气量＋期末库存气量－期初库存气量）×100%

通过目标测算公式：

目标值＝基准值－（基准值－平均值）×（50%～70%）＝3.88－（3.88－3.34）× （50%～70%）＝ 3.61～3.50

（以 2012 年度某公司年度完成的供销差率为基准值，2012 年燃气集团平均供销差率作为平均值，按照上述公式计算得出项目目标完成值）

通过同行业外部企业供销差率对比（2012 年）：广东某燃气公司 5%，江苏某燃气公司 4.9%，北京某燃气 5.59%，重庆某燃气 4.1%，天津某燃气 4.69%，陕西某燃气 4.58%。

集团内部成员公司供销差率对比，福建某燃气公司 2.18%，四川某燃气公司 3.12%，江苏某燃气公司 2.98%。

根据对比，确定了某公司 2013 年供销差率要达到的目标为 3.5%。组建项目团队，制定项目时间表，评估项目收益。

（2）M（Measure）——测量阶段

测量阶段主要目的是发掘改善机会，将问题可视化。

在这个阶段，主要通过应用对标学习、流程观察、员工访谈、头脑风暴、鱼骨图、5个 Why（5 个为什么）、流程梳理、专家建议、IPO（输入输出过程）分析等 9 种方法，收集影响供销差的各种因素，发掘可以改善的机会。

通过思维导图将各个问题环节可视化，并通过 IPO（输入输出过程分析），共找出 66条影响因子，利用因果矩阵、潜在失效模式和后果分析（FMEA），筛选出了 4 个快赢因子和 5 个核心因子，并对快赢因子立即采取了快速改善（图 4-25）。

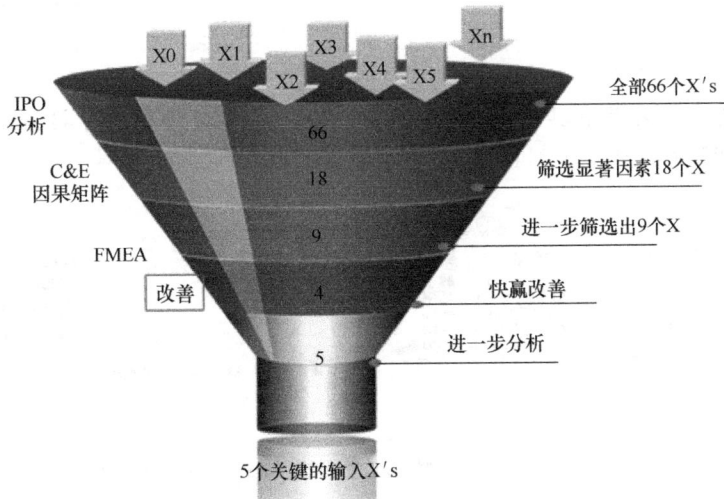

图 4-25　关键因子筛选步骤

4 个快赢因子是：

① 仪表首次检定；② 加气机密度调整；③ 不停输作业；④ 仪表改造。

5 个核心因子是：

① 工商业表故障率分析；② 偷盗气查处；③ 温度对皮膜表的影响；④ 供气压力的调整；⑤ 上游计量比对分析。

9 个非核心因子是：

①销气量核算方法；②表具管控体系；③表具巡检管理；④新技术应用；⑤供应商管理；⑥员工培训；⑦设计选型管理；⑧施工安装管理；⑨竣工验收管理。

典型案例 1：通过仪表首检管控，提高仪表质量

公司项目组收集了 5800 台同一品牌民用皮膜表的首次检定数据，运用控制图、正态分布、能力分析等工具进行系统误差分析后，发现该品牌的系统误差为—0.32%，说明民用表计量值较真实值偏小，增大了 0.32% 的供销差，对供销差率影响较大。

为使系统误差有所改善，项目组对厂家的产品过程生产能力（CPK）进行了分析，发现该品牌厂家的 CPK[①] 为 0.668，且系统不合格率为 2.25%。

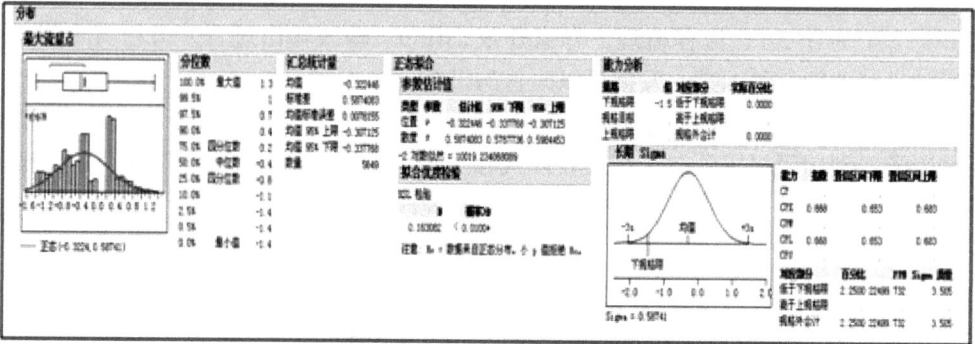

通过数据分析，指导表具厂家采取内部质量控制、调整台位差等措施后，该品牌过程能力指数 CPK 提高到了 0.911，不合格率降低到 0.31%。

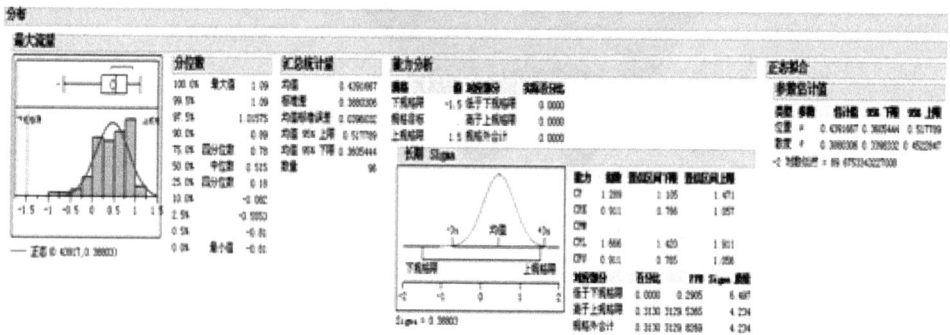

从而提高了仪表的质量，同时从表具源头上减少了供销差。

本案例中 CPK 值的分析和改进的更大价值在于，它可以推而广之，作为科学、客观的参考依据，应用到我们对表具供应商的筛选、考核评价当中，从而加强集采物资的质量管控，从源头上强化各成员公司对供销差的管控。

（3）A（Analyze）& I（Improve）——分析、改进阶段的内容

分析、改进阶段的主要目的是，通过精确的数据分析，挖掘根本原因，实施改进方案，验证改进效果。在这个阶段，针对测量阶段筛选出的 5 个核心因子，进行了数据收集，并对数据进行了深度分析。主要是应用了卡方检验、分割模型、柏拉图、控制图等数据分析方法和设计试验检验等多种工具，分析出多个供销差治理突破点，针对性的制定有效措施，并验证措施有效性，有效降低了供销差率。

典型案例 2：工商业皮膜表故障率分析

公司项目组收集了 236 台某品牌 G6/G10/G16/G25/G40 型号的皮膜表周期检定数据，运用马赛克图、卡方检验、分割模型等工具进行分析，发现"使用气量—检定结果的拟合图中"P②值=0.0133 小于 0.05，(R2) ③值为 0.0296，说明故障率与使用气量具有相关性，即使用气量越大，表具的不合格率就会越高；但是，在"使用年限—检定结果的拟合图中"$P=0.1676$，大于 0.05，$R_2=0.0092$，说明故障率与使用年限相关性没有得到数据的支持，也就是说，表具使用年限越久，故障率不一定会越高！

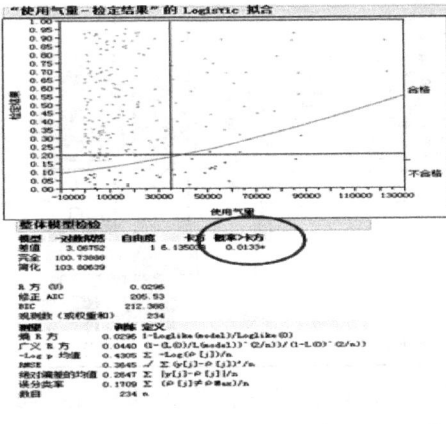

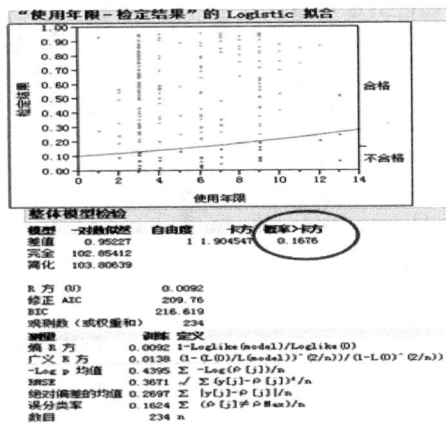

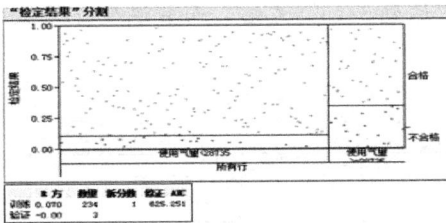

表具的故障率主要与表具使用的气量有关，而且，在用分割模型分析后，发现表具在使用气量大于 28735m³ 后，故障率发生明显增大。

针对分析出的结论，燃气公司主要采取了以下措施：

(1) 国家计量检定规程规定："皮膜表的检定周期不超过 3 年"。因此，公司对皮膜表的检定周期进行了重新规定：

1) 使用时间不足 3 年，但累计使用气量大于 2.8 万 m³ 的皮膜表优先进行检定；

2) 使用时间达到 3 年的皮膜表，也要进行周期检定。

(2) 根据用户类型和仪表使用气量，实施分级分类巡检管理制度。

(3) 对户外的计量仪表全部加装防护表箱。

(4) 流量计的检定周期调整为一年检定一次。

通过实施改进方案，表具故障率降低了 20%！该案例给我们的重要启示：经验不一定是对的，而科学的数理统计和分析可以更准确的指导我们的精益行动。

在本阶段，项目组不仅重视数据的收集、整理、分析，更是设计实验，对于理论计算的结论和定性的结论，如温度对供销差的影响，通过实验室和现场环境试验，依据科学的数据，得出精确的结论。

典型案例 3：温度对皮膜表的影响分析

依据气体状态方程，理论可以计算出，温度每降低 $3℃$，供销差率将增大 1%。事实是否跟理论计算一致呢？某燃气公司设计了皮膜表高低温实验。

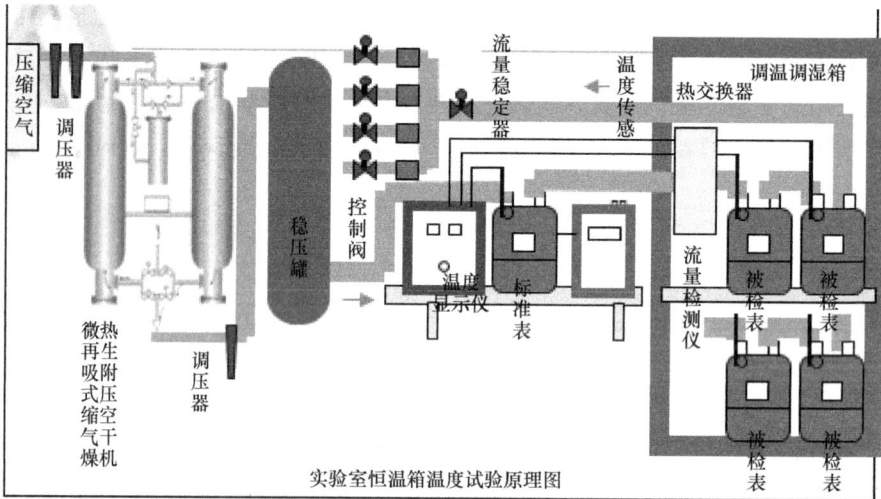

实验室恒温箱温度试验原理图

通过实验室高低温箱实验和现场环境温度实验，发现：温度在 $20\sim40℃$ 时，最高误差不足 $+5\%$；温度在 $-10\sim20℃$ 时，最低误差达到 -15% 左右，而且温度每降低 $3℃$，误差增大的比率大于 1%！

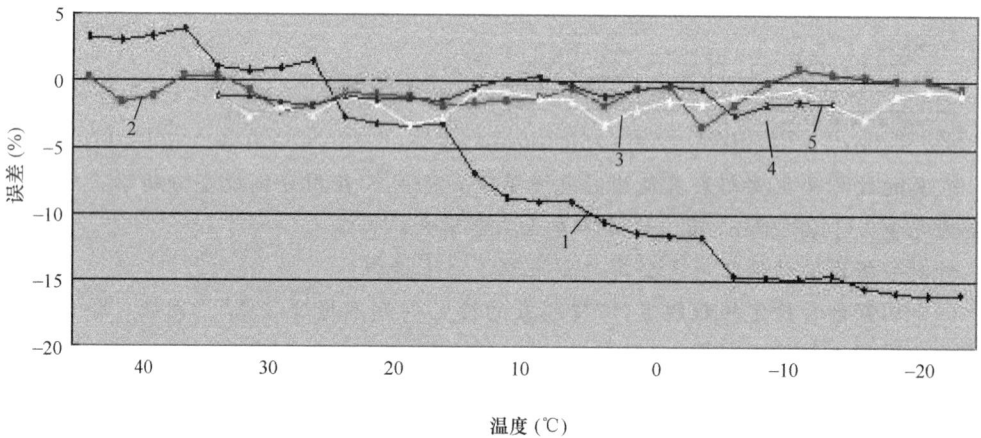

温度（℃）

1—未修正示值温差(%); 2—0m³; 3—1000m³; 4—2000m³; 5—3000m³

针对温度对皮膜表的影响，采取的措施为：

1. 将 G40 以上的皮膜表，更换为带有温度压力补偿的流量计。

2. 新增的户外挂表用户全部使用机械温度补偿表。

3. 额定流量大于 $25m^3/h$ 的新安装用户，全部设计为智能流量计。

4. 使用十年以上的和壁挂炉民用户外挂表，全部更换为机械温度补偿表。

改进措施实施后，每年可降低供销差 100 万 m^3！

（4）C（Control）——控制阶段

控制阶段主要是将措施标准化，维持改进成果。针对分析、改进阶段得出的关键指标，制定控制计划，明确监控频次、责任单位、责任人；并根据指标要求，新编和修编技术标准、管理标准 22 项，纳入标准化管理体系，严格实施。

同时，制定计量供销差专项责任目标，严格实施，定期检查，月度对标，持续改进，确保项目成果固化。

3. 项目取得的成效

（1）指标完成情况

通过运用精益管理 DMAIC 工具，2013 年供销差率下降为 3.26％，与 2012 年相比，下降了 0.62 个百分点。

（2）有形收益

2013 年，公司购气量为 8.5 亿 m^3，销售气量为 8.2 亿 m^3，与去年同期相比减少供销差 528 万 m^3，增加的经济收益达 1664 万元。

（3）无形收益："四个一"

1）学会一种方法

① 数据分析：打破传统的经验主义习惯，运用大量的数据分析，找到深层次原因，用数据支撑管理决策。

② 实验验证：对于理论计算的结论和定性的结论，如温度对供销差的影响，通过实验室和现场环境试验，依据科学的数据，得出精确的结论。

③ 对标学习：取长补短，内、外部对标，学习优秀管理经验方法。

2）形成一套体系

通过对整个流程的分析梳理和成果固化，形成了一整套可复制、具有广泛推广价值的管理体系和机制。

3）培养一批人才

通过项目实施，公司逐步培养自身人才队伍，初步实现了人才输出，目前能够初步带项目的催化师有 6 名，公司精益管理的能力逐步提升。

4）营造一种氛围

随着精益管理深入推进，公司精益氛围日益浓厚，精益思维正在逐步形成，除 Kaizen 提案外，一些部门自动自发地发起精益改善项目来解决工作中的实际问题。

4. 供销差率评价的启发和建议

降低供销差率，受多种条件约束，比如，温度的影响、压力的影响、公司规模的影响，以及用气结构的影响等，不同的成员公司治理供销差的难度也各有不同，因此，借鉴项目成果，建立供销差率多维度评价机制，可以更科学地评价和监督成员公司的供销差管理工作。

比如，以公司类型、工商业气量比例、南北方区域、平均海拔高度等四个维度对各成员公司进行综合难度评分，以综合评分作为公司管理水平高低的考核分界点，综合评分高的，说明治理难度大，供销差率考核值略大些；综合评分低的，说明治理难度小，供销差率考核值略小些。

供销差率影响量评价细则		甲公司	乙公司	丙公司
公司类型 (10分)	A	10	10	
	B			
	C			3
工商业气量比例 (10分)	70%以下	10		
	70%以上		5	5
南北方区域(10分)	南方			5
	北方	10	10	
平均海拔高度 (10分)	500m以下	10		
	500~1000m		5	5
	1000m以上			
综合评分		40	30	18

考核评分表：

综合评价 30分以下	分值	综合评价 30分以上	分值
$c \leq 0.5\%$	100	$c \leq 2.5\%$	100
$0.5\% < c \leq 0.8\%$	95	$2\% < c \leq 2.5\%$	95
$0.8\% < c \leq 1\%$(标杆)	90	$2.5\% < c \leq 3\%$(标杆)	90
$1\% < c \leq 1.5\%$	85	$3\% < c \leq 3.5\%$	85
$1.5\% < c \leq 2\%$	80	$3.5\% < c \leq 4\%$	80
$2\% < c \leq 2.5\%$	70	$4\% < c \leq 5\%$	70
$2.5\% < c \leq 3\%$	60	$5\% < c \leq 6\%$	60
$3\% < c \leq 4\%$	50	$6\% < c \leq 7\%$	50
$4\% < c \leq 5\%$	40	$6\% < c \leq 7\%$	40
$c > 5\%$	0	$c > 8\%$	0

图 4-26 供销差率考核评分示例

5. 结束语

降低供销差率不是一项简单的工作，它是涉及燃气企业管控流程、技术、管理等诸多环节的一项系统工程。需要用精益管理的思路，运用 DMAIC 分析工具，不断查找影响供销差率的因素，及时改进，有效控制。

目前，燃气集团各成员公司都在开展"学标杆、找差距"，各成员公司都在积极查找供销差管理方面的不足，某燃气公司将以此项目为契机，把好的做法（如仪表使用实验、CPK 指标控制)，和好的管理经验（如建立计量供销差激励约束机制）在成员公司中推广应用，为燃气集团降低供销差率，提升燃气运营效益，促进燃气行业发展做出贡献。

注解：

① CPK：过程能力也称工序能力，是指过程加工方面满足加工质量的能力，它是衡量过程加工内在一致性的，最稳态下的最小波动。

过程能力指数越大，表明加工质量越高，但这时对设备及操作人员的要求也高，加工成本越大，所以对 C_p 值的选择应该根据技术与经济的综合分析来决定。一般要求过程能力指数 $C_p \geq 1$。

CPK 的评级标准：（可据此标准对计算出之制程能力指数做相应对策）

A++级　　CPK≥2.0　特优　可考虑成本的降低

A+级　　2.0>CPK≥1.67　优　应当保持之

A级　　1.67>CPK≥1.33　良　能力良好，状态稳定，但应尽力提升为 A+级

B级　　1.33>CPK≥1.0　一般　状态一般，制程因素稍有变异即有产生不良的危险，应利用各种资源及方法将其提升为 A 级

C级　　1.0>CPK≥0.67　差　制程不良较多，必须提升其能力

D级　　0.67>CPK　不可接受　其能力太差，应考虑重新整改设计制程。

② P

P值为结果可信程度的一个递减指标，P值越大，我们越不能认为样本中变量的关联是总体中各变量关联的可靠指标。P值是将观察结果认为有效即具有总体代表性的犯错概率。在许多研究领域，0.05的P值通常被认为是可接受错误的边界水平。

$P < 0.05$，表示在统计上回归关系显著。

③ R

R：决定两个来自不同变量源的响应（或输出）之间线性关系的方法，也代表两个变量间的线性关联程度。

R的取值范围从 -1.0 到 $+1.0$，即 $-1 \leqslant R \leqslant 1$。

$R < 0$ 意味着一个负线性相关，即是 Y 随着 X 的增加而减少。

$R > 0$ 意味着一个正线性相关，即是 Y 随着 X 的增加而增加。

$R = -1$ 意味着一个完全负线性关系。

$R = 1$ 意味着一个完全正线性关系。

$R = 0$ 意味着无线性关系。

R^2 的取值范围是 $[0, 1]$。R^2 的值越接近1，说明回归直线对观测值的拟合程度越好；反之，R^2 的值越接近0，说明回归直线对观测值的拟合程度越差。

4.6 燃气公司治理供销差范例

4.6.1 广东省某燃气公司治理燃气供销差

1. 公司供销差的现状和特点

广东省某市在20世纪80年代中期开始筹建管道燃气工程，20世纪80年代末建成通气。公司用户规模的发展态势迅猛，每年增加几万新用户，但供销差却一直居高不下。2001年前公司的供销差情况如表4-15。

历年管道气供销差统计资料表　　　　　　　　　　表 4-15

项目 ＼ 时间	1992年	1993年	1994年	1995年	1996年	1997年	1998年	1999年	2000年	2001年
供销差率（%）	12.95	14.59	3.58	4.08	4.81	5.87	5.59	7.93	10.32	9.03
供应量（万 m³）	1528	3942.4	5344.3	6649.0	7179.4	7839.9	8509.5	9487.0	11845	15485
销售量（万 m³）	1330.2	3367.4	5153.0	6377.8	6845.4	7379.6	8033.8	8736.3	10623	14062
在册数（万户）	13.0	21	24.3	24.1	27.3	30.5	33.7	37.2	41.9	47.2

从以上历年统计资料分析，公司近几年的供销差呈现以下两个特点：

第一，供销差呈逐年上升的趋势。在管道气工程投产初期的1992年、1993年，公司的管理未上轨道，统计资料不完整，这两年统计出来的供销差值误差可能较大，在此只作参考，不分析。考察1994～2000年这段时期的数据显示：供销差率呈逐年上升的趋势，尤其是1999年和2000年，升幅较大。2001年的供销差稍为回落，但与之前各时期相比仍偏高。

第二，供销差率的上升趋势与用户规模数的增长趋势相同，并且，供销差率有随时间推移而上升的趋势。

2. 产生供销差的成因分析

通过对公司近几年生产管理经营及状况的分析研究，笔者认为，产生供销差，既有公司的主观因素，也有客观原因；既有技术上的问题，也有管理上的问题。概括起来有以下几方面原因：

（1）计量因素

1）燃气表的示值误差引起供销差。

燃气表的示值误差，客观上会造成燃气销售量产生误差，由此引起供销差。在国家前后颁布的两个燃气表标准中，对 B 级表允许的计量误差各不相同，如《家用煤气表》GB 6968—86（已作废）标准，允许 B 级表在 2 倍最小流量与最大流量之间的计量误差为 2％级；而《膜式煤气表》GB 6968—97（已作废）标准，允许 B 级表的计量误差为 1.5％。公司目前在用的煤气表，绝大部分属于国家 86 标准的表，误差偏大，经测算，由示值引起的供销差约为 2％～4％。

2）计量工况的不同造成供销差。

在公司目前所采用的计量设备上，对于出厂煤气的计量，是考虑了温压补偿后将其折算成标准体积流量；而用户的燃气表，其读数是没有经过温压修正补偿就直接得出的体积流量值。这样，供气总量和销售总量必然存在一定的误差值，由此产生供销差。经测算，由于计量工况不同造成的供销差约 2％。

3）进户燃气压力的波动引起供销差。

在管网的实际运行中，由于调压设备及其他原因，管网进户的供气压力不是保持恒定，而是有波动。在用气高峰时，相对额定设计压力而言，有时压力波动高达 20％是完全有可能的，此时引起燃气表体积流量的变化也接近此压力变化值，由此造成的计量误差远超出一般燃气表的允许误差，这个计量误差也引起公司的供销差。

4）燃气表使用年限越长，产生的计量误差越大，由此引起供销差。

经对在用煤气表的批量抽检表明：目前在用的皮膜式燃气表，随着使用年限的增长，大部分燃气表的计量出现负偏差，这个负偏差也产生供销差。

（2）管理因素

1）管理中的滞后抄表收费，客观上产生供销差。

目前，公司对用户采用每二个月抄表收费一次方式，造成在每年最后一个月的燃气供应量中，始终约有一半气量（当月供气量的 50％）未能在当年度燃气销售报表中反映出来（只能在下一年度的一月份反映），滞后统计的这部分销售量客观造成当年度的供销差。这个差率大约为 3％～4％。

2）每年新增的管网中储存有燃气，这部分未能在销售中反映，也引起供销差。但基本可忽略不计。

3）多种原因的燃气损耗，引起供销差。

产生燃气损耗的情况，包括：用户拖欠燃气费，管道的漏气，用户的偷盗气，管网工程施工置换和抢险时的排放气等因素，造成燃气损耗，由此也产生供销差。但这个数值一般较小。

3. 缩小供销差的对策

以上的分析，基本明确供销差的特点及其产生原因。下面重点就如何缩小供销差，提高公司的经济效益，提出对策和解决办法。

（1）加强计量技术创新，提高燃气计量的科学性和合理性。

科学技术作为第一生产力，对公司的效益和效率应起着主导作用。要缩小供销差，一个关键是切实减少计量误差，提高计量精度，准确反映气量的供销水平。

1）在设计及工程施工这两个环节上，严格把好计量设备的选型关，并推广选用性能优越、且符合《膜式煤气表》GB 6968—97（已作废）标准要求的燃气表（即 B 级表精度为 1.5 级）。对目前管网在用的燃气表（主要为 86 标准或未达此标准的国产 2.5 级表）有计划地更换淘汰，逐步升级改用 1.5 级（或以上）的燃气表。以此提高公司销售气的计量准确度，减少供销差值。

2）在公司的统计管理及其成本核算工作上，应进行全面检讨，解决这一管理环节产生的供销差。对此，笔者认为应对全公司的供气量和销售量两个统计值进行温度和压力修正，统一并修正这两个计量值所用的单位值。经修正后的这个出厂燃气供应量值作为公司统计及财务核算唯一的标准值，将使公司的供应量与销售量的偏差合理地减少，更能反映实际情况，以此减少公司的供销差率。

3）建立在用燃气表分批定期检定更换制度，并严格执行。可以建立燃气表定期分批检定的制度，对到期表安排分批检定，如果该批表检定的合格率达到要求，则只对其中不合格的部分表进行校正或修复；如果该批表检定的合格率达不到要求，且大多数超过 8 年期时，则此批表全部更换新的。这个制度既能有效地解决在用表的计量检定问题，又可以减少不必要的换表费用，提高公司的经济效益。

4）合理选用调压设备，并加强管网调压设备的维护管理，确保供气压力的稳定，减少压力波动引起的计量误差。为此，在公司的运营中，重点抓：第一，在工程设计阶段，选型中可适当提高调压设备的选用余量，将规定的 20% 余量提高到 30%，以此减少高峰用气时的压力波动，并预留新增用户的扩容。第二，公司应建立一套严谨的调压设备定期维护保养制度，通过检查和考核，落实此制度，确保管网压力稳定。第三，建立低压管网压力及户内压力测控系统，及时对各种变化采取相应的对策，保证户内压力稳定，减少因压力波动引起计量误差。

（2）通过管理创新和工作流程的改善，切实减少管理因素产生的供销差。

供销差的产生，不但有技术上的问题，也有公司管理方面的问题。因此，必须加强企业管理工作的创新，不断改善工作流程，以减少管理因素客观产生供销差的问题。下面提出改善管理的几个要点：

1）加强对计量工作的领导，建立公司三级计量管理机构网络。

这三级网络包括：公司为第一计量管理层，各基层单位为第二层计量管理层，班组为第三级计量管理层。

2）建立完善的公司计量管理制度，并切实抓好制度的落实。

3）以减少气费滞后回收为目的，改进公司原有的抄表和收费的管理模式，切实提高气费公司回收的及时率。

4）建立公司统一的经济运行指标及经济核算体系。

4. 结束语

综合上述，供销差对公司的经济运行产生较大影响，差率越大，造成公司亏损面越大，因此，必须给予高度重视。缩小供销差，核心是加强计量技术的创新和公司企业管理的创新，通过先进的技术，完善的制度体系，严格的管理，从根本上来消除产生供销差的各种因素，解决城市管道煤气供销差率偏高的问题，从而提高燃气的经济效益。

4.6.2 四川省某燃气治理燃气供销差

根据住房城乡建设部颁布的《城市煤气企业升级考核标准》规定，我们知道：燃气供销差率指报告期燃气供应量和销售量之间的差量与供应量的比率，计算公式为：

天然气管道供销差率＝（供应总量－销售总量）/供应总量×100%

由于某燃气公司没有自己生产、开采天然气，因此，上述公式中：燃气供应总量＝从燃气管道上游单位（中石油、中石化）购入的天然气气量总和。而销售总量＝公司在特许经营权范围内的客户及对下游郊县公司销售的气量总和。

通过多年生产实践，总结分析出产生供销差的 9 个主要原因，即：门站交接气量差；不合格表、超期表继续使用；计量表选型及安装不合理；低温对皮膜表的影响；管网泄漏；作业放散、置换耗气；自用气；偷盗气；抄表与贸易结算的时间差。

上述成因中"作业放散、置换耗气；自用气"两项无法避免，公司对每次作业放散及置换耗气作严格监控，事后均有气量估算统计。在自用气管理上，公司在每个自用气点均安装了计量表用于内部计量。实际公司在年底考核供销差率时将考虑这两项因素。即：

天然气管道供销差率＝（供应总量－销售总量－作业放散、置换耗气－自用气量）/供应总量×100%

近年某燃气公司为减小供销差采取的措施

1. 合理使用有限人力资源

四川省某燃气公司共管理民用客户 154.3 万户（包括自管户），公商用户 16875 户（包括公教），工业用户 139 户，CNG 用户 32 家，郊县公司 10 家。而相应配置的专职计量工作人员不足 20 人。为克服人力资源的困难，公司制定了计量工作的重点，并将工作任务有效分解，使有限人的力资源发挥出更大的工作效率。具体做法为：

（1）计量工作的对象重点集中于大客户。目前公司管理的大客户有 3600 家，共 7000 多台贸易结算表，其销售气量已突破总销售量的 60%。公司针对大客户表具数量少而销售气量大的特点，有的放矢的逐步加强计量管理力度。

（2）将到期表更换，计量表拆装送检、过滤器清洗维护等劳务性工作外包，公司计量人员主要负责技术性工作及监管工作。

2. 尽量减少门站交接气量差

公司与中石油、中石化气量交接的门站有 13 个，与中石油交接的门站有 3 个，与中石化交接的门站有 10 个。由于上游单位对交接气量差不可能为负，公司通过持续加强技术与管理两方面措施来尽量减少交接气量差。近年来，与上游单位的气量交接差始终控制在－2% 以内。

（1）技术措施：公司意识到只有提高计量设备准确度，才能尽可能从设备技术环节减少计量偏差。在公司与上游单位长期沟通、努力争取下，双方交接门站近年陆续实施了计量改造。改造后有较高计量精度的孔板流量计算机系统、进口涡轮表、进口超声波流量计投入使用。

（2）管理措施：公司与上游单位建立并执行了计量监控及计量共管机制。

贸易结算计量在上游单位门站的，采用与上游单位同类型计量系统作为监控计量。双方计量数据每日核对，单日计量对比超过3%，连续3日超过2%时立即启动门站计量异常响应机制，按自查—互查—协商的流程及时处理。

3. 保证大客户计量稳定、准确的主要措施

公司燃气用于大客户计量表具主要为皮膜表（辽宁丹东、重庆前卫）；涡轮表（爱拓利、埃尔斯特、天信）；另外还有少量孔板流量计、腰轮表等。为保证大客户计量稳定、准确，主要开展4项工作：

（1）实施计量技术改造，使贸易结算计量表废旧更新

公司有计划的自行出资，对老式计量表实施计量技术改造。近几年公司年改造量均在20家左右，不稳定准确的计量表型被逐渐淘汰，主要对象为各类孔板流量计、老式腰轮表、AVK涡轮表等。这些长期"服役"的计量表在运行多年后，计量状态已不稳定，且由于相应生产厂家生产线的停产或厂家的倒闭，继续使用这些表计量会出现故障表无法维修，造成的气量损失很难向用户追收等情况发生。我们作计量技术改造基本思路为：低压计量改为丹东前卫的皮膜表，中压计量改为爱拓利、埃尔斯特涡轮表。随着老式计量表型的逐步淘汰，公司管理的计量表型逐步优化、减少，这也有利于公司计量表的管理。

（2）开展计量表送检，使贸易结算计量表准确运行

严格按《涡轮流量计检定规程》JJG 1037—2008，《膜式燃气表》JJG 577—2012实施计量表送检。公司每年底制定次年的送检计划，制定计划标准见表4-16。

表 4-16

计量表型	送检周期	配套工作
≥10m³ 皮膜表贸易结算表	3 年	清洗、除锈、油漆；这些工作外包
涡轮表贸易结算表	2 年	
上述表型的周转表	1 年	

公司近年皮膜表送检量在2000台左右，涡轮表为300多台左右。从历年一次送检表负偏差不合格率数据看：该数据从最初接近10%下降到5%以下，不合格表被及时维修或淘汰，避免了进一步的气量损失。送检工作使贸易结算表的公平、准确有了基本保障。

（3）开展计量表专业巡检，使公司能主动发现并及时处置计量异常问题

2009年前分公司几乎没有系统开展计量表专业巡检工作，低巡检率导致计量管理出现薄弱环节。为改变这一被动局面，分公司在2009年启动大客户计量表专业巡检工作。启动专业巡检主要解决以下问题：一是缩短非正常计量时间，通过分公司专业队主动介入，使计量异常从被动报修，被动处理转向主动发现主动查处。二是随着智能计量表及附带的较先进设备的大量应用，普通员工较难发现这类设备潜在计量故障。三是受利益驱使而规避计量的客户将不断出现，部分盗气手段越发隐蔽、专业，普通员工很难辨识这类盗气行为。专业巡检的内容主要为检查计量表铅封、纸封、塑封，开小火检查计量表运转情况，提取涡轮表历史数据分析等。通过2009年的巡检，共主动发现并处理了65台次计量

异常，共追收气量 59.3 万 m^3，追回气费及滞纳金 97.7 万元，计量表专业巡检初见成效。

（4）开展涡轮表前过滤器清洗维护，保护涡轮表能"清洁"运行

过滤器清洗维护工作的对象为用气量较大客户涡轮表前过滤器，开展该项工达到了三个目的：一是保证客户供气压力；二是提高 CNG 等对气质要求较高客户的供气品质；三是减小涡轮流量计受气质影响产生计量负偏差。公司除计划性实施全部涡轮表计前过滤器清洗维护外，还根据部分客户过滤器实际污损情况加大清洗维护频次。公司在提供优质供气服务的同时，也减小了计量负偏差，供用气双方得到了双赢。

4. 10 年到期户表更换是目前公司民用户计量管理的最重要措施

某燃气公司在实施 10 年到期户表更换上有两个依据：首先从法规上讲：根据《膜式燃气表》JJG 577—2012 的规定，以天然气为介质的燃气表使用期限不超过 10 年，到期更换。其次从技术上讲，燃气表到期后，其质量、可靠性、稳定性、准确度及安全性都将严重降低，影响计量，甚至个别到期户表甚至已损坏，无法计量。过期户表若继续使用，将产生较大的负误差给燃气公司带来气量损失。

某燃气公司根据《四川省消费者权益保护条例》有关条款，于 2008 年起计划 3 年由外包施工队免费更换 45 万只 10 年到期燃气户表，截至 2009 年底累计更换 30.6 万只。到期户表的更换工作为成都燃气减小到期民用客户计量器具带来的计量偏差起到了重要作用。

5. 加强计量异常查处力度，维护企业合法权益

公司强调了两个发现计量异常的途径：

一是通过气量分析三级核查机制发现计量异常。

二是现场工作主动发现计量异常。公司要求每个到客户用气现场的工作人员包括抄表员、安全巡检员在本职工作之余对计量表作外观检查，包括铅封、纸封、塑封的检查。抄表队特别针对用气量最大的 CNG 客户，孔板流量计计量的客户采取日抄，在所有涡轮表计量的客户现场比对修正仪与基表数据。另外，通过仪表队专业巡检也是现场主动发现计量异常的重要途径。

一旦发现计量异常，分公司立即启动计量异常处置流程。近年来分公司持续加强对偷气、漏抄及气量异常用户的查处力度。2009 年供气分公司共追收气量 250.61 万 m^3，其中规避计量用户 32 家，追收气量 61.66 万 m^3。

6. 运用现代技术，为进一步开展供销差管理工作打下基础

（1）直读远传表技术的应用

近两年，民用直读表技术在燃气公司得到迅速推广。截至 2010 年 6 月，纳入公司管理的民用直读表户数 13.11 万户，使用手持抄表机器作网抄或点抄。而使用 GPRS 直接通信工商用直读远传表的试点工作也在有序进行。直读表远传技术为减少民用户抄表人力，克服入户难等症结带来了福音。公司也有计划对用气量大的公商客户、CNG 客户、有规避计量嫌疑的客户安装直读表系统以加强分公司计量监管水平。

（2）新型防盗铅封的试点推行

随着城市燃气气价上涨，客户规避计量行为将可能逐步增多。公司为有效遏制这类行为，除加强管理手段外还在探索相应的技术手段。除直读表技术外，新型防盗铅封也是一种技术手段。通过市场考察，公司正准备试点一种带二维条码的智能铅封，该铅封不易仿

造，且二维条码保障了铅封的唯一性。仪表管理人员在巡检工作中通过手持器采集铅封状态，加强了计量表状态的监控力度。我们相信新型防盗铅封的试点及推广将对防盗气起到积极作用。

结束语：

供销差的成因有很多，四川省某燃气公司在减少供销差的道路上正积极探索，不断努力。公司计划下一步进行量化研究低温对皮膜表的影响，以及抄表与贸易结算的时间差对供销差的影响等问题，这需要计算机信息系统的数据支撑。近年来四川省某燃气公司加快了对 SCADA 系统、直读远传表系统、客户综合管理信息系统建设的力度，借此东风可以展望未来，四川省某燃气公司供销差管理工作将有可能逐步由经验安排向科学规划推进。

4.6.3　安徽省某燃气公司治理供销差

供销差率管控水平是各燃气公司内部管理的重要衡量标准，也是各燃气公司在进行技术业务交流时最为流行的关键词。供销差率的管控既是加强内部管理、提高经济效益的重要手段，又是企业管理工作的难点。形成燃气供销差不可避免，但如果不能有效减小供销差，必将影响企业的经济利益，阻碍公司的发展。因此，各燃气公司都已把如何降低供销差率作为了一个重要课题在研究，而由于地域、人文、历史、气源种类等原因的差异，在供差的管控做法上既有许多共同点，又有许多的不同点。下面主要介绍一下安徽省某燃气公司在供销差率管控方面的一些经验和做法，以供大家参考。

1. 安徽省某燃气公司的概况

安徽省某燃气公司始建于 1982 年，是集天然气储配与销售、燃气设计、管道安装、燃气具制造于一体的市属国有独资大型企业。近几年来，随着城市规模的不断发展和大型工业用户的不断涌现，目前已拥有天然气居民用户有 70 多万户，工商用户有近 2600 块流量计。年销售天然气规模已达到近 2.8 亿 m³，年销售天然气增长比率在 20% 左右。客户气量结构比例大致为"居民用户比工商用户等于 3.5 比 6.5"的分配，分布比例基本上与其他燃气公司的分布大体相当。居民用户的表具使用了普表和 IC 卡表两种类型，IC 卡表占 10% 左右；普表用户以人工抄表为主，2011 年也在尝试使用无线远传方式和 POS 机抄表方式。工商用户的表具是普表和 IC 卡表共存，IC 卡表占 53% 左右（主要应用在商业用户中）；普表用户是以人工和远传相结合的方式为主；工商户的流量计主要使用了 3 种类型：皮膜表（主要应用在小的商业用户）、罗茨表（主要应用在中等规模的餐饮用户）和涡轮表（主要应用在工业用户和锅炉空调用户）。可以说在供销差率管控方面，涉及了诸多环节，影响因素更是千头万绪，需要多渠道和多方位的进行管理整合，方能使得供销差率被控制在一个合理的水平上。

2. 安徽省某燃气公司的供销差率管控形势

随着城市燃气供应规模的不断增加，气损量也在逐年增加，供销差率的管控对燃气企业的日常运营管理显得越来越重要。安徽省某燃气公司前几年来的供销差率控制情况一直不理想，在 2008 年以前供销差率一直处于高位，平均大约在 7%。而在 2009 年突然开始升高，气损量同比增长了 45%，控差的形势非常严峻。近年来，供销差率管控工作已纳入了公司高层的重点课题研究范围，每月进行供销差率管控分析，公司各部门对如何降低供销差率均有了较深入的认识和理解。在 2010 年、2011 年，公司通过落实各项管控措施、加强内部管理、优化资源组合、公司上下一心、全体员工共同努力，供销差率控制得到了一定的控制，经营业绩也在逐步提高。虽然供销差率整体形势稍有好转，但仍不乐观，控差任务仍异常艰巨，图4-27为2009～2011年供销差率走势图。

指标名称	2009年1~6月	2010年1~6月	2011年1~6月
供气量（万m³）	9229	11393	14073
供气量同比增长	4.07%	23.45%	23.52%
销售量（万m³）	8459	10588	13123
销售量同比增长	1.45%	25.17%	23.94%
气损量（万m³）	770	805	950
气损量同比增长	45.28%	4.55%	18.01%

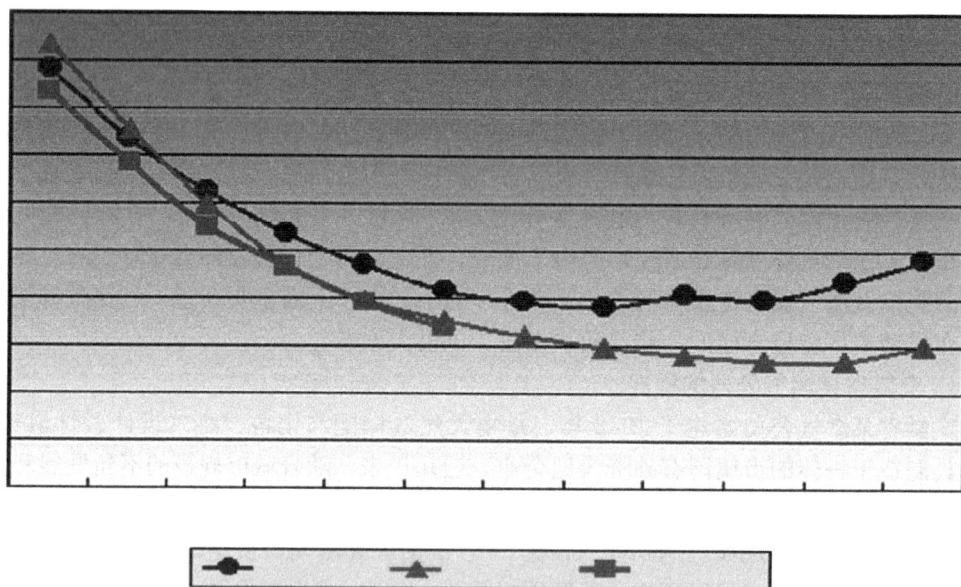

图 4-27　2009～2011 年供销差率走势图

3. 安徽省某燃气公司的供销差率成因分析

根据多年来生产实践、总结经验和体会，笔者对安徽省某燃气公司供销差率形成原因进行详细分析，主要有几方面原因：气源采购误差（含LNG采购），计量误差（包括温度压力的影响、不合格表、超期使用表、计量表选型、IC卡表局限性等误差），抄表误差，管网泄漏，作业放散、置换耗气，自用气，偷盗气等。

（1）门站交接气量差误差

1）虽然在天然气采购时供需双方都会安装高精度流量计来进行贸易计量，但一般情况都是以供方的计量表为准，需方的计量表只在供方表有故障时作为参考数据，因而我们会常常忽略对己方表具是否准确进行关注。若对方计量表本身偏差大，或者我方计量设备准确度不够的情况下，就会影响供销差。

2）在LNG采购方面，由于LNG槽车运输距离较长，途中因LNG超压放散而导致实际到站的LNG数量比出厂时减少。在卸车时卸的不完全或卸车时储罐压力高而被迫放散，也会导致燃气损失。LNG自然汽化后进入城市管网后，会大幅降低管道中天然气的温度，冬季高峰调峰供气时尤为明显，也会影响供销差。

（2）用户终端计量表具误差

1）温度、压力未补偿误差的影响。公司现有近70万居民用户（一户一表算即70万块皮膜表），工商用户1000余户，2600块表（皮膜表有670余块，不带温压补偿），占工商户表数的26％。由于和上游供气单位贸易结算所用计量装置为带有温度、压力自动补偿功能的智能表，其计量结果均是折算为标准状态（101.325kPa，20℃）下的体积。然而，现公司所经营的民用户及部分小型商业用户多是采用没有温压补偿功能的膜式燃气表，其读数是没有经过温度和压力补偿的工况体积值，从而形成计量误差，且这类误差在冬季低温供气时尤为明显。根据气体动态方程公式，可以清楚的计算出温度压力未补偿所带来的影响，笔者在此不作赘述。

2）管道压力波动误差的影响。在管网实际运行中，由于调压设备及其他原因，管网进户的压力不是保持恒定，而是有波动。在用气高峰时，相对额定设计压力而言，有时压力波动可能高达20％，此时引起燃气表体积流量的变化也接近此压力变化值，由此造成的计量误差已远远超出一般燃气表的允许误差范围，产生计量偏差。

3）燃气表自身误差的影响。根据国家计量法相关规定，所有燃气表安装前都必须经过首检，其中民用膜式燃气表首检合格率≥98％，罗茨、涡轮流量计合格率100％；而在以前因种种原因许多燃气表在没有检定时就进行安装，使得不合格表具投入使用，导致计量误差。还有使用一定周期之后的计量表按照规定都需要周期检定而没及时得到检测修正，多数表具在运行一段时期后计量均会出现偏差（主要是负偏差），而且表具使用年限越长，产生的计量误差越大。

4）计量设计选型误差的影响。选型偏大，在用户使用小流量时不计数，选型偏小，在用户使用大流量时计量不准确。对于工商用户，通过近几年工作发现，存在诸多如用户报装燃气安装时"冒大一尺"、用气设备安装与设计图纸不符、用户私增私减用气设备等现象，从而造成"大马拉小车""小马拉大车"现象，给公司直接带来了一定的经济损失，也造成计量误差。

5）IC卡表自身局限性的影响。据统计，安徽省某燃气集团现有民用IC卡用户约7.1万余户，工商IC卡用户有1 380余块表装有IC卡（占全部工商户表数的53％）。

随着市场的发展，新增用户的增加，IC卡用户还在不停的增长，IC卡表产品的不稳定、不成熟性给供差也产生较大的影响。民用户使用IC卡表后，不再安排上门抄表，因而缺失了对用户的用气监管，形成了监管盲区。现已发现许多IC卡装置表所处环境恶劣或因使用过久装置老化或因用户使用不当或因有的用户故意损坏等，造成IC卡无法实现余额为零时自动切断供应，从而造成经济损失，同时给用户管理也带来很多后患。为此，安徽省某燃气集团已专题分析了IC卡表使用的优劣，已初步确定了IC卡表的适用范围。

（3）抄表误差的影响

用户见表率问题也是困扰安徽省某燃气公司的一个焦点问题。虽然管理目标中也有要求必须上门入户见表抄表，但由于入户难、空置房等原因，见表率较难提高。目前采取的抄表方式有：抄表员上门抄表、用户门示自报数、电话报数、短信报数等，因而会出现部分用户虚报、少报或估量不准等造成气量统计偏差。

现在由于住宅小区和高层住宅越来越多，抄表难度增加，造成漏抄率增加；有些新开发的住宅小区，由于售房零散，点火通气后，使得一些用户未办用气点火手续而用气，造成漏抄；极个别抄表人员送人情气，故意少抄、漏抄；还有就是人工抄表带来的少抄、错抄等。以上都将导致气量损失，供销差增大。

（4）管网泄漏误差的影响

安徽省某市现正是大建设时期，用气规模不断扩大，城市燃气管网不断延伸，管线出现泄漏的概率也越来越大，如果不能及时发现，不但威胁运行安全，同时造成燃气损失，导致供销差加大。特别是老城区管网，从1982年安徽省某燃气公司正式使用到现在已有30年时间，老管网已严重老化，且多为铸铁管道，抗压力小，接口为柔性连接，在外力作用下，如雨后地基下沉、重车碾压等都会造成接口处变形，而导致燃气泄漏。原来楼前管接口主要为麻丝铅油密封，达到一定使用年限，也会出现干裂漏气现象。另外，随着近几年大建设道路改造工程的增多，由于施工方野蛮作业、盲目施工，破坏地下燃气管线，导致漏气损失的现象常有发生。

（5）用户偷盗气误差的影响

由于国家相关制度法规的不完善，监管机制的不健全，使得部分用户抱着侥幸心理，铤而走险私自偷气、盗气，从而造成经济上的损失，增大了供销差。

在查处偷盗气案例中发现，工商户偷盗气现象易发于小的餐饮用户、浴池用户、会所用户、对外承包的食堂用户中，而民用户偷盗气现象易发于出租房、拆迁安置房、单位公房中，这些应是检查和防范的重点。

（6）放散、置换及自用气误差的影响

1）随着新管线铺设，投用时需要使用燃气进行置换。在新老管道对接时，也需要对管道内的燃气进行置换，这两方面都影响着供销差。针对"作业放散、置换耗气"的影响，施工单位每次应做监控，事后应有气量估算统计。

2）在"自用气"管理方面，应安装计量表用

于内部计量。实际在核算年底考核供销差率指标时应进行去除计算。即：天然气管道供销差率＝（供应总量－销售总量－作业放散、置换耗气－自用气量）/供应总量×100％。

4. 降低供销差率对策及应对措施

（1）尽量减少气源采购误差

由于上游单位对我方的交接气量差不可能为负，安徽省某燃气公司通过持续加强技术与管理两方面措施来尽量减少交接气量差。一是提高计量设备准确度，选用与中石油方同类型高精度高计量设备，并对己方计量设备定期进行修正标定，合理控制与中石油贸易结算表的误差范围；二是在供气低谷时，合理生产储备冬季调峰需要的LNG，减少撬车运输LNG的采购。三是适当提高门站燃气供应温度，尤其是在冬季时开启加热装置，使得燃气管网末端用户表前燃气温度升高，将可以减小民用皮膜表没有温度补偿的供销差影响。

（2）解决管道供气压力对计量的影响

可以从以下两个方面解决，一是要对调压器后压力进行全面测压，检查、记录皮膜表的工作压力，适当调整调压器设定压力，降低灶前压力，满足末端灶具使用即可，不宜偏高；对于调压器流量不能满足燃气设施要求的，要进行改进，更换为较大流量的调压器，降低调压器后压力。二是设计人员在调压器选型时要切实考虑调压器后燃气设施的最大流量和最小

流量，以及今后可能存在的燃气设施增加的情况，调压器设计流量适当增加 20% 的富裕量，这样可以使调压器后设定压力尽量低，可以减少压力未补偿所带来的计量损失。

（3）实施计量技术改造，减少计量表具误差

1）加快到期膜式燃气表具的更换进度。到期或已使用年限很长的居民表有计划的进行逐步更换。安徽省某燃气公司于 2005 年天然气全部置换结束，虽然置换时大部分燃气表都已进行了更换，但还有部分表因种种原因未能及时更换，且已更换表具也已使用十多年时间，根据《膜式燃气表》JJG 577—2012 的规定，以天然气为介质的燃气表使用期限不超过 10 年，到期必须更换。目前安徽省某燃气公司已经建立了居民户用表表坏更换和使用年限到期的强制更换制度，对非居民用大流量膜式燃气表（主要是 J10、J16）将逐步改造更换成有温压补偿的表具。2011 年上半年，安徽省某燃气公司已完成了 55 块 16 方皮膜表的技术改造，更换为流量范围接近的 DN20 罗茨表，下一步还将试点推广使用小口径罗茨表来逐步取代 10 方皮膜表。

2）改用高精度、误差小的燃气表。对 2007 年前安装的精度 2.5 级老式罗茨表和半智能表进行升级改造，全部更换为 1.0 级、1.5 级高精度罗茨表，目前此项工作正在开展之中，2011 年年底前完成全部改造任务，改造完成后将会进一步提高表具的计量精度，因表具计量产生的损失将得到进一步的控制。

3）对工业 IC 卡表进行升级改造。安徽省某燃气公司使用工业 IC 卡表年代较早，而该类产品属于厂家提供的一代产品，存在一定的技术缺陷，尤其是电子类产品对环境要求较高，因此老式的工业 IC 卡表在长年的恶劣环境使用中会经常出现黑屏、不减量、电磁干扰等多种故障。因此，安徽省某燃气集团决定与 IC 卡厂家合作对老式工业 IC 卡表进行升级改造，换成具有防水、防腐蚀、抗磁场干扰强的新式 IC 卡装置，这将大大改善 IC 卡表的工作状况，减少 IC 卡控制装置频繁故障带来的计量影响。合肥燃气计划今年有针对性的升级改造 200 块，目前已改造 130 块，目前改造后 IC 卡装置运行效果良好。

4）加强表具检定力度，确保表具准确计量。安徽省某燃气公司做好表具的首检及周检工作，在 2008 年就专门成立了燃气表具检测中心，并为能发挥最大效能，通过整合，全部交由营销公司统一管理，抄、收、检、修一条线，减少了中间环节、提高了工作效率、明确了工作责任。安徽省某燃气公司检测中心已通过省市质监部门的考核、受权，检测范围涵盖膜式燃气表、罗茨、涡轮流量计等内容，保证了所有新装燃气用户的燃气表都经过首检并且合格后才能出站安装，从源头开始对计量表具误差进行控制，起到很好的效果。同时制定了详细的表具检定计划，加快对已到周检期表具的周检速度，以其使所有到期表具都能得到及时维护，使表具能始终处于正常运行状态。制定计划标准见表 4-17。

燃气表使用年限及周检时间表　　　　　　　　　　　　　　　　　表 4-17

计量表型	使用气质	更换、送检周期	备注
<10m³ 皮膜表贸易结算表	人工煤气	6 年更换	
<10m³ 皮膜表贸易结算表	天然气	10 年更换	
≥10m³ 皮膜表贸易结算表	天然气	3 年周检	
涡轮流量计贸易结算表	天然气	2 年周检	≥1.0 级
罗茨流量计贸易结算表	天然气	3 年周检	≥1.0 级

5）开展不同厂家表具在线的对比性试验，对比分析表具计量误差。通过对同一型号不同厂家的流量计进行对比试验，对计量误差大的流量计厂家实行淘汰，以减少因计量所产生的供销差。安徽省某燃气公司已在大型工厂及酒店设立了两个数据对比场所，把在用的几个厂家表具放在同一现场进行数据比对，以从中选出最为适合我公司使用的厂家表具，淘汰表具质量不合格的厂家。对比数据参见表4-18。

不同厂家对比表数据　　　　　　　　　表4-18

情况 表厂家	翰林宴酒店对比情况			华维金属对比情况		
	表数	结果	与最慢表比较	表数	结果	与最慢表比较
厂家一罗茨表	148912	最快	102.86%	87928	最慢	100.00%
厂家二罗茨表	148773	中间	102.77%	92061	最快	104.70%
厂家三罗茨表	144770	最慢	100.00%	88720	中间	100.90%

6）实行区域计量管理，即在部分用户集中或用气量大的小区安装区域计量总表。一方面可以通过小区总表数据来对比抄表员的抄气量指标完成情况，辅以绩效挂钩等考核措施，来提高民用户内表的见表率。另一方面还可以对比分析出气量损失的原因，是抄表员未抄回来，还是该小区用户可能存在偷盗气行为。安徽省某燃气集团已分别在两个民用小区安装了两块大口径、高精度罗茨流量计进行试点对比总表与民用户内、户外抄表之间的误差。

（4）加强民用户内表的抄收管理，提升见表率，针对居民用户入户抄表难、见表率低的实际情况，负责抄收管理的营销公司采取了以下措施来加以解决。

1）根据抄表工作量和用户分布合理配备抄表人员，通过将见表率纳入员工绩效考核、开展抄催岗位竞赛活动、每月评比"抄表之星"等方式，挖掘员工的自身潜力、提高工作技能、激发工作热情、增加抄表动力，减少漏抄、少抄等现象。

2）提升企业内部沟通效率，使新增用户信息及时纳入用户管理系统，避免因用户信息传递的滞后导致抄表率下降。

3）对于部分用户长时间外出无法入户抄表的情况，采取在节假日等合适时间集中、突击抄表的方式，将累积用气量抄回，并及时回收燃气款。

4）推广户外集中燃气表箱挂表的安装使用，并逐步限制民用IC卡表的使用。

5）针对城市居民用户使用壁挂炉日益增多，重点加强了民用小锅炉用户抄收管理。冬季小锅炉用气量非常大，小锅炉用量的及时抄收对当月供销差率影响较大，现公司已在对小锅炉用气量异常用户进行登记，并要求抄表员重点关注。

6）逐步推行民用IC卡用户的抄表稽查工作。首先是针对部分回迁小区的IC卡用户中半年以上未充值进行了摸底稽查。从摸底稽查结果来看，目前的IC卡表故障较多，由于监管力度较弱，加上表具本身质量问题，民用IC卡计量气损较大。因此，集团公司已考虑增加抄表人员来进行民用IC卡表户的抄表稽查工作。

（5）重点加强工商户的日常管理工作

安徽省某燃气公司近年来一直非常重视工商客户的发展和日常管理，目前在用的工商户有1000多家，共有2600余块计量表，其销售量已占到总销售量的65%以上，公司针对工商户服务成本低且经济效益高的特点，有的放矢的逐步加强工商用户的管理力度。

1）2009年1月，安徽省某燃气公司成立技术计量处，专门负责整个公司燃气计量表具监督管理、技术指导工作。

2）2010年1月，公司把工商户的流量计管理全部交由营销公司统一归口管理，营销公司为此成立工商用户管理科，专门负责工商用户的抄表、收费、巡检、维护、周检、技改等工作。

3）规范工商客户流量计设计、点火流程。为避免"大马拉小车"等一系列因素带来的供销差，对于新点火的工商客户，要求应在查看现场用气设备及安装与设计图纸完全相符后，方可点火，对于存在特殊情况急需点火的用户，应在进行点火后1周内安排人员进行复查，检查现场用气设备及安装与设计图纸是否完全相符，如不相符，立即停气整改。

4）建立大客户气量异常情况分析机制，由专门人员进行数据分析，一旦某客户1月至2月出现气量异常波动，立即组织人员进行调查了解并到现场进行查实，一旦发现问题，及时会同相关部门进行处理。

5）加大工商客户流量计抄巡力度，主动发现并及时处置计量异常问题。对工商用户流量计实行一周一抄表制度，抄表员巡检制，每周抄表员在抄表的同时检查流量计参数是否正常，检查计量表铅封、表具是否完好，瞬时流量如低于30％时必须进后堂检查用气设施是否有变化，开小火检查计量表运转情况等一旦发现异常立即汇报，维修人员随即跟进进行处理。

（6）旧管网改造与道路巡查并举，控制管网泄漏和置换放散量结合合肥市市政道路新建、扩建、改造规划，编制旧燃气管网的改造计划，对存在老化、泄漏问题及其他安全隐患的燃气管网，特别是铸铁燃气管网进行分期、分批更换；或者利用旧管道作为套管直接穿插PE管，将旧管网逐步改造。另外，加强日常巡线管理，及时及早发现管线附近是否有违章施工，以保证管线安全，减少第三方损坏行为造成的燃气漏损。对新建道路管线送气，如管线上无用气单位，因后期扩建或增加用户接气时需再次放散，故送气时甲烷浓度达到50％即可。对于新老管线接气，采取了提前关阀控压的措施，通过让用户用气来达到降压的目的，以减少后期放散带来的损失量。

（7）严厉查处违规用气行为，减少偷盗气现象发生一是加大稽查力度，结合抄表员、维修员上门抄表、安检，不断堵塞私用气、盗用气的漏洞。二是联合政府相关部门出台相应的政策法规，加大与执法部门的合作。对影响大、性质恶劣的个案，提起法律诉讼，维护公司的合法权益。同时通过传媒加大宣传并在新闻媒体上曝光，并将其不良记录列入其诚信档案。

结束语：

总之，形成供销差的成因有很多，它基本可以反映出一个燃气企业内部基础管理的状况。而要想最大程度的降低它，就必须对从发展、设计、施工、监理、生产运营及用户服务等各个方面加以控制，尤为需要各相关部门之间的通力合作。供销差率管控工作是燃气企业一项常抓不懈的工作，在减小供销差率的道路上正积极探索，不断努力，力争将供销差率控制在一个较低水平，推动企业经营业绩不断向前发展。

4.6.4 江南某燃气公司治理供销差

江南某燃气公司自2000年成立，同年引进使用天然气。

　　和所有燃气企业一样，燃气供销差问题是困扰企业经营利润提高的瓶颈问题之一。天然气投入当年，公司全年供应天然气仅一千多万立方米，供销差率却超过11％，气损高达一百多万立方米，经营利润直接损失就达300万～400万元。如此高的供销差不仅引起了公司领导的高度重视，同时也在全体员工中引起强烈反响。认为控制供销差在降低企业的经营成本，提高经济效益、减少事故隐患，确保管网安全运行、提高企业管理水平等方面都有着极其重要的作用。

　　把"控制供销差"工作作为公司次年的重点工作，专门成立跨部门的由公司主管计量的副总牵头，各部门攻坚小组，百多名同事参与，每月召集以供销差为主题的"数据分析会"，分析当月影响供销差的因素和处理方法，全力将供销差率气损，控制在董事会定下的范围以内。

　　根据全年供气量测量全年天然气漏损，总量要控制在规定的范围以下，供销差率就必须小于5.5％。抱定对股东高度负责的态度和企业员工做事风格——没有任何借口。公司客户服务部、管网维护部、生产部三部门联合，各自从自身生产实际出发细分析、勤思考，拟定了一整套实施方案，周密地付诸实施。经过一年百名员工的顽强拼搏奋战，圆满地完成了公司下达的任务指标。次年供销差率下降到4％。目前公司已连续多年供销差率保持在1.5％以内，在集团范围内名列前茅，受到集团领导的高度赞扬。

　　总结公司在控制供销差方面的一些做法，我们主要采取了以下几项具体措施。

1. 提高计量器具的计量准确率

　　（1）工商业客户计量器具：

　　1）定期对每只流量计送检，确保流量计的精确度。次年在送检的流量计中，发现10多只流量计小流量偏慢，我们及时进行了更换。

图4-28　某客户大小两路流量计自动切换计量

　　2）对客户大、小流量不能同时满足一台流量计的流量范围，公司采取安装两块不同量程的流量计，利用电磁阀控制，进行自动切换计量。在满足客户大流量使用需求时，又解决了小流量使用时公司利益不受损失的问题（图4-28）。

　　3）对工商业客户流量计进行一次全面普查。公司共有工商客户一百多家，工商业客户流量计近200只。为保证每一块表的正常运转，我们对所有工商客户燃气设施及流量计进行了一次全面普查，检查修正仪温度、压力补偿设置、流量传感器是否符合要求。

　　（2）民用计量器具

　　1）对正常使用燃气的客户，发现月耗量有逐月下降现象的民用表，客服部查明原因，对非客户不使用燃气原因导致用气量少的燃气表，及时送到技术监督部门检验。

　　2）每月对居民客户零耗量的燃气表，采取进户点火试表的方式，发现燃气表停的，立即予以更换，杜绝因燃气表质量问题引起的气量损耗。

　　3）远传表每年定期入户进行核查，防止因数据线脱落数据无法传输而导致抄气量减少。

2. 针对管网及附属设施的泄漏、用户违章用气的现象，重点开展了以下几项活动

（1）在全市范围内开展"查漏气、查违章、保安全、降低供销差率"专项活动。

每年冬季，公司组织百名员工，利用一个月时间，对全市范围内所有的民用、商业户燃气设施及市区所有低压管网、调压设备等附属设施，集中进行全面的查漏气、查违章活动。百名员工每天工作10h，日检查量高达4000多户次。为公司降低供销差起到了无法估量的作用，其中共查处：

1）燃气漏气点1万多处。

2）违章用气户7户。

3）切断可废除的水泥接口铸铁管6处，共1000m。

（2）进行冬季查漏。根据管网材料热胀冷缩的原理，我们认为冬季材料的膨胀系数为负数，是气体最易泄漏的季节，也就是查漏的最佳季节。在供气的第3年年底，当第一股寒流抵达时，对全市的地上管网及附属燃气设施，再一次进行了全面查漏气活动。共查处漏气点1700多处，有效地减少了天然气气量损失（图4-29）。

检查中还发现部分客户违章私改燃气设施，并进行有效的处理（图4-30）。

图4-29 低压管泄漏，开挖后高达
1.4m的土已发黑，如煤炭

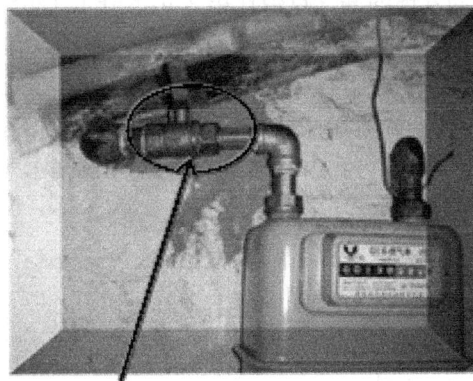

图4-30 普查时发现该用气户
违章、私改燃气设施

（3）切断工商业客户计量柜旁通管处的气源，防止工商业用户盗气。

为了防止工商业客户从计量柜内流量计旁通管处盗气，我们在旁通管段法兰处加插盲板，对无法加插盲板的流量计旁通管，实施旁通管碟阀处加装防盗锁，杜绝工商业客户从旁通管进行盗气的现象，防患于未然。

3. 加快水泥接口铸铁管的改造速度

使用天然气第三年共改造燃气管网铸铁管、水泥接口管20多公里，大大减少了管网泄漏量。

4. 加大管线巡查力度，有效遏制第三方破坏燃气管道

巡线工作是确保管网安全的重要举措。每年从年初开始就制定了周密的计划。为了防止第三方对燃气管网造成破坏，公司巡线班组的员工对全市天然气主干线每3天巡查一次，小区内所有管线每星期巡查一遍，重点工地和施工现场派专人监护，供气第3年第三方破坏次数比第二年减少11起，并追回经济损失约20万元。

5. 加大日常查漏工作，巩固"查漏气、查违章、保安全、降低供销差率"专项活动的成果

（1）建立"平安社区"一个社区就是一座堡垒，彻底消除漏气隐患，既保证客户安全用气，又有效降低气损，缩小供销差率。在供气第 3 年我们共推出了 15 个平安社区，除了每年对该区域进行 4 次查漏外，另每月增加检查不少于 2 次，使该区域每年查漏次数高达 6 次以上。至目前为止，这 15 个社区全年无客户报修，无燃气泄漏发生。

（2）创建"无泄漏站区"落实所有场站日检、调压站每星期检查一次制度，发现漏气点立即处理，全年共查处漏气点 360 多处。在上级部门的各项检查中没有被查出 1 处漏气点。

（3）实行维修"一条龙"服务。在对民用户进行日常维修时，同时做好安检、表箱维护等工作，做到每户必查漏，全年共查处、处理漏气点 1700 多处。

（4）改进查漏方法，提高查漏自报率。以往公司室外管漏气报修主要来源于客户报修，从第 3 年开始，明确要求：室外管网的自报率不得低于 80%，要改变过去客户报修形式为巡线人员主动发现漏气点形式。为了完成这一指标，我们改进了查漏方法，第 3 年主动发现的漏气点数比第 2 年上升了 156%，查漏自报率达到了 90%。具体方法为：

1）巡线中怀疑燃气泄漏的管道段，在不清楚管线准确位置时，沿管线呈 S 形打孔检测，并缩短打孔距离，孔距由原来的 50m 缩短到 5m（图 4-31、图 4-32）。

2）仪器探杆插入孔内停留时不少于 2min，保证仪器能够充分吸入可燃气体。

3）同一孔内检测二次，间隔 10min，确保了仪器反映数据的真实性。

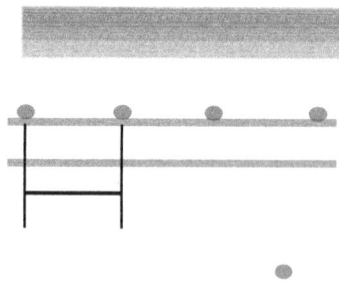 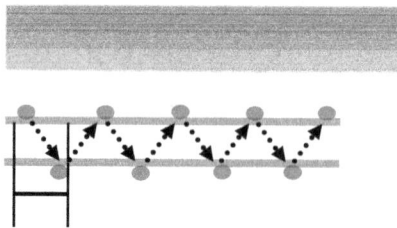

图 4-31　打孔（一）　　　　　　　　图 4-32　打孔（二）

（5）加大对商业用户违章用气的检查、处罚

天然气供气第 3 年，发现有少数餐饮用户盗气，为了遏制这种现象，在加大对商业客户违章用气检查力度的同时，修订了违章用气处理规定，加大对商业用户盗气的处罚力度。

（6）每月对民用户违章用气现象进行普查

客户素质参差不齐，我们要求抄表员每月抄表时，都要核查是否有用户违章用气现象。供气第 3 年共查处无抄表用气户 400 多户，补交气量 2100 多立方米，挽回间接气损约 7 万 m³。图 4-33 为某餐饮客户破坏燃气表具行为。

6. 调整调压器出口压力，减小供气压力对供销差的影响

根据国外燃气管网泄漏普查、检测数据表明，城市燃气管网的微压泄漏不可避免，提高降低低压管网压力，可以有效的解决这一问题。而低压供气的居民用户计量表，无法安

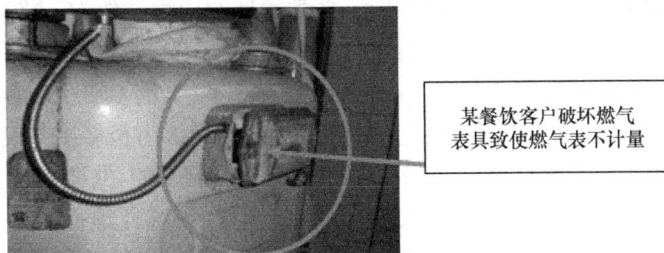

某餐饮客户破坏燃气表具致使燃气表不计量

图 4-33 破坏燃气表具

装温度、压力补偿，因此，根据季节的不同，以及各个调压器供气负荷的不同，在不影响客户正常用气的前提下，在国家规范规定的允许范围内，适时调整小区民用调压器的出口压力。有效地减少了低压管网的气量损失。

7. 加大对维修、抢险、接驳、置换通气等作业时的过程管理，将作业过程中的气损量降到最低

（1）维修、接驳：在施工中我们改进工艺，缩短维修、接驳时间，并指定专人进行现场作业管理，提高各工序之间的衔接，减少气体损失。如：更换立管阀时，在阀体拆下 2/3 时，开始缠聚四氟乙烯带，然后迅速更换阀体，减少换阀时的气损量。

（2）抢险：要求抢险的及时率、完好率必须达到 100％。供气第 3 年共处理中低压断管 9 处、水泥接口铸铁管 35 处，均在规定的时间内抵达抢险现场，并做好堵气处理。

（3）置换：控制置换通气时间，当甲烷浓度达到合格标准时，立即关闭阀门，减少放散气量。

8. 提高抄表的抄见率、准确率，并统一抄表时间

工商业用户抄见率 100％、民用户户外表抄见率 100％、户内表抄见率大于 98％、准确率 100％。为保证这些硬指标的完成，加大督查力度，对违反抄表规定的人和事一经发现，当月即纳入绩效考核。

为进一步提高抄表计算周期的准确率，公司采取对民用户、商业用户定"抄表日"，规定：每个客户于每个月的同一日必须抄表。工业用户抄表时间前后误差在 2h 以内，缩短了客户抄表周期与供销差抄表周期的时间差。

9. 开展 SQS 活动，发挥每个员工的聪明才智

各部门围绕着"怎样在生产运营中降低供销差率"这一主题，根据各个部门各自工作的特点，开展了各项"SQS"活动，共成立了 11 个与之相关的 SQS 项目，充分发挥了每一名员工的聪明才智。

降低供销差工作是一项系统工作，需要常抓不懈和持之以恒的精神。

4.6.5 某 LNG 加气站治理供销差

从 2009 年以来，LNG 相对于汽柴油在车用方面的经济性、环保性和安全性等优势越来越为人所熟知。LNG 作为最容易实现的清洁能源，逐渐成为车用燃料的最佳补充，尤其是在大中型物流运输车辆和城市公交、城际客运等应用效果突出，大有替代之势。随着国内中小型天然气液化装置犹如雨后春笋、规模化投入运行和进口 LNG 的增多，LNG 资源供需矛盾得以缓解，LNG加气站也经历了蓬勃发展的历程。作为LNG终端销售的运营平台，通过有效方式管控供销差、降低供销差率成为运营商降本增效、度过产业"严冬"的重要途径。业内很多学者、专家和企业管理者曾尝试对供销差产生环节进行剖析，从技术或管理角度零散提出了一些管控供销差的措施，但笔者认为很多措施仅停留在理论，缺乏实践检验，对企业的实际指导性不强。本小节从供销差产生的原因和环节入手，根据LNG加气站生产运营管理经验，在前人研究的基础上，系统性地提出切实可行的技术和管理措施以降低供销差率，并对采取这些措施后的上百座LNG加气站进行长期跟踪分析，验证措施的有效性，供销差管控成效显著，可为业内企业借鉴参考。

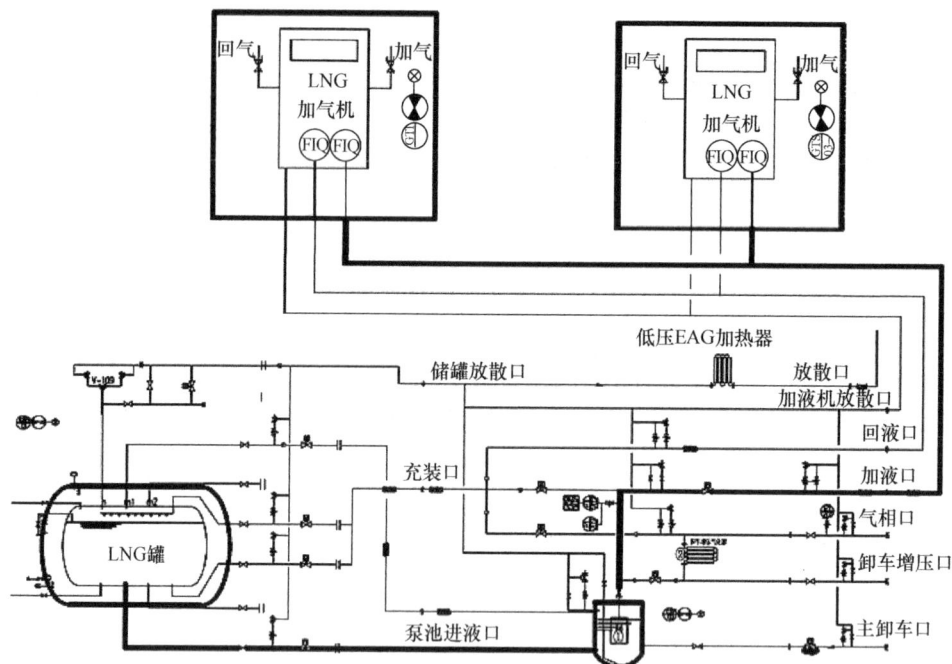

图4-34　LNG加气站工艺流程图

1. 产生原因

由于加气站的特点，站内LNG储罐储存、设备管线换热，回收车载气瓶蒸发气体（BOG），LNG槽车卸车和LNG车辆加注时低温泵运行等过程中，受自然的热量、机械能转化为热能、系统冷却的需要，不可避免导致储存设备内压力不断升高。因无法采取再凝器和节气阀等措施来减少BOG的排放，产生超压放散，造成站内供销差。这样不但在加气站周边形成可燃气体危险空间，同时也造成了资源的浪费及环境污染，加气站的效益受到影响。图4-34涉及到产生供销差的环节主要是LNG槽车到站后的卸车、LNG在储罐内储存、LNG加注、设备和管线保温等。

2. 管控措施

根据某天然气股份有限公司2014年1～3月LNG加气站供销差统计显示，月供销差大于300t，供销差率大于3%的站点数量超过30%，严格控制加气站供销差迫在眉睫。2014年5月该公司下发《关于上报LNG/L-CNG加气站供销差的通知》，定义了供销差、供销差率的概念和计算公式，并对公司所属上百座已投运的加气站供销差进行数据分析和整改，经过两年抓管理、督促规范操作和技术改造等创新措施，站点供销差率大幅下降。

（1）明确供销差的定义和计算公式

建设部 1990 年 6 月颁布的《城市煤气企业升级考核标准》中，将燃气供销差率作为燃气企业升级的重要考核标准。参照《城市煤气企业升级考核标准》

对燃气企业供销差的定义将 LNG 加气站供销差定义为统计时间节点内 LNG 供应总量和销售总量的差值，供销差与供应总量之比称为供销差率。

供销差＝供应总量－销售总量－自用量

供应总量＝进货量＋（期初库存－期末库存）＋（调入－调出）

供销差率＝供销差/供应总量×100％

因部分 LNG 加气站日常生活用气使用 LNG 储罐的 BOG，站区自用气量不计入供销差。

（2）统计该公司供销差和供销差率

统计该公司所有 LNG/L-CNG 加气站供销差，完善统计内容，每月逐站核对供销差和供销差率，以保证统计数据的准确性。

1）改版后的供销差统计表增加了自用量、累计供销差、累计销售量、累计自用量和年均供销差率。确定所属各单位年均供销差率的计算公式。

年均供销差率＝累计供销差/（累计供销差＋累计销售量＋累计自用量）×100％

2）添加了供销差纠偏分析表，对供销差率≥3％的站点进行重点管控，侧重分析偏大的原因、提出有效的降低供销差解决方案；每月对供销差率整改明显的站点进行经验总结，并予以在全公司推广。

（3）年均供销差率与绩效考核挂钩

将各下属公司年均供销差率纳入经营业绩绩效考核指标，并与年终奖惩挂钩。

（4）设计环节管控

1）优化工艺设计。在符合安全规范间距的前提下，确保储罐与泵管口的管线最短，最佳在 3m 以内；泵到加液机的管线长度在 30m 以内，最长不超过 40m。

2）对加气站低温工艺管道（特别是卸车、加气液相管道）保冷设计和 LNG 储罐保冷指标提出明确技术标准。

3）BOG 可用于加气站站房冬季取暖、燃烧等用途，也可引入民用燃气管网。

4）BOG 通过压缩充入 CNG 储气瓶组（只在 L-CNG 加气站可用）。

（5）卸车环节管控

1）卸车前注意检查 LNG 质量，认真检查槽车压力表、液位计、温度计，对压力过高或过低以及液位显示不稳定、温压不匹配的异常情况，立即向主管 LNG 采购人员反馈，与运输公司、工厂核实是否有掺液氮、液氩等偷梁换柱的行为。根据自身情况配备相应的天然气成分分析仪器，进行样品检测。

2）卸车过磅严格执行计量交接操作规程，指派专人跟车、监控、交接和确认数据，避免放水、压磅、撬磅、带铅、边运边烧、留人和卸备用胎等影响计量作弊、偷气的违规行为。

3）卸车前连接储罐气相口与槽车下进液口进行平压，若有两台及以上储罐，连接另一台储罐的气相口和槽车气相口，对槽车进行补气升压（即冷凝降压，补气卸车），采取储罐气相对卸车管线进行置换，有效回收和处理BOG。

4）卸车时储罐进液方式先采用上进液，将储罐里的BOG冷却、降低储罐压力；卸车后期储罐进液方式改为下进液，可将槽车内的BOG导入储罐中，降低槽车压力。

5）站区须配备卸车枕木，增加卸车坡度以减少槽车残液。

6）采用潜液泵卸液，少用增压器卸液；液位较低时，建议降低潜液泵运行频率，保持泵池进出液流量平衡。

7）减少卸车损耗，避免多站合卸一车液。

8）LNG气源选择液温和压力较低的产品（即冷液），对于使用高温液（因液化工艺和储存方式原因，液温和压力较高，即热液）的站点，进一次热液后再进一次冷液，采取冷热液搭配。

（6）运行环节管控

1）严格执行公司设备、管线维护保养操作指南，加大设备、管线、阀门、法兰、垫片的巡检力度，及时维修或更换，避免控制阀内漏、加气枪漏液等"跑、冒、滴、漏"现象。定期检测LNG储罐和真空管的真空度以及管线保冷，发现真空、保冷失效及时维修或更换。

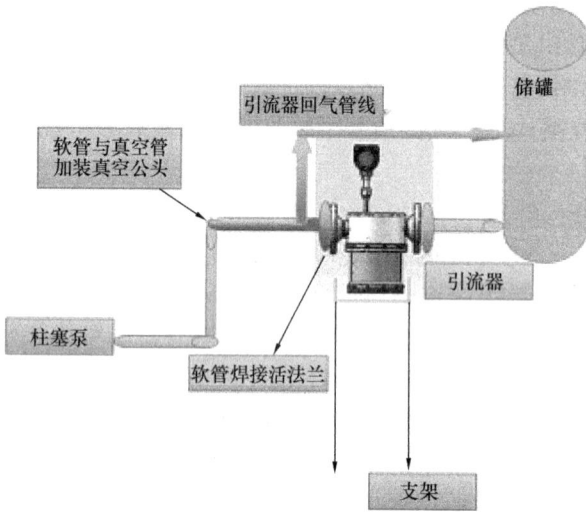

图4-35　加装引流器示意图

2）加强放散管控，超压需手动放散时，现场指派专人操作、留守，缓慢开启放散阀，压力降至正常范围后及时关闭放散阀，减少不必要的安全放空。

3）场站建设时，储罐最低出液口与潜液泵进液口之间的高度差要达到设备技术要求，保证潜液泵的正吸入净压头。运行时出现泵前打压不足、泵回气不畅，需人为排空柱塞泵回气管线，采用在储罐与柱塞泵进液口之间加装引流器（图4-35和图4-36），提高正吸入压力。

4）在液温较低而储罐压力又较高时，采用"液—泵—上进液"的打循环操作，使气相空间部分气体降温再液化，减少超压放散次数。

5）加强卸车、加气等工艺操作培训，避免误操作损耗。

6）加气站较长时间不加注时，关闭所有的气相根部阀，打开液相根部阀，管道和泵池中的LNG压力上升时，被压回储罐使部分BOG再液化。

7）加气之前应检查车载气瓶的压力，大于0.8MPa需对气瓶回气，待LNG注入顺利，应及时关闭回气阀。

8）对公司早期建设的一批LMG加气站储罐距离泵撬以及泵撬距离加液机较远、工艺管线较长、弯道较多、吸热面积和阻力大的站点进行技改；拆除设计规模大、运营效率较低的LMG储罐、泵撬和加液机等调剂到新站使用。

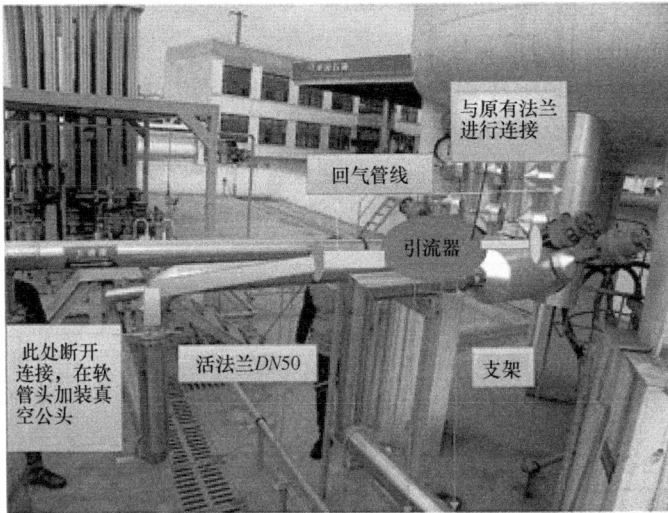

图 4-36 加装引流器方案图

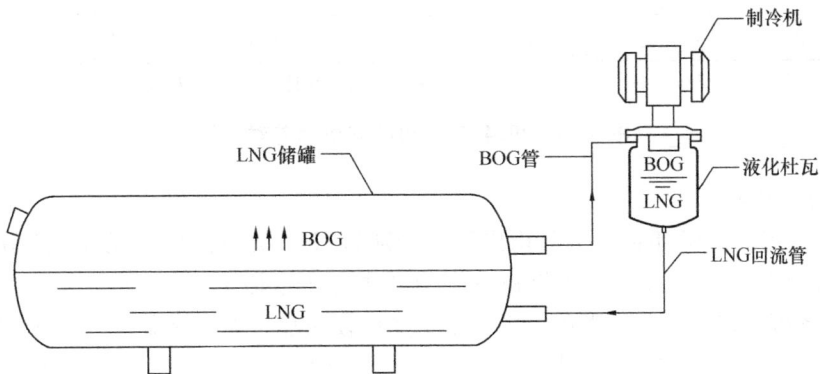

图 4-37 撬装 BOG 再液化装置图

9）真空管道优先采用真空夹层漏率、封口真空度等参数（影响漏热量的主要因素），优秀、实际使用评价优的真空管道品牌。

10）采用国产小型撬装 BOG 再液化装置（图 4-37），将生成的 BOG 回收再液化成 LNG。

（7）进销环节管控

1）定期对加液机流量计检测、标定，流量计标定应安排在进 LNG 后，避免流量计零点漂移引起的加液计量误差。

2）液位计显示的储罐液位与实际液位不符，导致数据采集不准确，损耗计算出现误差，要求加强日常管理，及时核对进销存量。

3）定期检查加液控制阀是否内漏，避免加液控制阀起跳前产生的加液量没有计量，产生隐形损耗。

4）原则上采购密度差小的 LNG 产品，避免因不同液厂密度差异会导致储罐 LNG 分层翻滚而产生 BOG。

3. 取得成效

（1）同比下降

1）该公司 2014 年、2015 年运行的 LNG 加气站分别为 125 座、109 座。2014 年下半年比上半年供销差减少 855t。2015 年供销差 1945t，同比 2014 年 3814t 下降 49%，减少 1869t（图 4-38）。

2）2015 年平均供销差率 0.71%，同比 2014 年平均供销差率是 1.32%。

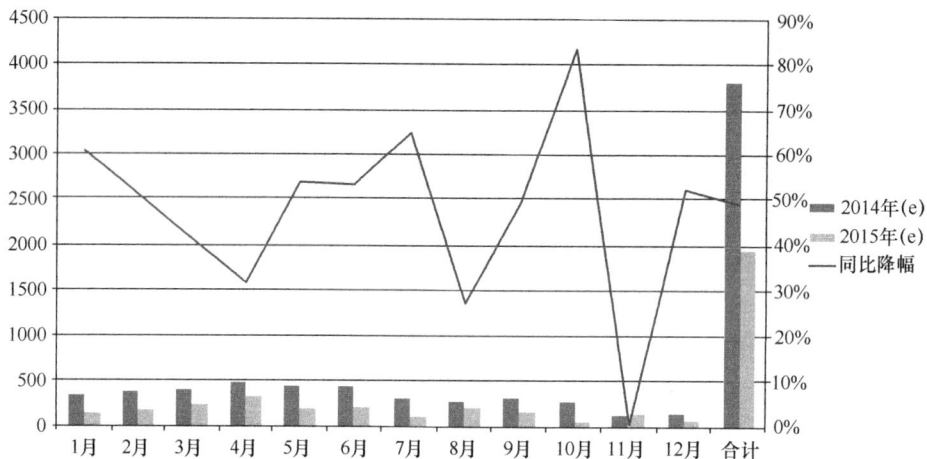

图 4-38 2014 年与 2015 年供销差对比图

（2）增效显著

1）2014 年、2015 年运行工厂均出厂价分别为 4548 元/t、3787 元/t，按最佳半径内运费 300 元/t 测算，2014 年下半年和 2015 年度共减少损耗 1178.5 万元。

2）从各区域来看，四川省单位供销差下降比较明显，尤其是某市公交压缩公司未出现超压放散减压，2015 年累计供销差为 −255.1t；内蒙古某公司成立科研小组，改进设备及工艺、优化操作规程，以及采取冷液和热液的合理配比等措施；宁夏、河北片区供销差与去年同比降幅约 35%；渝、贵、蒙、晋四片区供销差下降幅度在 47%～89% 之间（图 4-39）。

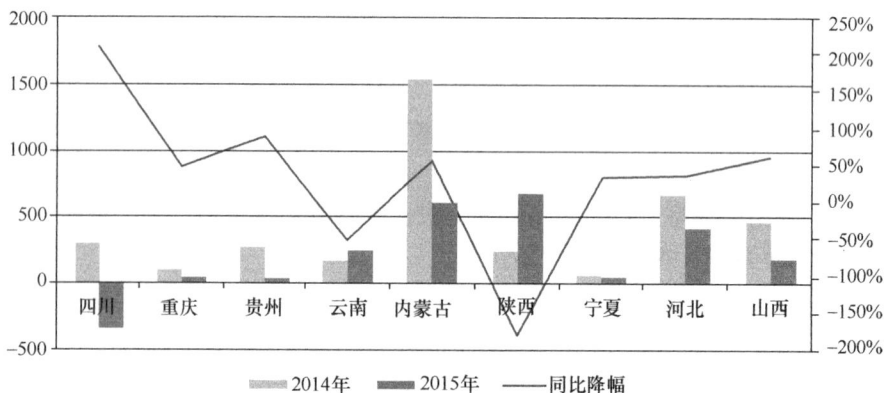

图 4-39 2014、2015 年各片区供销差对比图

4. 结论与建议

由于 LNG 的低温特征，无法阻止蒸发气体的产生。在 LNG 加气站的设计、设备制造、人为操作、运行等各阶段，均应充分落实供销差的控制和处理问题，实现加气站蒸发气体零排放。

（1）降低供销差和供销差率的核心是销量的提升。以站点为中心，加大周边终端用户市场开发力度，减少 LNG 在储的静置时间；

（2）加气站供销差率需通过数据分析定量化，制定关键控制指标和标准值，提升经营管控水平；

（3）采购绝热效果质量好的设备，如用真空缠绕储罐替代珠光砂填充的 LNG 储罐，潜液泵池顶盖真空隔热；

（4）需一站一策、因地制宜。各 LNG 加气站工艺、设备、管路情况不同，加注时间不一，应根据现场工况条件予以优化、改进，降低供销差；

（5）供销差准确度受储罐液位计、加气机和地磅计量精度等影响；

（6）结合操作优化及异常情况的及时排除，将加气站供销差率控制在合理范围内。

附　　录

附录1：《中华人民共和国计量法》

中华人民共和国计量法

(2017年12月27日修正，2018年1月12日发布)

第一章　总　　则

第一条　（立法宗旨）为了保障国家计量单位制的统一和量值的准确可靠，规范计量活动，促进经济、科学技术和社会的发展，维护国家、公众的利益，制定本法。

第二条　（适用范围）在中华人民共和国境内使用计量单位，建立计量基准、计量标准，制造、修理、销售、进口、使用计量器具，出具计量结果等活动以及实施计量监督管理，应当遵守本法。

第三条　（计量单位）国家实行法定计量单位制度。

国际单位制计量单位和国家选定的其他计量单位，为法定计量单位。法定计量单位的名称、符号由国务院公布。

因特殊需要采用非法定计量单位的管理办法，由国务院计量行政主管部门另行制定。

第四条　（标准时间）国家实行统一的标准时间。

国家标准时间的产生、发播和使用的有关规定由国务院制定。

第五条　（监管体制）国务院计量行政主管部门对全国计量活动实施统一监督管理。国务院其他有关部门在各自职责范围内对有关计量活动实施监督管理。

县级以上地方人民政府计量行政主管部门对本行政区域内的计量活动实施监督管理。县级以上地方人民政府其他有关部门在各自职责范围内对有关计量活动实施监督管理。

第六条　（政府职责）国家鼓励、支持计量科学技术研究和创新，推广先进的计量科学技术和计量管理方法，加强国家计量基础设施建设，构建国家现代先进测量体系。

各级人民政府应当加强对计量工作的统筹规划和组织领导，将计量工作纳入国民经济和社会发展规划。县级以上人民政府应当将计量工作所需经费列入同级财政预算予以保障。对在计量工作中做出显著成绩的单位和个人，按照国家有关规定给予表彰或者奖励。

第七条　（国家计量院）国家计量院是国家最高计量技术机构，保障国家最高量值与国际等效。

第八条　（军民融合）国家推进军民融合计量体系建设，扩大军地计量资源共享、共用，推动计量科技军民协同创新，构建军民协调统一的计量规范体系和计量监督体系。

第二章　计量基准、计量标准管理

第九条　（建立计量基准、国家计量标准）国务院计量行政主管部门负责计量基准、国家计量标准的建立，作为统一全国量值的最高依据。

第十条　（建立社会公用计量标准）省级人民政府计量行政主管部门根据本地区的需要，负责规划社会公用计量标准的建立，作为统一量值和实施计量监督的依据。

县级以上地方人民政府计量行政主管部门根据规划建立社会公用计量标准，经上级人民政府计量行政主管部门主持考核合格后使用。

第十一条　（建立部门计量标准）国务院有关主管部门和省、自治区、直辖市人民政府有关主管部门，根据本部门的特殊需要，可以建立部门计量标准，其各项最高等级的计量标准经同级人民政府计量行政主管部门主持考核合格后使用。

第十二条　（建立企业事业单位计量标准）企业、事业单位根据需要，可以建立本单位的计量标准，其中用于向社会提供校准服务的各项最高等级的计量标准经计量行政主管部门主持考核合格后使用。

第十三条　（建立计量基准、计量标准条件）建立计量基准和计量标准，应当具备下列条件：

（一）具有计量性能和溯源性符合要求的测量仪器、系统或者标准物质；

（二）具有正常工作所需要的环境条件；

（三）具有称职的研究、保存、维护和使用人员；

（四）具有完善的管理制度；

（五）具有开展量值传递的计量技术规范。

其中建立计量基准和国家计量标准的，还应当具备相应的保存和改造的技术保障能力以及参与国际比对和进行后续研究的能力。

第十四条　（溯源要求）计量基准和国家计量标准的量值应当与国际上的量值保持等效。

其他计量标准应当采用计量检定的方式进行量值溯源，不具备检定条件的可采用计量校准或者计量比对等方式。

第十五条　（废除要求）国务院计量行政主管部门应当及时废除技术水平或者工作状况不适应需要的计量基准或者国家计量标准。

第十六条　（禁止性规定）未经主持考核的计量行政主管部门批准，任何单位和个人不得改变计量基准或者计量标准的计量性能。

第三章　制造、修理、销售、进口、使用计量器具

第十七条　（目录管理）国家对关系公共利益的计量器具实行重点管理，重点管理的计量器具目录（以下简称"目录"）由国务院发布。

第十八条　（计量器具制造要求）以经营为目的制造列入目录的计量器具，应当经省级以上人民政府计量行政主管部门对其进行型式批准后方可生产。用于统一量值的国家标准物质，应当经国务院计量行政主管部门对其定级鉴定后方可生产、销售。

第十九条　（计量器具进口要求）以经营为目的进口列入目录的计量器具，应当经国

务院计量行政主管部门对其进行型式批准后方可进口。

第二十条　（型式批准要求）省级以上人民政府计量行政主管部门对计量器具进行型式批准，应当经国务院计量行政主管部门授权的技术机构依据计量技术规范对计量器具的型式进行技术评价。

第二十一条　（申请型式批准的条件）申请计量器具型式批准（定级鉴定），应当具备以下条件：

（一）有独立承担法律责任的能力；

（二）有满足型式评价要求的计量器具。其中申请标准物质定级鉴定的，有满足定级鉴定要求的标准物质样品，其定值方法具有溯源性；

（三）有完整的技术文件、产品标准和相关的技术规范等；

（四）有固定的生产场所和相应的生产设施；

（五）有保证产品质量的出厂检验条件；

（六）有满足生产需要的技术人员和检验人员；

（七）有必要的质量保证制度和计量管理制度。其中申请具有爆炸、易燃、毒害、腐蚀、放射性等特性的危险品类标准物质定级鉴定的，还应当符合国家相关管理规定。

申请进口计量器具型式批准，应当符合前款第（二）、（三）项规定的条件。

第二十二条　（制造、修理者义务）计量器具的制造者应当对其制造的计量器具的产品质量负责，保证产品计量性能合格。

计量器具的修理者应当保证修理后的计量器具的计量性能符合有关要求。

第二十三条　（计量检定、校准制度）目录中直接用于贸易结算、安全防护、医疗卫生、环境监测、司法鉴定、行政执法的计量器具实行计量检定。未经计量检定或者计量检定不合格的，不得使用。

依照本法规定实施计量检定以外的其他计量器具应当采用计量校准、计量比对等方式进行量值溯源。

第二十四条　（计量检定的委托）依照本法第二十三条实行计量检定的计量器具，使用者应当向所在地省级行政区域内经授权的计量技术机构申请计量检定。所在地不能检定的，应当向其他经授权的计量技术机构申请计量检定。用于贸易结算的计量器具由经营者申请计量检定。

第二十五条　（计量检定、计量校准等计量量值传递及溯源活动的依据）计量检定、计量校准及其他量值传递及溯源活动应当执行相关计量技术规范。

国家计量技术规范由国务院计量行政主管部门制定。没有国家计量技术规范的，国务院有关主管部门和省、自治区、直辖市人民政府计量行政部门可以分别制定部门计量技术规范和地方计量技术规范。

第二十六条　（使用单位义务）企业、事业单位、个体工商户及其他经营者应当配备与生产、科研、经营活动相适应的计量器具，保证使用的计量器具的量值的准确可靠。

第二十七条　（民用四表的使用要求）用于城乡居民供水、供电、供气、供热（冷）等贸易结算的计量器具，经过检定合格方可使用。计量失准的，由经营者负责更换。

第二十八条　（禁止性规定）任何单位和个人不得有下列违法行为：

（一）破坏计量器具计量性能；

（二）制造、销售残次或者带有作弊功能的计量器具零配件、软件、装置，使用残次或者带有作弊功能的计量器具零配件、软件、装置组装、改装和修理计量器具；

（三）制造、销售、进口、使用以欺骗消费者为目的的计量器具；

（四）伪造、变造、冒用、租赁、借用或者以其他方式转让型式批准（定级鉴定）、计量检定、计量校准等相关证书；

（五）违反规定制造、销售、进口非法定计量单位的计量器具；

（六）制造、修理、销售、进口、使用的计量器具不合格；

（七）法律法规禁止的其他与计量活动有关的行为。

第四章 计 量 结 果 管 理

第二十九条 （鼓励科技计量）国家鼓励通过在线采集、实时监测等科技手段获取计量数据，保证数据的可追溯性，并科学应用计量结果。

第三十条 （一般性要求）生产者、经营者和其他向社会出具计量结果的单位应当建立必要的计量管理制度，对计量结果的产生过程进行计量控制，确保出具的计量结果准确可靠和可追溯性，并对出具的计量结果负责，保证诚信计量。

第三十一条 （经营者计量要求）经营者应当使用与其经营或者服务项目相适应的计量器具，并以计量器具确定的量值作为贸易结算依据。

对可复现量值的商品，商品交易场所的主办者应当在商品交易场所显著位置设置经计量检定合格的复验用计量器具。

第三十二条 （商品量或服务量要求）生产者、经营者应当保证生产、经营的商品量或者服务量的计量准确。商品量或者服务量的短缺量不得大于国家规定的允许值。没有国家规定的，可以通过合同约定。

商品量或者服务量的短缺量大于国家规定或者合同约定允许值的，生产者、经营者应当向消费者补足短缺量、更换、退货或者赔偿损失。属于生产者责任的，经营者补足短缺量、更换、退货或者赔偿损失后，可以向生产者追偿。

第三十三条 （定量包装商品计量要求）定量包装商品生产者应当按照规定在商品包装上正确清晰标注净含量，保证净含量的实际值与标注值相符。

国家推行定量包装商品生产者计量保证能力自我声明制度，鼓励其在商品包装上采用计量合格标志。

第五章 计 量 监 督

第三十四条 （监督检查）县级以上人民政府计量行政主管部门应当依法对制造、修理、销售、进口、使用计量器具，出具计量结果等相关计量活动进行监督检查。监督检查中涉及计量检定、计量校准、商品量计量检验等技术活动的，应当由计量技术机构按照有关计量技术规范进行。

第三十五条 （计量技术机构职责）县级以上人民政府计量行政主管部门可以根据需要设置计量技术机构。

国家计量技术机构负责研究、保存和维护计量基准和国家计量标准。地方计量技术机构负责研究、保存和维护社会公用计量标准。

各级计量技术机构应当依法进行量值传递，开展计量科学研究，为实施计量监督、促进科学和经济社会的创新发展提供技术保证。

第三十六条　（计量技术机构授权）计量行政主管部门依法设置的计量技术机构或者其他单位的计量技术机构开展计量检定、型式评价活动，应当经省级以上人民政府计量行政主管部门授权。

开展本条前款规定活动的人员，应当具有相应资格，具体办法由国务院计量行政主管部门会同国务院人力资源社会保障部门另行制定。

第三十七条　（授权条件）执行本法第三十六条第一款规定任务的计量技术机构，取得授权应当具备以下条件：

（一）有法人资格或者经法人授权；

（二）有与其执行任务相适应的固定场所、工作环境和设施；

（三）有与其执行任务相适应的计量基准或者计量标准，其各项最高等级的计量标准经考核合格；

（四）有与其执行任务相适应的人员和管理制度；

（五）有与其执行任务相适应的技术水平和计量管理能力。

第三十八条　（计量校准机构条件）向社会提供计量校准服务的机构，应当具备以下条件：

（一）有法人资格或者经法人授权；

（二）有与其开展计量校准服务项目相适应的计量标准，其各项最高等级的计量标准经考核合格；

（三）有与其开展计量校准服务项目相适应的场所、环境和设施；

（四）有与其开展计量校准服务项目相适应的制度和人员。

第三十九条　（计量校准义务）开展计量校准服务应当依法在平等、自愿的基础上进行，不受行政区划的限制。计量校准服务机构和委托方应当以合同或者其他约定的形式确定校准的有关事项。

计量校准机构应当妥善保存提供计量校准服务中的各项记录，并对其出具的各项计量校准数据和报告负责。

第四十条　（资质认定）为社会提供公证数据的检验检测机构，应当经省级以上人民政府计量行政主管部门对其计量能力和可靠性考核合格，取得资质认定后方可向社会提供相关公证数据。

第四十一条　（资质认定内容）申请资质认定的检验检测机构，应当具备以下条件：

（一）有法人资格或者经法人授权；

（二）有与开展检验检测工作相适应的计量检验检测设备设施；

（三）有保证量值统一、准确的措施及检验检测数据公正可靠的管理制度；

（四）有相应的工作场所、环境，操作技能的人员。

第四十二条　（禁止性规定）计量技术机构、计量校准机构和向社会提供公证数据的检验检测机构不得出具虚假数据或者报告。

第四十三条　（强制措施）县级以上人民政府计量行政主管部门对涉嫌违反本法规定的行为进行查处时，可以行使下列职权：

（一）对当事人生产经营场所实施现场检查；

（二）向当事人的法定代表人、主要负责人和其他有关人员调查、了解有关情况；

（三）查阅、复制当事人有关的合同、票据、账簿以及其他有关资料；

（四）查封、扣押涉嫌违法的计量器具以及有关设备、零配件、商品。

（五）对涉嫌违法的计量器具以及有关设备、零配件进行检验、检测、鉴定。

第四十四条 （被检查单位的义务）任何单位和个人应当配合人民政府计量行政主管部门组织开展的监督检查，不得拒绝、阻碍。

监督检查中需要提供样品的，被检查单位应当按照规定的抽样数量提供样品。法律另有规定的，从其规定。

除正常损耗和国家另有规定外，样品应当退还被检查单位。未按照规定退还的，由开展计量监督检查的人民政府计量行政主管部门照价购买。

第四十五条 （计量基准、计量标准的裁决作用）处理因计量器具计量性能所引起的计量纠纷，以计量基准、国家计量标准或者社会公用计量标准出具的数据为准。

第四十六条 （举报规定）任何组织或者个人有权向计量行政主管部门或者其他有关部门举报违反本法规定的行为。

第四十七条 （信用记录）对于违反本法规定的单位及个人，由县级以上地方人民政府计量行政主管部门对其违法失信行为建立信用记录，纳入全国信用信息共享平台，并按照有关规定予以公开。

第六章 法 律 责 任

第四十八条 （涉及计量单位的处罚之一）违反本法规定，使用非法定计量单位的，责令限期改正；逾期不改正的，处 5000 元以下的罚款。

第四十九条 （涉及计量单位的处罚之二）违反本法规定，制造、销售和进口非法定计量单位的计量器具的，责令其停止制造、销售和进口，没收计量器具，有违法所得的，没收违法所得，可并处 5 万元以下的罚款。

第五十条 （涉及计量标准的处罚）违反本法规定，有下列情形之一的，责令其停止使用有关计量基准或者计量标准，有违法所得的，没收违法所得，可并处 1 万元以上 5 万元以下的罚款；情节严重的，吊销相关证书：

（一）未经批准改变计量基准或者计量标准的计量性能的；

（二）使用未经考核合格的社会公用计量标准或者部门最高计量标准开展量值传递工作的，或者使用未经考核合格的企事业单位最高计量标准向社会开展量值传递工作的；

（三）有关计量标准未进行量值溯源的。

第五十一条 （涉及未经型式批准计量器具的处罚）违反本法规定，制造、进口、销售列入目录的未经型式批准（定级鉴定）或者超出型式批准（定级鉴定）范围的计量器具，责令停止制造、进口、销售，没收违法计量器具，并处违法制造、进口、销售计量器具货值金额 5 倍以上 10 倍以下的罚款。有违法所得的，没收违法所得。

第五十二条 （涉及不合格计量器具的处罚）违反本法规定，制造、进口、修理、销售、使用的计量器具不合格的，责令其停止制造、进口、修理、销售、使用，有违法所得的，没收违法所得，处违法制造、进口、修理、销售计量器具货值金额 3 倍以上 5 倍以下的罚款；情节严重的，吊销其营业执照。

第五十三条　（涉及计量器具未溯源的处罚）违反本法规定，属于计量检定范围的计量器具，未申请检定、经检定不合格或者超出检定周期继续使用的，责令停止使用，可并处1万元以上10元以下的罚款，其中使用单位为个体工商户的，可并处1000元以上3万元以下的罚款。

第五十四条　（涉及破坏计量性能的处罚）违反本法规定，故意使用不合格的计量器具、破坏计量器具计量性能或者伪造数据的，没收计量器具，有违法所得的，没收违法所得，并处5万元以上20万元以下的罚款。

第五十五条　（涉及残次零配件的处罚）违反本法规定，制造、销售残次或者带有作弊功能的计量器具零配件、软件、装置，使用残次或者带有作弊功能的计量器具零配件、软件、装置组装、改装和修理计量器具的，责令其停止制造、修理、销售，没收相关计量器具零配件或者装置，有违法所得的，没收违法所得，并处5万元以上20万元以下的罚款；情节严重的，吊销其营业执照。

第五十六条　（涉及欺骗消费者为目的处罚）违反本法规定，制造、销售、使用以欺骗消费者为目的的计量器具的，没收计量器具，有违法所得的，没收违法所得，并处5万元以上20万元以下的罚款。

第五十七条　（涉及民用四表经营者的处罚）违反本法规定，用于城乡居民供水、供电、供气、供热（冷）等贸易结算的计量器具，未经检定、检定不合格或计量失准未更换的，责令经营者改正，逾期未改正的，处5万元以下的罚款。

第五十八条　（涉及伪造证书的处罚）违反本法规定，伪造、变造、冒用、租赁、借用或者以其他方式转让计量器具型式批准（定级鉴定）、计量检定、计量校准等相关印、证的，没收非法印、证和违法所得，并处5万元以上10万元以下的罚款。

第五十九条　（涉及对经营者计量责任的处罚）违反本法规定，生产者、经营者生产、经营的商品量或者服务量的短缺量大于国家规定的允许值范围的，责令改正，有违法所得的，没收违法所得，可并处10万元以下的罚款。

第六十条　（涉及对主办者计量责任的处罚）违反本法规定，商品交易场所的主办者未在商品交易场所显著位置设置经计量检定合格的复验用计量器具的，责令改正，可并处1万元以上5万元以下的罚款。

第六十一条　（涉及定量包装商品的处罚）违反本法规定，定量包装商品生产者未在商品包装上正确清晰标注净含量的、净含量实际值与标注值不符的，责令改正，有违法所得的，没收违法所得，可并处1万元以上3万元以下的罚款。

违反本法规定，采用计量合格标志的定量包装商品生产者，其生产、销售的定量包装商品的净含量不符合其承诺要求的，责令改正并停止采用计量合格标志，有违法所得的，没收违法所得，可并处1万元以上5万元以下的罚款。

第六十二条　（涉及未授权技术机构的处罚）违反本法规定，计量技术机构未经计量行政主管部门授权或者超出授权范围开展计量检定、型式评价活动的，责令改正，有违法所得的，没收违法所得，可并处1万元以上5万元以下的罚款。

第六十三条　（涉及未资质认定技术机构的处罚）违反本法规定，检验检测机构未经资质认定，向社会提供相关公证数据的，责令改正，处1万元以上10万元以下的罚款。

第六十四条 （涉及出具虚假数据技术机构的处罚）违反本法规定，计量技术机构、计量校准机构、向社会提供公证数据的检验检测机构出具虚假数据或者报告，有违法所得的，没收违法所得，并处 5 万元以上 20 万元以下的罚款；情节严重的，由发证部门吊销相关资质证书。

第六十五条 （涉及计量技术人员的处罚）违反本法规定，计量技术机构、计量校准机构的工作人员有下列行为之一的，责令其停止工作，处 1 万元以上 5 万元以下的罚款：

（一）伪造数据的；

（二）出具错误数据，给委托方造成损失的；

（三）违反国家计量检定规程进行计量检定的；

（四）使用未经考核合格的社会公用计量标准开展计量检定工作的；

（五）未取得相关资格开展计量检定等活动的。

违反本法规定，受到刑事处罚或者开除处分的人员，自刑罚执行完毕或者处分决定做出之日起 5 年内不得从事相关计量技术活动。

第六十六条 （对技术机构的相关处罚）计量技术机构、计量校准机构聘用不得从事计量技术活动的人员的，处 1 万元以上 5 万元以下的罚款。

第六十七条 （涉及被检单位的处罚）违反本法规定，拒绝、阻碍计量行政主管部门组织开展的监督检查的，责令限期改正；情节严重的，吊销营业执照。

第六十八条 （刑事责任）违反本法规定，构成违反治安管理行为的，由公安机关依法给予治安管理处罚；构成犯罪的，依法追究刑事责任。

第六十九条 （处罚实施机关）本法规定的行政处罚，由县级以上地方人民政府计量行政主管部门决定。

第七章 附 则

第七十条 （定义术语）本法下列用语的含义：

计量器具，指单独或与一个或多个辅助设备组合，用于进行测量的仪器、系统以及用于统一量值的标准物质。

标准物质，指具有足够均匀和稳定的特定特性的物质，其特性被证实适用于测量中或标称特性检查中的预期用途。

计量检定，指为评定计量器具的计量性能，确定其是否合格所进行的全部工作。

计量校准，是量传溯源的一种技术实现方式，指在规定的条件下，为确定计量器具、参考物质和测量系统的名义量值与对应的测量标准复现的量值之间关系的一组技术操作。

计量检验，对给定产品按照规定程序，确定某一种或多种特性、进行处理或提供服务所组成的技术操作。

型式批准，指根据文件要求对计量器具指定型式的一个或多个样品性能所进行的系统检查和试验，并将其结果写入型式评价报告中，以确定是否可对该型式予以批准。

计量比对，指在规定条件下，对相同准确度等级或者规定不确定度范围内的同种计量基准、计量标准之间所复现的量值进行传递、比较、分析的过程。

计量技术规范，指计量活动中使用的技术文件，包括计量检定系统表、计量检定规程、计量校准规范、计量器具型式评价大纲以及其他有关计量技术规范。

第七十一条　（与许可有关的期限要求）本法规定的行政许可的有效期限为 5 年。到期申请延续的，应当按照有关规定办理。

第七十二条　（收费）行政许可、计量检定应当缴纳费用，具体收费办法或收费标准，由国务院计量行政主管部门会同国务院财政、价格部门统一制定。

第七十三条　（军用计量）中国人民解放军和国防科技工业系统计量工作的监督管理办法，由国务院、中央军事委员会依据本法另行制定。

中国人民解放军和国防科技工业系统面向社会开展的计量工作适用本法。

第七十四条　（有关办法的制定）与实施本法有关的管理办法、各种印、证、标志以及国家计量技术规范等，由国务院计量行政主管部门制定。

第七十五条　（实施日期）本法自 2018 年 1 月 12 日发布。

附录 2：《中华人民共和国计量法实施细则》

中华人民共和国计量法实施细则

（2018 年修正本）

（1987 年 1 月 19 日国务院批准　1987 年 2 月 1 日国家计量局发布

根据 2016 年 2 月 6 日《国务院关于修改部分行政法规的决定》第一次修正

根据 2017 年 3 月 1 日《国务院关于修改和废止部分行政法规的决定》第二次修正

根据 2018 年 3 月 19 日《国务院关于修改和废止部分行政法规的决定》第三次修正）

第一章　总　　则

第一条　根据《中华人民共和国计量法》的规定，制定本细则。

第二条　国家实行法定计量单位制度。法定计量单位的名称、符号按照国务院关于在我国统一实行法定计量单位的有关规定执行。

第三条　国家有计划地发展计量事业，用现代计量技术装备各级计量检定机构，为社会主义现代化建设服务，为工农业生产、国防建设、科学实验、国内外贸易以及人民的健康、安全提供计量保证，维护国家和人民的利益。

第二章　计量基准器具和计量标准器具

第四条　计量基准器具（简称计量基准，下同）的使用必须具备下列条件：

（一）经国家鉴定合格；

（二）具有正常工作所需要的环境条件；

（三）具有称职的保存、维护、使用人员；

（四）具有完善的管理制度。

符合上述条件的，经国务院计量行政部门审批并颁发计量基准证书后，方可使用。

第五条　非经国务院计量行政部门批准，任何单位和个人不得拆卸、改装计量基准，或者自行中断其计量检定工作。

第六条　计量基准的量值应当与国际上的量值保持一致。国务院计量行政部门有权废除技术水平落后或者工作状况不适应需要的计量基准。

第七条　计量标准器具（简称计量标准，下同）的使用，必须具备下列条件：

（一）经计量检定合格；

（二）具有正常工作所需要的环境条件；

（三）具有称职的保存、维护、使用人员；

（四）具有完善的管理制度。

第八条　社会公用计量标准对社会上实施计量监督具有公证作用。县级以上地方人民政府计量行政部门建立的本行政区域内最高等级的社会公用计量标准，须向上一级人民政府计量行政部门申请考核；其他等级的，由当地人民政府计量行政部门主持考核。

经考核符合本细则第七条规定条件并取得考核合格证的，由当地县级以上人民政府计量行政部门审批颁发社会公用计量标准证书后，方可使用。

第九条　国务院有关主管部门和省、自治区、直辖市人民政府有关主管部门建立的本部门各项最高计量标准，经同级人民政府计量行政部门考核，符合本细则第七条规定条件并取得考核合格证的，由有关主管部门批准使用。

第十条　企业、事业单位建立本单位各项最高计量标准，须向与其主管部门同级的人民政府计量行政部门申请考核。乡镇企业向当地县级人民政府计量行政部门申请考核。经考核符合本细则第七条规定条件并取得考核合格证的，企业、事业单位方可使用，并向其主管部门备案。

第三章　计　量　检　定

第十一条　使用实行强制检定的计量标准的单位和个人，应当向主持考核该项计量标准的有关人民政府计量行政部门申请周期检定。

使用实行强制检定的工作计量器具的单位和个人，应当向当地县（市）级人民政府计量行政部门指定的计量检定机构申请周期检定。当地不能检定的，向上一级人民政府计量行政部门指定的计量检定机构申请周期检定。

第十二条　企业、事业单位应当配备与生产、科研、经营管理相适应的计量检测设施，制定具体的检定管理办法和规章制度，规定本单位管理的计量器具明细目录及相应的检定周期，保证使用的非强制检定的计量器具定期检定。

第十三条　计量检定工作应当符合经济合理、就地就近的原则，不受行政区划和部门管辖的限制。

第四章　计量器具的制造和修理

第十四条　制造、修理计量器具的企业、事业单位和个体工商户须在固定的场所从事经营，具有符合国家规定的生产设施、检验条件、技术人员等，并满足安全要求。

第十五条　凡制造在全国范围内从未生产过的计量器具新产品，必须经过定型鉴定。定型鉴定合格后，应当履行型式批准手续，颁发证书。在全国范围内已经定型，而本单位未生产过的计量器具新产品，应当进行样机试验。样机试验合格后，发给合格证书。凡未经型式批准或者未取得样机试验合格证书的计量器具，不准生产。

第十六条　计量器具新产品定型鉴定，由国务院计量行政部门授权的技术机构进行；样机试验由所在地方的省级人民政府计量行政部门授权的技术机构进行。

计量器具新产品的型式，由当地省级人民政府计量行政部门批准。省级人民政府计量行政部门批准的型式，经国务院计量行政部门审核同意后，作为全国通用型式。

第十七条　申请计量器具新产品定型鉴定和样机试验的单位，应当提供新产品样机及有关技术文件、资料。

负责计量器具新产品定型鉴定和样机试验的单位，对申请单位提供的样机和技术文件、资料必须保密。

第十八条　对企业、事业单位制造、修理计量器具的质量，各有关主管部门应当加强管理，县级以上人民政府计量行政部门有权进行监督检查，包括抽检和监督试验。凡无产品合格印、证，或者经检定不合格的计量器具，不准出厂。

第五章　计量器具的销售和使用

第十九条　外商在中国销售计量器具，须比照本细则第十八条的规定向国务院计量行政部门申请型式批准。

第二十条　县级以上地方人民政府计量行政部门对当地销售的计量器具实施监督检查。凡没有产品合格印、证标志的计量器具不得销售。

第二十一条　任何单位和个人不得经营销售残次计量器具零配件，不得使用残次零配件组装和修理计量器具。

第二十二条　任何单位和个人不准在工作岗位上使用无检定合格印、证或者超过检定周期以及经检定不合格的计量器具。在教学示范中使用计量器具不受此限。

第六章　计　量　监　督

第二十三条　国务院计量行政部门和县级以上地方人民政府计量行政部门监督和贯彻实施计量法律、法规的职责是：

（一）贯彻执行国家计量工作的方针、政策和规章制度，推行国家法定计量单位；

（二）制定和协调计量事业的发展规划，建立计量基准和社会公用计量标准，组织量值传递；

（三）对制造、修理、销售、使用计量器具实施监督；

（四）进行计量认证，组织仲裁检定，调解计量纠纷；

（五）监督检查计量法律、法规的实施情况，对违反计量法律、法规的行为，按照本细则的有关规定进行处理。

第二十四条　县级以上人民政府计量行政部门的计量管理人员，负责执行计量监督、管理任务；计量监督员负责在规定的区域、场所巡回检查，并可根据不同情况在规定的权限内对违反计量法律、法规的行为，进行现场处理，执行行政处罚。

计量监督员必须经考核合格后，由县级以上人民政府计量行政部门任命并颁发监督员证件。

第二十五条　县级以上人民政府计量行政部门依法设置的计量检定机构，为国家法定计量检定机构。其职责是：负责研究建立计量基准、社会公用计量标准，进行量值传递，执行强制检定和法律规定的其他检定、测试任务，起草技术规范，为实施计量监督提供技术保证，并承办有关计量监督工作。

第二十六条　国家法定计量检定机构的计量检定人员，必须经考核合格。

计量检定人员的技术职务系列，由国务院计量行政部门会同有关主管部门制定。

第二十七条　县级以上人民政府计量行政部门可以根据需要，采取以下形式授权其他单位的计量检定机构和技术机构，在规定的范围内执行强制检定和其他检定、测试任务：

（一）授权专业性或区域性计量检定机构，作为法定计量检定机构；

（二）授权建立社会公用计量标准；

（三）授权某一部门或某一单位的计量检定机构，对其内部使用的强制检定计量器具执行强制检定；

（四）授权有关技术机构，承担法律规定的其他检定、测试任务。

第二十八条　根据本细则第二十七条规定被授权的单位，应当遵守下列规定：

（一）被授权单位执行检定、测试任务的人员，必须经考核合格；

（二）被授权单位的相应计量标准，必须接受计量基准或者社会公用计量标准的检定；

（三）被授权单位承担授权的检定、测试工作，须接受授权单位的监督；

（四）被授权单位成为计量纠纷中当事人一方时，在双方协商不能自行解决的情况下，由县级以上有关人民政府计量行政部门进行调解和仲裁检定。

第七章　产品质量检验机构的计量认证

第二十九条　为社会提供公证数据的产品质量检验机构，必须经省级以上人民政府计量行政部门计量认证。

第三十条　产品质量检验机构计量认证的内容：

（一）计量检定、测试设备的性能；

（二）计量检定、测试设备的工作环境和人员的操作技能；

（三）保证量值统一、准确的措施及检测数据公正可靠的管理制度。

第三十一条　产品质量检验机构提出计量认证申请后，省级以上人民政府计量行政部门应指定所属的计量检定机构或者被授权的技术机构按照本细则第三十条规定的内容进行考核。考核合格后，由接受申请的省级以上人民政府计量行政部门发给计量认证合格证书。未取得计量认证合格证书的，不得开展产品质量检验工作。

第三十二条　省级以上人民政府计量行政部门有权对计量认证合格的产品质量检验机构，按照本细则第三十条规定的内容进行监督检查。

第三十三条　已经取得计量认证合格证书的产品质量检验机构，需新增检验项目时，应按照本细则有关规定，申请单项计量认证。

第八章　计量调解和仲裁检定

第三十四条　县级以上人民政府计量行政部门负责计量纠纷的调解和仲裁检定，并可根据司法机关、合同管理机关、涉外仲裁机关或者其他单位的委托，指定有关计量检定机构进行仲裁检定。

第三十五条　在调解、仲裁及案件审理过程中，任何一方当事人均不得改变与计量纠纷有关的计量器具的技术状态。

第三十六条　计量纠纷当事人对仲裁检定不服的，可以在接到仲裁检定通知书之日起15日内向上一级人民政府计量行政部门申诉。上一级人民政府计量行政部门进行的仲裁检定为终局仲裁检定。

第九章　费　　用

第三十七条　建立计量标准申请考核，使用计量器具申请检定，制造计量器具新产品申请定型和样机试验，以及申请计量认证和仲裁检定，应当缴纳费用，具体收费办法或收费标准，由国务院计量行政部门会同国家财政、物价部门统一制定。

第三十八条　县级以上人民政府计量行政部门实施监督检查所进行的检定和试验不收费。被检查的单位有提供样机和检定试验条件的义务。

第三十九条　县级以上人民政府计量行政部门所属的计量检定机构，为贯彻计量法律、法规，实施计量监督提供技术保证所需要的经费，按照国家财政管理体制的规定，分别列入各级财政预算。

第十章　法　律　责　任

第四十条　违反本细则第二条规定，使用非法定计量单位的，责令其改正；属出版物的，责令其停止销售，可并处 1000 元以下的罚款。

第四十一条　违反《中华人民共和国计量法》第十四条规定，制造、销售和进口非法定计量单位的计量器具的，责令其停止制造、销售和进口，没收计量器具和全部违法所得，可并处相当其违法所得 10％至 50％的罚款。

第四十二条　部门和企业、事业单位的各项最高计量标准，未经有关人民政府计量行政部门考核合格而开展计量检定的，责令其停止使用，可并处 1000 元以下的罚款。

第四十三条　属于强制检定范围的计量器具，未按照规定申请检定和属于非强制检定范围的计量器具未自行定期检定或者送其他计量检定机构定期检定的，以及经检定不合格继续使用的，责令其停止使用，可并处 1000 元以下的罚款。

第四十四条　制造、销售未经型式批准或样机试验合格的计量器具新产品的，责令其停止制造、销售，封存该种新产品，没收全部违法所得，可并处 3000 元以下的罚款。

第四十五条　制造、修理的计量器具未经出厂检定或者经检定不合格而出厂的，责令其停止出厂，没收全部违法所得；情节严重的，可并处 3000 元以下的罚款。

第四十六条　使用不合格计量器具或者破坏计量器具准确度和伪造数据，给国家和消费者造成损失的，责令其赔偿损失，没收计量器具和全部违法所得，可并处 2000 元以下的罚款。

第四十七条　经营销售残次计量器具零配件的，责令其停止经营销售，没收残次计量器具零配件和全部违法所得，可并处 2000 元以下的罚款；情节严重的，由工商行政管理部门吊销其营业执照。

第四十八条　制造、销售、使用以欺骗消费者为目的的计量器具的单位和个人，没收其计量器具和全部违法所得，可并处 2000 元以下的罚款；构成犯罪的，对个人或者单位直接责任人员，依法追究刑事责任。

第四十九条　个体工商户制造、修理国家规定范围以外的计量器具或者不按照规定场所从事经营活动的，责令其停止制造、修理，没收全部违法所得，可并处以 500 元以下的罚款。

第五十条　未取得计量认证合格证书的产品质量检验机构，为社会提供公证数据的，责令其停止检验，可并处 1000 元以下的罚款。

第五十一条　伪造、盗用、倒卖强制检定印、证的，没收其非法检定印、证和全部违法所得，可并处 2000 元以下的罚款；构成犯罪的，依法追究刑事责任。

第五十二条　计量监督管理人员违法失职，徇私舞弊，情节轻微的，给予行政处分；构成犯罪的，依法追究刑事责任。

第五十三条　负责计量器具新产品定型鉴定、样机试验的单位，违反本细则第十七条第二款规定的，应当按照国家有关规定，赔偿申请单位的损失，并给予直接责任人员行政处分；构成犯罪的，依法追究刑事责任。

第五十四条　计量检定人员有下列行为之一的，给予行政处分；构成犯罪的，依法追究刑事责任：

（一）伪造检定数据的；

（二）出具错误数据，给送检一方造成损失的；

（三）违反计量检定规程进行计量检定的；

（四）使用未经考核合格的计量标准开展检定的；

（五）未经考核合格执行计量检定的。

第五十五条　本细则规定的行政处罚，由县级以上地方人民政府计量行政部门决定。罚款1万元以上的，应当报省级人民政府计量行政部门决定。没收违法所得及罚款一律上缴国库。

本细则第四十六条规定的行政处罚，也可以由工商行政管理部门决定。

第十一章　附　　则

第五十六条　本细则下列用语的含义是：

（一）计量器具是指能用以直接或间接测出被测对象量值的装置、仪器仪表、量具和用于统一量值的标准物质，包括计量基准、计量标准、工作计量器具。

（二）计量检定是指为评定计量器具的计量性能，确定其是否合格所进行的全部工作。

（三）定型鉴定是指对计量器具新产品样机的计量性能进行全面审查、考核。

（四）计量认证是指政府计量行政部门对有关技术机构计量检定、测试的能力和可靠性进行的考核和证明。

（五）计量检定机构是指承担计量检定工作的有关技术机构。

（六）仲裁检定是指用计量基准或者社会公用计量标准所进行的以裁决为目的的计量检定、测试活动。

第五十七条　中国人民解放军和国防科技工业系统涉及本系统以外的计量工作的监督管理，亦适用本细则。

第五十八条　本细则有关的管理办法、管理范围和各种印、证标志，由国务院计量行政部门制定。

第五十九条　本细则由国务院计量行政部门负责解释。

第六十条　本细则自发布之日起施行。

附录3:《中华人民共和国强制检定的工作计量器具明细目录》

一、根据《中华人民共和国强制检定的工作计量器具检定管理办法》第十六条的规定,制定本目录。

二、本目录所列的计量器具为《中华人民共和国强制检定的工作计量器具目录》的明细项目。本目录项目,凡用于贸易结算、安全防护、医疗卫生、环境监测的,均实行强制检定。具体项目为:

1. 尺:竹木直尺、套管尺、钢卷尺、带锤钢卷尺、铁路轨距尺;
2. 面积计:皮革面积计;
3. 玻璃液体温度计:玻璃液体温度计;
4. 体温计:体温计;
5. 石油闪点温度计:石油闪点温度计;
6. 谷物水分测定仪:谷物水分测定仪;
7. 热量计:热量计;
8. 砝码:砝码、链码、增铊、定量铊;
9. 天平:天平;
10. 秤:杆秤、戥秤、案秤、台秤、地秤、皮带秤、吊秤、电子秤、行李秤、邮政秤、计价收费专用秤、售粮机;
11. 定量包装机:定量包装机、定量灌装机;
12. 轨道衡:轨道衡;
13. 容重器:谷物容重器;
14. 计量罐、计量罐车:立式计量罐、卧式计量罐、球形计量罐、汽车计量罐车、铁路计量罐车、船舶计量仓;
15. 燃油加油机:燃油加油机;
16. 游体量提:游体量提;
17. 食用油售油器:食用油售油器;
18. 酒精计:酒精计;
19. 密度计:密度计;
20. 糖量计:糖量计;
21. 乳汁计:乳汁计;
22. 煤气表:煤气表;
23. 水表:水表;
24. 流量计:液体流量计、气体流量计、蒸气流量计;
25. 压力表:压力表、风压表、氧气表;
26. 血压计:血压计、血压表;
27. 眼压计:眼压计;
28. 汽车里程表:汽车里程表;
29. 出租汽车里程计价表:出租汽车里程计价表;

30. 测速仪：公路管理速度监测仪；

31. 测振仪：振动监测仪；

32. 电度表：单相电度表、三相电度表、分时记录电度表；

33. 测量互感器：电流互感器、电压互感器；

34. 绝缘电阻、接地电阻测量仪：绝缘电阻测量仪、接地电阻测量仪；

35. 场强计：场强计；

36. 心、脑电图仪：心电图仪、脑电图仪；

37. 照射量计（含医用辐射源）：照射量计、医用辐射源；

38. 电离辐射防护仪：射线监测仪、照射量率仪、放射性表面污染仪、个人剂量计；

39. 活度计：活度计；

40. 激光能量、功率计（含医用激光源）：激光能量计、激光功率计、医用激光源；

41. 超声功率计（含医用超声源）：超声功率计、医用超声源；

42. 声级计：声级计；

43. 听力计：听力计；

44. 有害气体分析仪：CO 分析仪、CO_2 分析仪、SO_2 分析仪、测氢仪、硫化氢测定仪；

45. 酸度计：酸度计、血气酸碱平衡分析仪；

46. 瓦斯计：瓦斯报警器、瓦斯测定仪；

47. 测汞仪：汞蒸气测定仪；

48. 火焰光度计：火焰光度计；

49. 分光光度计：可见光分光光度计、紫外分光光度计、红外分光光度计、荧光分光光度计、原子吸收分光光度计；

50. 比色计：滤光光电比色计、荧光光电比色计；

51. 烟尘、粉尘测量仪：烟尘测量仪、粉尘测量仪；

52. 水质污染监测仪：水质监测仪、水质综合分析仪、测氰仪、溶氧测定仪；

53. 呼出气体酒精含量探测器：呼出气体酒精含量探测器；

54. 血球计数器：电子血球计数器；

55. 屈光度计：屈光度计；

56. 电子计时计费装置：电话计时计费装置；

57. 棉花水分测量仪：棉花水分测量仪；

58. 验光仪：验光仪、验光镜片组；

59. 微波辐射与泄漏测量仪：微波辐射与泄漏测量仪。

三、各省、自治区、直辖市人民政府计量行政部门可根据本目录，结合本地区的实际情况，确定具体实施的项目。

四、本目录由国务院计量行政部门负责解释。

五、本目录自 1987 年 7 月 1 日起施行。

附录4：《城市煤气企业升级考核标准》

根据国务院关于加强工业企业管理若干问题的决定和国家经委关于企业升级若干问题的说明的要求，结合城市煤气企业的特点，对煤气企业升级考核标准进了修改和完善，作为考评国家二级企业的依据

一、考核指标和水平

（一）项目指标

1. 产品质量和服务质量

① 煤气热值合格率 %

② 煤气杂质含量综合合格率 %

③ 民用户灶前压力合格率 %

④ 液化气罐装合格率 %

⑤ 液化气供应不漏气合格率 %

⑥ 民用户维修及时率 %

2. 能耗与损耗

⑦ 人工煤气综合煤耗比

⑧ 天然气综合电耗 千瓦小时/千（米）^{3}

⑨ 液化气综合电耗 千瓦小时/千吨

⑩ 煤气供销差率 %

3. 社会效益、经济效益

⑪ 人均年供气量 千（米）^{3}（吨）/人

⑫ 全员劳动生产率 元/人

（二）水平指标

	指标名称		单位	国家二级
产品质量 服务质量	煤气热值合格率		%	96
	煤气杂质含量综合合格率		%	80
	民用户灶前压力合格率		%	92
	液化气罐装合格率		%	96
	液化气供应不漏气合格率		%	99
	民用户维修及时率		%	98
能耗与 损耗	人工煤气综合煤耗比			1.5
	天然气综合电耗		千瓦小时/千（米）^{3}	60
	液化气综合电耗		千瓦小时/千吨	6800
能耗与 损耗	煤气供销差率	人工煤气	%	7
		天然气	%	5
		液化气	%	−5～＋2
社会效益 经济效益	全员劳动生产率	自产气	元/人	7000
		外购气	元/人	5500
	人均年供气量	自产气	千（米）^{3}/人	30
		外购气	千（米）^{3}/人	160
		液化气	吨/人	30

二、指标含义、公式及计算范围

1. 煤气热值合格率，指自有气源厂的煤气企业生产人工气热值的合格程度，按城市煤气质量标准测定，低值大于 14.7MJ/m³（大于 3500kcal/m³）为合格。外购煤气的企业按双方合同规定的质量标准检测

检验次数每日不少于三次（每班至少一次），全年累计计算，由企业主管局确定每班固定检验的时间，检验的方法按有关规定执行。

$$煤气热值合格率 = \frac{检验合格次数}{检验总次数} \times 100\%$$

2. 煤气杂质含量综合合格率，指自有气源厂的煤气企业生产的人工煤气四项杂质质量合格的程度。利用外购气，自己承担净化处理的企业也应考核。

按城市煤气质量标准规定考核

焦油和灰尘<10mg/m³

硫化氢<20mg/m³

氨<50mg/m³

萘<50/P×10⁵mg/m³（冬天）

　<100/P×10⁵mg/m³（夏天）

煤气杂质中萘系指萘和它的同系物 α-甲基萘及 β-甲基萘。其冬、春时间划分，由各地主管局确定，当管网输气点绝对压力 P 小于 202.65kPa 时，压力因素可允许不参加计算，即 50mm/m³、100mm/m³。

检验次数每周不少于 2 次，按四项杂质含量合格次数分别累计，计算出每项全年合格率，然后计算综合合格率，检验方法按国家规定执行。

$$煤气杂质含量综合合格率 = \frac{四项指标年合格率之和}{4} \quad (\%)$$

3. 民用灶前压力合格率：指人工煤气、天然气、管道供应的居民使用时灶前压力合格的程度

检测应在供气范围内选择有代表性的用户抽检，抽检量按全部民用户 2‰（20 万户及以上的）、4‰（20 万户以下的），每月检查一次，统一规定在用户用气高峰时进行，检测的位置统一规定在表后灶前，全年累计计算。检测方法使用低压纪录仪或 U 形管均可，使用 U 形管检测必须在稳定状态下记录。

合格标准为：人工煤气灶前压力≥785Pa（80mmH₂O）

天然气灶前压为≥1900Pa（200mmH₂O）、特殊情况（超负荷、管网规划改造等）分别不低于 590Pa、1470Pa（60mmH₂O、150mmH₂O）

民用户灶前压力合格率＝年检测压力合格总户数/年检测总户数×100%

4. 液化气灌装合格率、液化气供应不漏气合格率：指液化气钢瓶灌装重量和供应不漏气合格的程度

抽捡部位分别为灌装厂（站）和供应站，每月抽检一次，数量为民用总户数的 1‰，全年累计计算合格率。

合格标准为：重量±0.5kg/瓶，气瓶无泄漏。

液化气灌装合格率＝抽检钢瓶合格数/抽检钢瓶总数×100%

液化气供应不漏气合格率＝抽检钢瓶不合格漏气数/抽检钢瓶总数×100％

5. 民用户维修及时率：指用户表、灶等室内设施发生故障报修后及时修复和处理的程度。按用户报修时间或巡检发现时间计算，在6h内及时处理，24h内能修复的为及时。

民用维修及时率＝维修及时次数/报修总次数×100％

6. 人工煤气综合煤耗比，指自有气源厂的企业按投入产出计算的综合能耗的比值。投入部分为一次投入能源总量，包括：煤、油、电、水、外购蒸汽。产出部分指一次联产品的总量，包括：煤气、全焦、粗笨、粗焦油，统为煤气产品的总量。

① 煤气等各项商品产量均折合成统一热值计算（29.4MJ/m³，即7000kcal/m³）

② 全部投入的能源按国家规定的折算系数折成标煤计算。

③ 三北地区应将采暖用煤扣除。

④ 投入部分的电耗不包括煤气输送出厂所耗用的电量。

$$人工煤气综合煤耗比＝\frac{耗标煤总量}{煤气等商品总量}$$

7. 天然气综合电耗：指天然气在通过门站后，储存、罐装过程中的单位电量。人工煤气输配电耗也用下列公式计算，作为参考指标。

天然气综合电耗＝输配系统总耗电量（千瓦小时）/压送总气量［千（米)³］

$$天然气综合电耗＝\frac{输配系统总耗电量（千瓦小时）}{压送总气量［千（米)³］}$$

压送总气量指自身计量的年输送总量（气括二级压送气量）

8. 液化气综合电耗，指从液化气灌装厂进口开始，在存储、灌装过程中的单位电耗，不包括用于钢瓶维修等无关的电耗。人工灌装与机械化灌装的合电耗分别按0.7、1.35计算。

$$液化气综合电耗＝\frac{灌装总耗电量（千瓦小时）}{灌装总量（千吨）}$$

9. 煤气供销差率：指煤气（天然气，液化气）在供（购）销过程中，由于计量、漏失等造成的损失程度。供应总量可扣除温差、压差的校正量（按各地区规定的系数）。

计算公式：

$$管输煤气供销差率＝\frac{供应总量－销售总量［千（米)³］}{供应总量［千（米)³］}×100％$$

$$液化气供销差率＝\frac{进气量－销售量＋期初库存－期末库存（吨）}{进气量＋期初库存－期末库存（吨）}×100％$$

各种外购气源进气量以煤气公司自身总计量数值为计算依据，液化气允许出现负值，其范围为－5％～＋2％。

10. 人均年供气量：指企业年供气总量与职工平均人数之比。对人工煤气自产气、外购气（人工煤气、天然气热值均按3500kcal/m³折算）和液化气分别考核。各种气源供应总量与相应部分全年职均人数相比，机关每管理人员按三种气源各自的职工人数与全企业职工总数所占比例分别计入各气源平均总人数。对三种气源以外的和第三产业职工均不计入。

对管输煤气（人工煤气、天然气）中外购气部分，当其工业用气与民用气比例各半，系数1，指标值不变，与100千（米)³/人；当工业用气比例每增减1％（小数点后取四舍五入），系数相应增减 0.01，乘以指标值为考核指标，如工业用气比例为 60％，即系数为 1.10，指标值为 176 千(米)³/人。

11. 全员老动生产率：指煤气企业实现总产值（按国家有关规定和不变价计算）与职工平均总人数之比，总产值包括公司的其他产值。

$$全员劳动生产率 = \frac{实现总产值（元）}{全年职工平均总人数（人）}$$

三、要求和说明

1. 对各城市煤气企业应考核主要气源，主气源可以是一种或两种，但应占总供气户数的 70％以上。

2. 申报的企业，在报告期内无重大恶性责任事故，并填报安全生产表。

3. 申报企业应取得二级以上（合二级）计量合格证书，单独经营液化气的企业为三级（含三级）以上计量合格证书。

申报企业应取得三级（合三级）以上档案格证节。

4. 各项指标考核均按年度计算。

5. 本标准适用于独立核算具有法人资格的煤气（天然气）企业。

附录 5：国际单位和法定计量单位

1. 国际单位制（SI）

1960 年第十一届国际计量大会决定：以"米、千克、秒、安培、开尔文、坎德拉"这六单位为基本单位，命名为国际单位制（SI），1971 年第十四届国际计量大会 CCCPM 对国际单位作了修改，增加了物质的量的单位"摩尔"，使国际单位增到 7 个基本单位。

国际单位制的构成由 7 个基本单位和导出单位及倍数单位构成（附录 5 表 1）。

2. 为了读写和实际应用的方便，国际计量组织选用了 19 个常用的导出单位，给定了专门的名称。

SI 有两个辅助单位，即弧度和球面度，是由长度单位导出的，是一个独立而具体的单位，在某些领域有正要的作用。包括 SI 辅助单位在内的具有专门名称的导出单位一共有 21 个（附录 5 表 3）。

3. SI 量的倍数单位

由于量值的变化范围很宽，仅用 SI 单位不能完全表示，必须引用 20 个构成 10 倍数和分数单位的词头和所表示的因数，这些词头不能单独使用，也不能叠加使用，仅表示用于与 SI 单位（kg 除外）构成十进倍数和十进分数单位（附录 5 表 2）。

4. 法定计量单位

法定计量单位是国家以法令形式强制使用或允许使用的计量单位。1984 年 2 月 27 日，国务院发布了《关于这我国统一实行法定计量单位的命令》，规定我国的计量单位一律采用《中华人民共和国法定计量单位》。

法定计量单位是以国际单位制为基础，同时选用一些符合我国国情的非国际单位制单位而构成的。包括：

（1）国际单位制（SI）的基本单位（附录 5 表 1）；

（2）国际单位制（SI）中具有专门名称的包括辅助单位在内的导出单位（附录 5 表 3）；

（3）由以上单位构成的组合形式的单位；

（4）由词头和以上单位构成的倍数单位（附录 5 表 2）；

（5）国家选定的非国际单位制单位（附录 5 表 4）。

国际单位制基本单位　　　　　　　　　　　　　　　　　　　　　　附录 5 表 1

量的名称	单位名称	单位符号	基本单位的定义
长度	米	m	光在真空中于 1/299792458s 时间间隔内所经路径的长度
质量	千克	kg	等于国家千克原器的质量
时间	秒	s	铯-133 原子基态的两个超精细能级之间跃迁相对应的辐射的 9192631770 个周期的持续时间
电流	安（培）	A	在真空中，截面面积可以忽略的两根相距 1m 的无限长平行圆直导线内通以等量恒定电流时，若导线间相互作用力在每米长度上为 2×10^{-7} N，则每根导线中的电流为 1A

续表

量的名称	单位名称	单位符号	基本单位的定义
热力学温度	开（尔文）	K	水电三相点热力学温度的 1/273.16
物质的量	摩（尔）	mol	一系统物质的量，该系统所包含的基本单元数与 0.012kg 碳-12 的原子数目相等。使用摩尔时，基本单元应予指明，可以是原子、分子、离子、电子及其他粒子，或是这些粒子的特定组合
发光强度	坎（德拉）	Cd	一光源在给定方向上的发光强度，该光源发出频率为 $540×10^{12}$ Hz 的单色辐射，且在此方向上的辐射强度为（1/683）W/sr

构成十进倍数和分数的词头　　　　　　附录5 表2

所表示的因素	词头名称	词头符号	所表示因素	词头名称	词头符号
10^{24}	尧（它）	Y	10^{-1}	分	d
10^{21}	泽（它）	Z	10^{-2}	厘	c
10^{18}	艾（可萨）	E	10^{-3}	毫	m
10^{15}	拍（它）	P	10^{-6}	微	μ
10^{12}	太（拉）	T	10^{-9}	纳（若）	n
10^{6}	吉（咖）	G	10^{-12}	皮（可）	p
10^{6}	兆	M	10^{-15}	飞（母托）	f
10^{3}	千	k	10^{-18}	阿（托）	a
10^{2}	百	h	10^{-21}	仄（普托）	z
10^{1}	十	da	10^{-24}	幺（科托）	y

SI 导出单位　　　　　　附录5 表3

量的名称	SI 导出单位		
	单位名称	单位符号	用 SI 基本单位和 SI 导出单位表示
（平面）角	弧度	rad	$1rad=1m/m=1$
立体角	球面度	sr	$1sr=1m^2/m^2=1$
频率	赫（兹）	Hz	$1Hz=1s^{-1}$
力	牛（顿）	N	$1N=1kg·m/s^2$
压力、压强、应力	帕（斯卡）	Pa	$1Pa=1N·m$
能（量）、功、热	焦（耳）	J	$1J=1N·m$
功率、辐（射能）通量	瓦（特）	W	$1W=1J/s$
电荷（量）	库（仑）	C	$1C=1A·s$
电压、电动势、电位（电势）	伏（特）	V	$1V=1W/A$
电容	法（拉）	F	$1F=1C/V$
电阻	欧（姆）	Ω	$1Ω=1V/A$
电导	西（门子）	S	$1S=1A/V$
磁通（量）	韦（伯）	Wb	$1Wb=1V·s$

续表

量的名称	SI 导出单位		
	单位名称	单位符号	用 SI 基本单位和 SI 导出单位表示
磁通（量）密度、磁感应强度	特（斯拉）	T	$1T=1Wb/m^2$
电感	亨（利）	H	$1H=1Wb/A$
摄氏温度	摄氏度	℃	$1℃=1K$
光通量	流（明）	lm	$1lm=1cd\cdot sr$
（光）照度	勒（克斯）	lx	$1lx=1lm/m^2$
（放射性）活度	贝可（勒尔）	Bq	$1Bq=1s^{-1}$
吸收剂量、比授（予）能、比释动能	戈（瑞）	Gy	$1Gy=1J/kg$
剂量当量	希（沃特）	Sv	$1Sv=1J/kg$

国家选定的非国际单位制单位

附录5表4

量的名称	单位名称	单位符号	换算关系
时间	分	min	$1min=60s$
	（小）时	h	$1h=60min=3600s$
	天（日）	d	$1d=24h=86400s$
（平面）角	（角）秒	″	$1''=(\pi/648000)\ rad$
	（角）分	′	$1'=60''=(\pi/10800)\ rad$
	度	°	$1°=60'=(\pi/180)\ rad$（π 为圆周率）
体积	升	L，（l）	$1L=1dm^3=10^{-3}m^3$
长度	海里	n mile	$1n\ mile=1852m$（只用于航行）
速度	节	kn	$1kn=1n\ mile/h=(1852/3600)\ m/s$（只用于航行）
质量	吨	t	$1t=10^3kg$
	原子质量单位	u	$1u\approx1.660540\times10^{-27}kg$
能	电子伏	eV	$1eV\approx1.602177\times10^{-19}J$
旋转速度	转每分	r/min	$1r/min=(1/60)\ s^{-1}$
极差	分贝	dB	—
线密度	特（克斯）	tex	$1tex=10^{-6}kg/m$（适用于纺织行业）
土地面积	公顷	hm^2	$1hm^2=10^4m^2$

附录6：各种燃气计量器具性能综合比较

各种燃气计量器具性能综合比较

附录6 表1

项目	膜式表	孔板	腰轮	涡轮	涡街	超声
最大流量（m³/h）	≤160	≤100000	≤1600	≤25000	≤25000	≤200000
最大量程比（精度范围内）	1：160	1：5	1：160	1：20/30	1：20	1：160
试验室精确度	±1.5%～3%	±1%～2%	±0.5%～1%	±0.5%～1%	±1%～2%	±0.5%～1%
压力损失	小	大	小	小	中	无
脉动流测量	可用	不可用	可用	可用	不可用	无影响
流速分布影响	不敏感	敏感	不敏感	不敏感	敏感	敏感
前直管段要求	无	30～100D	无	2～5D	10～30D	10～30D
气体温度影响	大	大	中	小	小	小
气体湿度影响	小	大	小	小	小	小
气体密度影响	小	严重	小	小	小	小
气体成分影响	无	严重	无	无	无	无
运行成本	低	高	中	中	中	低
价格	低	中	中	中	中	高

计量器具优缺点比较

附录6 表2

表型	优点	缺点
涡街流量计	无活动部件	(1) 仅用于计量比对； (2) 压损大； (3) 传感器对脏物比较敏感； (4) 对进口扰流极其敏感
孔板流量计	适用于大流量、高压力	(1) 孔易磨损； (2) 需要高精确的附属设备
超声波流量计	(1) 压损小； (2) 对温度及压力影响不敏感	(1) 尺寸局限于 DN80 以上； (2) 对流场较敏感； (3) 传感器上积累的脏物会引起计量误差
涡轮流量计	(1) 适用于各种流量范围； (2) 如设备故障时不影响供气	表体内有运动部件
皮膜表	(1) 小流量计量； (2) 长期稳定性； (3) 量程比宽	(1) 精度稍差（+/−1.5%）； (2) 体积大
腰轮流量计	(1) 量程比相对较宽； (2) 对进口扰流不敏感	(1) 机械噪声大； (2) 产生脉动流； (3) 设备故障时中断供气

附录 7：天然气消耗量计算方法
（经验值，仅供参考）

（1）$1m^3$ 天然气相当于 1.1L 汽油。

（2）1t 柴油相当于 $1134m^3$ 天然气。

（3）1t 重油相当于 $1080m^3$ 天然气。

（4）1t 石油液化气相当于 $1160m^3$ 天然气。

（5）1t 煤相当于 $740m^3$ 天然气（煤的热值为 7000 大卡）。

1. 餐饮用气量测算公式

（1）职工食堂用气量测算公式：人数×0.09 方/人＝日用气量×年用气量天数＝年用气量。

（2）酒店餐饮日均用气量（住宿）：

日均用气量＝酒店床位数（人）×入住率×$0.09m^3$/人。

（3）餐厅日均用气量（对外营业）：

日均用气量＝客流量（人次）×$0.03m^3$/人。

（4）洗浴业用气量测算公式：

日均用气量＝客流量（人次）×0.09 方/人。

2. 居民用气量测算公式

居民日用气量测算公式：

日用气量＝户数×0.4 方/户。

3. 供暖用气测算公式（针对北方供暖区）

（1）供暖锅炉吨位测算公式：建筑总面积÷$6500m^2$/t＝供暖锅炉吨位。

（2）供暖日均用气量测算公式：

日用气量＝供暖锅炉吨位×$80m^3$/（t·h）×日用气量时间。

（3）供暖锅炉吨位测算公式：

供暖锅炉吨位＝房屋竣工面积×80%（使用率）÷$6500m^2$/t。

4. 工业企业生产用测算：

（1）生产日用气量测算公式：

日用气量＝用气设备小时用气量×日用气时间。

（2）生产年用气量测算公式：

年用气量＝日用气量×年用气量天数。

附录8：工商餐饮业天然气灶具流量
（仅供参考）

工商餐饮业天然气灶具流量

附录8 表1

序号	名称	额定热负荷（kW）	额定流量（m³/h）	说明	图片
1	家用燃气灶	4	0.45	单眼	
2	家用热水器	10、20	1～2	—	
3	家用壁挂炉	20、26、28、30	2～3.5	—	
4	大锅灶	43	5	单眼	
5	蒸灶	47	5	—	
6	平头炉	64	6.5	四眼	
		96	10	六眼	

续表

序号	名称	额定热负荷（kW）	额定流量（m³/h）	说明	图片
6	平头炉	120	12	八眼	
7	烤炉	28	3	—	
8	饼铛	8	0.8	—	
9	烤箱（炉）	20	2	—	
10	三屉蒸柜	28	3	—	
11	双门蒸柜	35	4	—	
12	民用煲仔（四头、六头、八头煲仔炉）	6	0.5	单眼	

序号	名称	额定热负荷（kW）	额定流量（m³/h）	说明	图片
13	猛火炉	15	2	—	
14	带鼓风猛火炉	20	2.5	—	
15	平头炉	28	3	单头	
16	铁板灶	15	2	—	
17	民用灶	4	0.5	单眼	
18	单头矮汤炉	28	3	单眼	
19	双头矮汤炉	56	6	双眼	
20	单炒单温灶	35	4	单眼	
21	双炒单温灶	77	8	双眼	

序号	名称	额定热负荷 （kW）	额定流量 （m³/h）	说明	图片
22	双炒双温灶	77	8	双眼	
23	汤锅	47	5	—	
24	锅炉	1T（0.7MW）	80	—	
		2T（1.4MW）	160	—	
		3T（2.1MW）	240	—	
25	直燃机（制冷）	20（233kW）	26.56	—	
		50（582kW）	66	—	
		100（1163kW）	132	—	
		200（2326kW）	256	—	
26	直燃机（制热）	20（179kW）	20	—	
		50（449kW）	51	—	
		100（897kW）	102	—	
		200（1791kW）	204	—	

参 考 文 献

1. 邓立三编著. 燃气计量. 河南：黄河水利出版社，2011.

2. 赵守日著. 城镇燃气企业管理. 北京：知识产权出版社，2016.

3. 中华人民共和国住房和城乡建设部. 2002～2015 年历年城市、城乡建设统计年鉴.

4. 郑伟，姜卫东. 合肥燃气供销差率成因分析及管控措施. 城市燃气. 2012 年 2 月.

5. 王臻，陈丹. 城市管道煤气供销差的现状及对策初探. 煤气与热力. 2004 年 6 月.

6. 冯军. 供销差管理工作经验谈. 城市燃气. 2010 年 11 月.

7. NB-IoT 智慧燃气解决方案白皮书. 2017 年版.

8. 谷凯. 天然气门站贸易计量管理浅析. 城市公用事业. 2006 年. 2 期.

9. 李猛. 浅析燃气贸易计量设计. 建材与装饰. 2013 年 9 月.

10. 戴成阳，田广新，冯浩，张林. LNG 加气站降低供销差率管控实践. 中国高新技术企业. 2016 年 26 期.

11. 马林，何桢主编. 六西格玛管理［M］. 北京：中国人民大学出版社，2007.

12. 杨艳霞，李高群. 燃气购销差产生的原因和降低对策［J］. 城市燃气，2013，（3）：42-45

13. 邓立三. 膜式燃气表温度影响的试验研究［J］. 城市燃气，2007，（11）：7-11

14. 宋祥伟，吴国良. 燃气供销差的成因与对策［J］. 燃气与热力，2006，26（7）：35-38

致　　谢

感谢天信仪表集团有限公司在本书编写过程中提供的丰富案例与珍贵资料，使本书所涵盖的内容更加全面完整。

天信仪表集团有限公司创建于 1995 年，在 2016 年与上市企业金卡智能（股票代码：300349）进行重组成为金卡智能旗下全资子公司。天信是目前国内燃气计量行业的领军企业，参与了 18 项国家和行业标准及规程的制订，并是国家 863 计划项目承担单位、国家高新技术企业以及全国五一劳动奖章获得者。

天信仪表集团

作为国内领先的流量仪表与燃气应用系统解决方案的专业服务商，天信拥有从产业基础（机械加工设备、精密检测中心、高压环道标准装置）、燃气计量仪表、天然气管网能量计量与管理系统构架到解决方案的整体设计和制造能力。同时，在燃气应用领域与互联网技术紧密结合飞速发展的时代，天信以精密制造融合金卡智能在智能通信、大数据、云计算及移动应用等方面形成的多元化生态体系，一同为燃气应用领域用户提供从智慧终端到智慧服务的端到端整体解决方案。集团现拥有国家级重点实验室与省级企业研究院，凭借着国内领先的研发设计能力与专业化的人才队伍，天信研究并制造了一系列拥有自主产权、国际先进的自动化仪器仪表。集团旗下相关产品共获得 190 余项国家发明和实用新型专利，主要产品获得欧盟与国际认证，不断创新并持续为燃气应用领域输出高品质产品与服务。

高压环道装置　　欧盟NMI认证

通过辐射全球的营销网络以及完善的售后支持平台，天信实现了用户需求的快速反应和市场信息快速处理，构筑了贴心的天信服务。现产品已覆盖全国各省市自治区，同时出口至欧洲、南美洲、中亚和东南亚等地，并广泛应用于城市燃气、石油、石化、轻工、冶金、电力、煤炭等行业。

秉承着"为用户提供天然气应用系统解决方案"的企业使命，天信坚持在燃气计量领域上孜孜追求，以责任谋求共进，始终与中国燃气人并肩同行。